权威・前沿・原创

皮书系列为
"十二五""十三五""十四五"国家重点图书出版规划项目

BLUE BOOK

智库成果出版与传播平台

社会建设蓝皮书
BLUE BOOK OF SOCIETY-BUILDING

2021年北京社会建设分析报告

ANNUAL REPORT ON ANALYSIS OF BEIJING SOCIETY-BUILDING (2021)

主　编 / 李四平　陈建领
执行主编 / 唐　军　杨志伟
副主编 / 胡建国　李君甫

社会科学文献出版社
SOCIAL SCIENCES ACADEMIC PRESS (CHINA)

图书在版编目(CIP)数据

2021年北京社会建设分析报告/李四平,陈建领主编.--北京:社会科学文献出版社,2022.2
(社会建设蓝皮书)
ISBN 978-7-5201-9273-6

Ⅰ.①2… Ⅱ.①李…②陈… Ⅲ.①社会发展-研究报告-北京-2021 Ⅳ.①D671

中国版本图书馆CIP数据核字(2021)第218305号

社会建设蓝皮书
2021年北京社会建设分析报告

主　　编 / 李四平　陈建领
执行主编 / 唐　军　杨志伟
副 主 编 / 胡建国　李君甫

出 版 人 / 王利民
责任编辑 / 张　媛
责任印制 / 王京美

出　　版 / 社会科学文献出版社·皮书出版分社 (010) 59367127
　　　　　 地址:北京市北三环中路甲29号院华龙大厦　邮编:100029
　　　　　 网址:www.ssap.com.cn
发　　行 / 社会科学文献出版社 (010) 59367028
印　　装 / 天津千鹤文化传播有限公司
规　　格 / 开　本: 787mm×1092mm　1/16
　　　　　 印　张: 22.5　字　数: 337千字
版　　次 / 2022年2月第1版　2022年2月第1次印刷
书　　号 / ISBN 978-7-5201-9273-6
定　　价 / 158.00元

读者服务电话: 4008918866

▲ 版权所有 翻印必究

《2021年北京社会建设分析报告》编委会

主　　编　李四平　陈建领

执行主编　唐　军　杨志伟

副 主 编　胡建国　李君甫

撰 稿 人　毕　然　曹飞廉　陈　锋　崔英楠　郭施宏
　　　　　胡建国　黄春敏　鞠春彦　李君甫　李晓壮
　　　　　李　阳　刘　伊　陆　健　马梦柯　宋佳琳
　　　　　宋敏涛　宋欣怡　田雪芹　帖　明　魏　爽
　　　　　王艾嘉　王春璇　王　飞　王　伟　邢宇宙
　　　　　杨桂宏　杨　昊　杨志伟　詹论雨　张晨怡
　　　　　张雨薇　张　昭　张志华　赵丽琴　赵年生
　　　　　赵卫华　赵雨晴　朱　赫

主要编撰者简介

李四平 研究员，北京工业大学党委副书记。北京大学教育经济与管理专业在职研究生毕业，管理学博士。历任北京工业大学社会科学部副主任，党委宣传部副部长、部长，校长助理、党委办公室主任、校长办公室主任兼保密委员会办公室主任、信息处处长（兼），校长助理、党委组织部部长兼党校常务副校长。曾被评为北京市优秀青年骨干教师，入选北京市优秀中青年人才培养支持项目，获得北京市人民政府优秀教学成果二等奖、北京高校党建和思想政治工作一等奖。

陈建领 中共北京市委社会工委副书记，北京市民政局副局长，一级巡视员。

唐　军 博士、教授，博士研究生导师，北京工业大学文法学部主任，北京社会管理研究基地首席专家；中国社会学会常务理事，社会建设研究专业委员会副会长兼秘书长，北京市社会学学会副会长，北京社会建设研究会会长；入选北京市新世纪社科理论人才百人工程，北京市宣传文化系统"四个一批"人才，首批北京市高层次创新创业人才支持计划"哲学社会科学和文化艺术领军人才"，获"北京市优秀教师"称号与"北京市高等学校教学名师奖"。主要研究方向为社会学理论、社会建设与社会管理、劳工研究、家族研究。

杨志伟 中共北京市委社会工委市民政局研究室主任，一级调研员。

胡建国 博士，北京工业大学文法学部教授；中国社会学会理事，中国社会学会劳动社会学专业委员会副会长兼秘书长，网络社会学专业委员会副会长，青年社会学专业委员会副会长，北京市社会学学会常务理事；承担国家社科基金、北京市社科基金、北京市自然科学基金、北京教育科学规划项目等科研项目；入选市宣传文化系统"四个一批"人才（理论界），北京市社科理论中青年优秀人才"百人工程"，北京市属高校人才强教青年教师"拔尖人才"。

李君甫 博士，北京工业大学文法学部教授；诺丁汉大学中国研究中心客座研究员，中国社会学会劳动社会学专业委员会理事，社会建设专业委员会理事、社会地理专业委员会委员，中国城市科学研究会城市治理专业委员会委员。主要研究领域为住房政策、城乡社会学、社会建设与社会治理等；主要研究成果有《北京的住房变迁与住房政策》、《北京的人口、社会阶层与空间结构》、《农民的非农就业与职业教育》、《北京社会空间的分化与隔离——基于社会阶层分布的研究》、《农村人口过疏化对农村社会建设的挑战》、《走向终结的村落——山区人口流失、社会衰微与扶贫政策思考》等。

摘　要

本书是北京工业大学"北京社会建设分析报告"课题组2020～2021年度的研究成果,分为4个部分,包括总报告、特稿、社会服务篇、社会治理篇。报告依据北京市政府和相关部门发布的统计数据和资料以及课题组成员的调研和观察,分析了2020年及"十三五"时期北京社会建设的主要成就和面临的问题,并对下一步北京社会建设提出了政策建议。

"十三五"期间,北京市委社会工委与北京市民政局合署办公,理顺了社会建设体制机制,社会建设取得了巨大的成绩,社会治理成效显著,基层社区在疫情防控、垃圾分类、物业管理、接诉即办等工作中发挥了基础性作用。基本民生保障进一步加强,基本社会服务体系进一步完善,基层社会治理不断强化,社会动员体系更加健全。

北京的社会建设还面临很多挑战,需要从以下几个方面予以推进。第一,进一步夯实基本民生保障;第二,完善基本公共服务体系;第三,不断强化基层社会治理;第四,推进社会组织发展;第五,健全社会动员体系;第六,加强京津冀社会建设的协同。

关键词： 社会建设　社会治理　公共服务　北京

目 录

Ⅰ 总报告

B.1 承前启后，开创社会建设新局面
——2020~2021年北京社会建设分析报告
………………"北京社会建设分析报告"课题组　胡建国 执笔 / 001

Ⅱ 特稿

B.2 坚持首善标准，持续深化党建引领北京基层社区治理创新
………………………………北京市委社会工委、北京市民政局 / 017

Ⅲ 社会服务篇

B.3 农村社区养老服务密云模式研究……………………张志华 / 026
B.4 北京市住房租赁市场研究报告……………李君甫　王春璇 / 037
B.5 推动首都高质量发展背景下调动企业培训积极性问题研究
………………………………………………………………王　飞 / 054

B.6　北京城镇居民通勤时间调研分析 …………………… 赵卫华　毕　然 / 071

B.7　推进中的北京市智慧养老服务 ……… 朱　赫　詹论雨　王艾嘉 / 088

B.8　从促进共同富裕视角探寻解决超大城市相对贫困问题的长效
　　　机制 …………………………………………… 宋敏涛　田雪芹 / 101

B.9　公务员考试热背景下北京高校学生就业意愿的调查研究
　　　………………………………………… 赵丽琴　宋欣怡　赵雨晴 / 112

B.10　北京市社会保障制度建设评析 ………………… 杨桂宏　杨　昊 / 134

B.11　离城不返乡：再迁流动儿童家庭教育抉择的动因及其教育期望
　　　——基于再迁流动儿童家庭的实证调研
　　　……………………………………………………… 魏　爽　刘　伊 / 147

Ⅳ　社会治理篇

B.12　北京市"接诉即办"改革的基层实践分析报告
　　　………………………………………………… 陈　锋　宋佳琳 / 169

B.13　深化北京市居民垃圾分类动员的对策建议
　　　………………………………………… 郭施宏　帖　明　陆　健 / 184

B.14　2020年度北京市社会组织发展状况分析与展望
　　　………………………………………………… 邢宇宙　黄春敏 / 199

B.15　北京城市社区议事协商调研报告
　　　——以海淀区北下关街道皂君庙社区为例 ………… 李晓壮 / 220

B.16　"双碳"目标下北京市居民环境关心、环境行为
　　　与环境风险感知调查研究 ……………………… 李　阳　张　昭 / 237

B.17　由运作走向资助的北京Q基金会转型分析
　　　………………………………………………… 马梦柯　鞠春彦 / 255

B.18　北京市社区社会组织发展研究 …… 杨志伟　王　伟　崔英楠 / 268

目录

B.19 社会资本理论视角下北京社区治理研究

——以F和Z社区议事会为例

.... 曹飞廉　张雨薇　张晨怡 / 285

B.20 社区治理能力提升的路径研究

——以北京市朝阳区"社区成长伙伴计划"为例

.... 赵年生 / 301

Abstract .... / 324

Contents .... / 326

皮书数据库阅读**使用指南**

总 报 告
General Report

B.1
承前启后，开创社会建设新局面
——2020~2021年北京社会建设分析报告

"北京社会建设分析报告"课题组　胡建国 执笔*

摘　要： 2020~2021年北京社会建设在承前启后中遭遇新冠肺炎疫情的冲击。在此背景下，北京市社会建设以习近平新时代中国特色社会主义思想为指导，一手抓新冠肺炎疫情防控，一手抓社会建设，带动各项重点任务有序开展，北京社会建设在承前启后中迈上了新台阶。在打好疫情防控阻击战的同时，进一步夯实基本民生保障，持续完善基本公共服务体系，不断强化基层社会治理，不断健全社会动员体系，是推进北京社会建设的重点面向。

关键词： 社会建设　社会治理　"十四五"规划　疫情防控

---

* 胡建国，北京工业大学文法学部教授，北京社会管理研究基地研究人员。

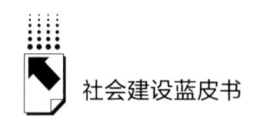

2020~2021年是北京市"十三五"社会建设的收官之年和"十四五"社会建设的开启之年,在承前启后之际又遭遇突如其来的新冠肺炎疫情,使得社会建设任务艰巨。对此,北京市社会建设以习近平新时代中国特色社会主义思想为指导,深入落实党的十九大及十九届二中、三中、四中、五中全会精神,一手抓肺炎疫情防控,一手抓社会建设,带动各项重点任务有序开展,北京社会建设在承前启后中迈上了新台阶。

一 "十三五"时期北京社会建设回顾

"十三五"时期,北京市社会建设和民政工作坚持以人民为中心的发展思想,全面加强社会建设,聚焦脱贫攻坚、聚焦特殊群体、聚焦群众关切,积极履行基本民生保障、基层社会治理、基本公共服务职责,社会建设取得丰硕成果。[①]

(一)民生事业显著进步,便民利民成效显著

《北京市国民经济和社会发展第十三个五年规划纲要》要求"十三五"时期实现"一刻钟社区服务圈"基本全覆盖。截至2020年底,北京市累计建成"一刻钟社区服务圈"1772个,覆盖98%以上的城市社区,达到预期目标。同时,制定"七有""五性"监测评价指标体系,覆盖教育、卫生、社会保障、文化体育、生态环境等民生领域;全面实施婚姻登记跨区办理改革,大力推进"互联网+婚姻登记"服务,全市婚姻登记机构全部达到3A级以上标准;建成社区心理服务示范站(室)121个,有力推进心理健康工作;此外,持续推进绿色生态殡葬建设,深化福利彩票管理销售改革,累计销售福利彩票199.69亿元,募集公益金64.73亿元。

民生事业进步过程中,完善养老服务体系是"十三五"期间北京社会建

---

① 《"十三五"期间北京社会建设和民政事业形成13个"北京首创"》,北京市人民政府网,http://www.beijing.gov.cn/ywdt/gzdt/202012/t20201230_2189928.html,2020年12月30日。

设重点关注领域。对此,北京市制定了国内首部居家养老地方性法规《北京市居家养老服务条例》,此外以平均每年制定实施20多项政策措施来推进养老服务。通过这些制度建设,北京市制定了基本养老服务对象服务清单及保障标准,持续推进养老服务设施建设,积极构建养老服务体系,丰富养老服务模式。截至2020年底,北京市建成运营养老机构544家,运营养老照料中心数量由2015年底的56家增长到2020年底的236家,社区养老服务驿站从无到有累计建成运营1005家。持续深化养老服务产业化、社会化改革,养老产业蓬勃发展,70%以上的养老床位由社会力量兴建或运营管理。持续开展养老服务质量建设专项行动,养老机构重大风险隐患全部清除,医疗服务覆盖率达到100%,阳光餐饮覆盖率达到100%。统筹实施困难老年人养老服务补贴、失能老年人护理补贴、高龄老年人津贴等制度,年发放补贴津贴19亿元,惠及70多万老年人;社会优待范围由原来的65周岁以上老年人拓展到全体60周岁及以上常住老年人,累计制发养老助残卡470万张,所有老年人通过刷养老助残卡可以免费乘公交、逛公园,获得社会优待、社会福利和社会优惠。

(二)社会救助提质增效,继续夯实弱有所扶

"十三五"期间,北京市进一步提升社会救助水平,制定出台"关于贯彻落实《关于改革完善社会救助制度的意见》的若干措施",加快《北京市社会救助条例》地方立法进程,指导西城区、丰台区分别开展"困难家庭救助帮扶综合评估""服务类社会救助"试点,探索"党建+社会救助"模式,通过党建引领推动主动救助。整体来看,"十三五"期间,北京市建立了以最低生活保障为基础,以医疗、教育、住房、就业、采暖等专项救助为配套的"北京版"社会救助体系。率先实现城乡低保、低收入认定标准并轨和城乡特困人员供养标准统筹;低保标准从"十二五"末的家庭月人均710元提高到"十三五"末的家庭月人均1170元,低收入家庭认定标准从"十二五"末的家庭月人均930元提高到"十三五"末的家庭月人均2200元;大力推进社会救助"减证便民"改革,申请材料从16项减少到3项;建成街道(乡镇)困难群众救助服务所330家,对全市有特殊需求的困难

家庭开展个案帮扶。修订《北京市促进慈善事业若干规定》，全市慈善机构救助困难群众32.9万人次；创新救助工作理念，救助流浪乞讨人员10万多人，成立寻亲专班，充分依托京津冀合作机制和相关机构，帮助1039名长期滞留人员寻亲返乡找到了回家的路。

（三）社会福利持续加强，助力人民美好生活

在社会主要矛盾发生变化的背景下，北京市在"十三五"期间制定"七有""五性"监测评价指标体系，推进社区、养老、婚姻、殡葬等基本公共服务均等化。建成"一刻钟社区服务圈"1772个，基本实现城市社区全覆盖；出台全国第一部居家养老地方性法规，建成养老床位10.8万张，养老机构医疗服务覆盖率达95%；率先实现婚姻登记跨区通办，婚姻登记机关全部达到4A级以上标准；推进殡葬服务工作，生态安葬率达到50%；开展慈善信托备案，全市慈善捐赠占GDP比重由2015年的0.24%提高到0.96%；完善制度化、多层次社会心理服务体系；大力弘扬见义勇为风尚，累计认定见义勇为人员445名。

另外，"十三五"期间，北京社会建设针对困难群众、城乡低保人员、困境儿童、重度残疾人、生活无着落的流浪乞讨人员等特殊群体，完善了"北京版"精准救助体系，对32万户困难家庭建立了"一户一策一档"精准帮扶制度，夯实了不落下一个困难群众的兜底保障基础。加强残疾人福利体系建设，统筹整合残疾人"两项补贴"制度，发放补贴资金35.24亿元，年均惠及32.43万人。2016年至今共救助流浪乞讨人员63238人次，年平均救助12600余人次。另外，实施困境儿童分类救助，完善生活保障、医疗康复、护理补贴等政策。享受福利保障儿童占户籍儿童比重从2015年的0.8%提升到6.63%。福利机构供养儿童补助、社会散居孤儿供养标准统一调整为每人每月2200元。新建儿童福利院5个，累计建成16个。

（四）基层治理全面提速，先行市域社会治理

为适应大国首都、超大城市治理需要，探索形成具有北京特色的"党

建引领、吹哨报到"基层社会治理新模式。"十三五"期间，北京市深化党建引领"街乡吹哨、部门报到"改革，创新"接诉即办"工作机制，大力推行12345热线，响应人民诉求；全面启动街道大部制、综合执法、社区事项准入等重大改革；全面推进党建引领"街乡吹哨、部门报到"、物业管理、生活垃圾分类，16个区、157个街道、3236个社区全部建立党建工作协调委员会。对此，相继出台实施《关于加强新时代街道工作的意见》《北京市街道办事处条例》等管根本的政策法规，在街道大部制、综合执法、接诉即办等关键性改革方面取得显著成效。全市各街道社区全部建立党建工作协调委员会，全部实现村（社区）同步换届选举，社区党组织书记、居委会主任"一肩挑"比例达87.1%，居于全国领先水平。另外，在基层协商民主方面，城市社区议事厅实现100%覆盖；社区减负成效显著，市级部门下派到社区的填报表格精简率高达84%，社区盖章证明事项从15项减少到6项。

需要强调的是，"十三五"期间北京市积极培育壮大社会治理主体，制定出台《关于支持社会组织培育孵化机构建设的若干政策措施》《全市街道购买社会组织服务指导性意见》。修订《北京市城乡社区社会组织备案工作规则》，重点培育发展符合基层需要的社区服务组织。落实《关于培育发展社区社会组织的实施意见》，建立"两目录一机制"，推进社区社会组织联合会和社会组织孵化服务基地"两位一体"建设。全面完成行业协会商会与行政机关脱钩改革任务。加强社会工作人才队伍建设，启动实施街道（乡镇）社会工作服务平台（社工站）试点，整合街道社会工作岗位，促进社会工作参与基层社会治理创新和民生保障服务。健全社会工作职业发展体系，研究建立社会工作督导人才培养体系。启动第二批社区社会工作专业人才培养工作。深入实施"牵手计划"等社会工作重点服务项目，形成北京特色社工服务品牌。另外，大力推动志愿服务发展，统一志愿服务组织基本规范、身份标识等，建立志愿服务统计和发布制度，规范志愿服务组织管理；推动在全市社区（村）建设志愿服务站，完善志愿服务激励机制；制定北京志愿者培训工作规范指引，建立专业志愿服务人才库，培育发展志愿

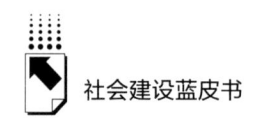

服务专业人才和骨干队伍；推进社会企业创新发展，制定实施《北京市社会企业管理办法（试行）》，重点推动以服务民生和开展公益为重点的社会服务机构或社会组织转变为社会企业；加大政府购买社会企业服务等方面支持力度。建立健全社会企业绩效评估、信息公开等机制，完善信用体系和监管体系；在物业、养老等领域试点推广社会企业模式，形成可复制的经验典型，选树一批标杆社会企业，引领社会企业发展。"十三五"期间，北京社会组织快速发展，登记备案社会组织达3.7万个，比"十二五"时期翻了一番。持证社工超过3.6万名。实名注册志愿者441万人，较"十二五"时期增长35.7%，多元治理基础进一步巩固夯实。

（五）参与国家重大战略成效显著

"十三五"期间，北京社会建设积极引导社会力量参与脱贫攻坚，印发专项指导意见，与对口支援的五省区民政部门签订合作框架协议，动员40家社会组织签订帮扶项目意向书，涉及帮扶项目76个。在京津冀和内蒙古、新疆等地开展社会组织助力脱贫攻坚行动，深入推进京津冀民政事业协同发展。牵头制定京津冀民政协同发展"合作任务清单"，签署30多个专项合作协议和实施方案，形成了一揽子顶层设计。同时，紧扣养老服务、长期滞留人员异地托养、民政执法、社会救助等"十大领域"开展务实合作，实现了"养老政策跟着京籍老人走"，津冀两地养老机构已有4000余名北京籍老人入住；以养老服务为突破口推动北京城市副中心公共服务向北三县延伸；聚焦雄安新区开展"百企对百村结对共建活动"。

（六）支撑事业发展的基础更加牢固

"十三五"期间，北京社会建设出台地方性法规1部，制修订政府规章2部，以市委、市政府及两办名义出台文件23个。推动制定地方标准43项，参与制修订国家标准3项、行业标准26项。民政业务信息化覆盖率达到100%。民政法治化、标准化、信息化迈上新台阶。新建儿童福利院5个。建成街道（乡镇）养老照料中心230个、社区养老服务驿站915个。

区级社会组织培育孵化设施建设实现全覆盖，全市社区办公和服务用房达标率为95.79%，民政公共服务设施更加完善。

（七）社会建设总体设计更加科学

"十三五"期间，北京社会建设始终坚持政治性、人民性、公益性、底线性，聚焦脱贫攻坚、聚焦特殊群体、聚焦群众关切，巩固夯实基本民生保障、基层社会治理、基本公共服务三大职责体系。贯彻以人民为中心的发展思想，高质量完成社会工委和民政局合署办公改革，加强党的领导，推动形成"党政合一、双轮驱动"新的体制机制优势。坚持改革创新，持续推进以社会化、产业化、信息化、体系化为重点的民政"四化改革"，实现了民政轻装上阵，释放了民政发展动能。

改善基本公共服务供给。一是拓展婚姻家庭服务。推进婚姻家庭服务制度化建设，加快修订《北京市婚姻登记工作规范》。出台《婚姻登记机关等级评定标准》，推进婚姻登记机关规范化建设。大力推动婚俗改革，倡导文明和谐婚俗新风。二是推进殡葬服务改革。制定完善《北京市殡葬设施专项规划（2018—2035）》，推动各区规划编制。落实民政部《关于进一步深化殡葬改革推动殡葬事业科学发展的指导意见》，制定北京实施意见。持续推进生态殡葬改革，健全完善节地生态安葬奖补机制，重点抓好通州区全国殡葬综合改革试点工作。持续加强殡葬领域专项治理。三是加快慈善事业发展。加强慈善事业统筹，推动建立慈善工作联席会议制度，完善慈善行业组织体系，分领域组建慈善组织联合体。推行慈善信托"清单式"管理制度，探索将银保监部门纳入慈善信托联合监管体系。健全完善慈善救助与社会救助精准对接机制，试点开展基层慈善站点建设，打造一批特色慈善品牌。完善慈善激励机制，探索设立"首都慈善奖""大慈善家"等奖项，研究制定慈善行为支持政策。四是完善见义勇为权益保护机制。启动《北京市见义勇为人员奖励和保护条例》及实施办法修订。出台《北京市见义勇为评审委员会议事规则》，优化见义勇为行为认定、典型推树等决策程序。推动见义勇为阵地建设，弘扬见义勇为文化。五是深化社会心理服务。全面推

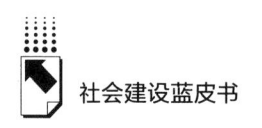

进社会心理服务体系建设。推进在全市新建160个社会心理服务中心（站），制定出台站点建设标准、建设流程、服务质量、运营补贴等政策规范。加强社会心理人才队伍建设。完善社会心态监测体系，加强社会心理知识宣教普及。

加强和创新基层社会治理。一是持续推进社区治理改革。推动《北京市居民委员会工作条例》地方立法。完成村居"两委"换届选举，提高居民直选或户代表直选比例，确保顺利平稳换届。二是深化社区减负增效。落实社区工作准入制度，整合优化各部门下派工作任务，提升社区自治、社区服务能力。举办第三届社区邻里节，形成品牌效应。做实社区服务站，加强社区服务资源整合，开展"社区之家"建设。三是推进农村基层治理。落实"加强和改进乡村治理若干措施"，督促落实"四议一审两公开"、"三务公开"、村民议事、村规民约等民主管理制度，打造农村社区治理样板。继续推进撤村建居工作。四是打造社区治理示范品牌。新建300个楼门院治理示范点，推动纳入2021年市政府为民办实事项目。落实楼门院服务管理公告牌制度，全面实行社区包片人员、社区民警、物业负责人等相关服务管理人员"亮身份、亮服务、亮职责"。新建100个社区协商议事厅示范点，完善社区月协商制度。加强"回天地区"基层治理创新。

二　"十四五"时期北京社会建设的着力点

在"十三五"社会建设基础上，适应北京市国民经济和社会发展"十四五"发展目标与定位，"十四五"时期北京社会建设的思路与重点如下。

（一）基本思路

"十四五"时期，北京社会建设要坚持以习近平新时代中国特色社会主义思想为指导，以习近平总书记对北京社会建设的重要指示、重要论述为根本遵循，紧扣我国社会主要矛盾转化和首都城市发展战略定位，紧扣"三个聚焦""三个基本"的主责主业,坚持"完善制度、健全体系,突出公益、兜牢底线,多元参与、共建共治,精准服务、优化供给,加强基层、夯实基础,加强监管、防范风险",不断加强社会建设总体统筹,持续推进社会治理体系和治理能力现代化,更好地服务首都"四个中心"建设和国际一流的和谐宜居之都建设。

(二)发展目标

到2025年,以"五个率先"为支撑,基本形成治理体系更加健全、治理能力更加优良的社会建设格局,即率先形成民政制度建设的"北京模式"、率先形成基本民生保障的"北京方案"、率先形成基层社会治理的"北京格局"、率先形成基本公共服务的"北京标准"、率先形成基层能力建设的"北京品牌",使民政工作在社会建设中的兜底性基础性作用得到充分彰显,基层社会治理体系和治理能力更加现代化的民政发展格局基本形成。到2035年,基本民生保障、基层社会治理、基本公共服务的体制机制、保障标准、工作模式、支撑条件等更加科学、精准、高效,现代民政发展格局全面建立、优势突出、作用明显。

(三)重点任务

"十四五"时期,北京社会建设重点任务如下。

一是建设全面小康基本民生保障体系。在全面建成小康社会的基础上,紧扣社会主要矛盾转化,聚焦特殊群体,坚持补短板、强弱项,坚持兜底性、普惠性协同推进,完善首都特色困难群众救助体系,完善超大城市养老服务体系,优化残疾人服务体系,加强儿童福利保护体系建设,加强接济救助服务管理,加强征地超转人员保障,全面提升民政服务对象的获得感、幸福感、安全感。

二是建设大国首都超大城市特色基层社会治理体系。坚持党建引领、重心下移、资源下沉,健全完善党委领导、政府负责、民主协商、社会协同、公众参与、法治保障、科技支撑的社会治理体系,形成首都特色的共建共治

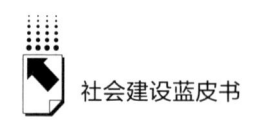

共享、法治自治德治相结合的社会治理共同体，深化城乡社区治理服务创新、加强社会组织培育管理、促进社会工作发展、推动志愿服务发展，持续推动首都基层社会治理体系和治理能力现代化。

三是加强基础支撑体系建设。要实现以信息技术为支撑、以设施建设为基础、以法治建设为保障的格局，推进智慧民政与智慧社会治理建设，以及法治建设和基础设施建设，推动形成业务发展与基础支撑相互配合的良好态势。

四是建设新型社会建设监督与管理体系。树立新型社会安全观，完善管理制度、拓展监管范围、强化监管责任、创新监管方式，加快形成权责明确、体制顺畅、制度健全、覆盖全面的民政监管体系。

三 2021~2022年度北京社会建设相关建议

（一）打好疫情防控阻击战

把疫情防控作为政治任务、头等大事抓紧抓实，坚决打赢疫情防控阻击战。其中，要重点抓实抓好社区防控，重点做好全市2627个无物业、无安保、无封闭条件的"三无小区"防控工作。同时，要抓实抓好全市社会捐赠工作，统筹指导市红十字会、市慈善协会和全市慈善组织，认真做好疫情期间捐赠款物的接收、管理、调配、使用、信息公开等工作。另外，要抓实抓好民政服务机构疫情防控。对全市养老机构、儿童福利机构、残疾人福利机构等继续做好疫情防控管理，严格落实相关管理办法，保持5万多名服务对象"零感染"的良好工作局面。

（二）进一步夯实基本民生保障

1. 完善养老服务体系

加强养老服务政策的制定，将失能失智老年人纳入基本养老服务对象范畴，明确集体建设用地优先保障乡镇敬老院设施用地政策，推动社会力量建设社区养老服务驿站支持平台,探索实行"物业服务+养老服务",组建街道(乡镇)养老服务联合体。要统筹推进养老机构建设,加强社区养老服务驿站建设,试点建设农村邻里互助养老服务点,进一步织密社区养老服务网络。要规范社区养老服务驿站建设、运营及管理,推进养老服务产业发展。另外,要加强养老服务监管,开展养老服务机构评定工作。

2. 提升社会救助水平

完善社会救助疫情应对机制,完善社会救助疫情防控一日一报制度,启动"救急难"、临时价格补贴等机制,开展先行救助。推进社会救助"放管服"改革。深化西城区、顺义区社会救助综合改革试点成果。简化救助程序,疫情期间全面统一取消民主评议、入户调查等"面对面"环节。坚持补短板、强弱项。突出特困人员救助、支出型贫困救助、低收入农户帮扶等"三个重点",调整临时救助政策,将符合条件的支出型贫困家庭全部纳入临时救助范围。推进低收入农户帮扶和社会救助政策衔接。强化社会救助专项治理,重点做好政策规定执行不到位、疫情防控不作为等六个方面专项治理,对集中供养不达标区实行挂账整改。

3. 健全儿童福利保障体系

做好困境儿童服务保护疫情应对工作。全面推行儿童福利机构、儿童救助机构等封闭式管理,完善巡查制度,同步做好家庭寄养儿童防疫工作。建立受疫情影响家庭儿童兜底照护响应机制。制定受疫情影响无人照料儿童救助保护实施方案。全力保障困境儿童生活。推进落实《北京市民政局 北京市财政局关于进一步调整我市困境儿童生活费标准的通知》等政策文件,提高临时价格补贴。推动解决儿童福利领域重点难点问题,完善部门协同制度,街乡全部配备儿童督导员,社区(村)全部配备儿童主任。推动东城、西城等5个区,全面完成市属儿童福利机构成年孤儿安置工作。加强儿童福利保护领域风险防范化解,加大收留儿童的民办机构风险整治力度。

4. 健全残疾人福利保障体系

大力扶持康复辅助器具产业发展,推进完成石景山市级康复辅具产业示范园区一平台(康复辅具租赁服务系统平台)、一中心(公益服务中心)、

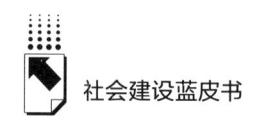

三级服务网络（线上服务、园区服务、社区服务）建设。推进残疾人服务机构设施建设，通过加快推进新建、改扩建和政府购买社会力量兴办等方式，新增新建残疾人福利机构，统筹项目、机构建设管理，建立健全社区康复服务体系。积极推进居家适老化改造与无障碍环境建设工作，制定实施《北京市民政行业领域无障碍环境建设工作标准》。

（三）持续完善基本公共服务体系

1. 提升婚姻登记管理服务水平

加强婚姻登记疫情防控。启动实施全市婚姻登记服务应急预案，严格落实疫情期间婚姻登记服务机构防控措施，加强常态化疫情防控。优化婚姻登记服务。取消婚姻登记相关证明事项，修订完善《婚姻登记条例》《婚姻登记机关等级评定标准》等制度规程。做好婚姻登记信息系统升级改造工作，深入开展婚姻登记领域突出问题排查整治。持续推进婚俗改革。落实民政部关于婚俗改革的意见，合理确定婚俗改革地区，常态化开展和谐婚姻大讲堂、婚姻家庭辅导等工作，策划开展"爱满京城 相约幸福"七夕节主题文化活动，积极倡导婚育新风。

2. 深化殡葬服务管理体制改革

加强殡葬领域疫情防控，全面推行殡仪服务预约办理，最大限度减少人员聚集。推进殡葬管理体制改革，加强总体设计，编制完成《北京市殡葬设施专项规划（2018—2035）》，修订《北京市殡葬管理条例》和《北京市深化殡葬改革促进殡葬事业健康发展的实施意见》。坚持管办分离、分类推进，制定深化市属殡葬事业单位改革方案。开展殡葬服务领域专项治理。制定《北京市民政局专项整治殡葬领域漠视侵害群众利益问题工作方案》，梳理汇总专项监督"六张清单"。重点加强非法公墓查处，确保殡仪服务市场规范有序。在市属医院试点设立殡仪服务站，免费为丧属提供殡仪咨询和衔接服务。

3. 加快发展慈善事业

深化慈善领域改革，研究制定《关于促进北京市慈善事业改革发展的若干措施》，提出促进慈善事业改革发展总体思路、目标任务。规范慈善信托管理。制定《慈善信托备案指引》《慈善信托合同范本》。推进慈善组织信息公开。推进"慈善＋救助"融合发展，弘扬慈善文化。做好"中华慈善奖""2020首都公益慈善汇展""慈善北京"等品牌活动。完善社会捐助体系，做好"冬衣送暖"社会捐助项目，推进基层慈善捐赠工作试点，研究深化慈善超市改革。

4. 大力发展社会心理服务

加强总体设计，出台和落实《北京市加强社会心理服务体系建设的意见》《中共北京市委社会工作委员会北京市民政局社会心理服务体系建设三年行动计划（2020—2022）》等政策文件，制定完善任务台账，推进重点工作有效落实。全面落实"建设运营50个社会心理服务站（中心），组织心理服务人员为居民提供心理咨询与辅导、心理疏导与干预等专业服务"的民生实事项目。研究制定《社会心理服务站点服务规范》地方标准，提升站点运营管理水平。召开全市社会心理服务站点建设工作推进会，制定《社会心理指导人才培训纲要》，启动社会心理服务站点申报评审工作。推动心理服务助力疫情防控。开通社会心理服务热线，会同北京广播电台录制播放心理防疫百问百答音频专栏，推行"医师＋社工师＋心理咨询师"三师联动模式服务社区群众。加强社会心态监测分析。围绕重点时段、重点人群、重要事件等进行社会心态监测，为相关决策提供支撑。

（四）不断完善社会治理体系

1. 以构建社会治理共同体为目标，完善社会治理体系

围绕完善"党委领导、政府负责、民主协商、社会协同、公众参与、法治保障、科技支撑"的社会治理体系，全面加强党的领导，坚持深化改革，完善体制机制，搭建参与平台，拓宽参与渠道，努力构建首都社会治理共同体，形成共建共治共享社会治理格局，把党的领导贯穿到社会治理工作的各环节、全过程，形成"高位统筹、党委推进、部门落实"的体制优势。进一步充分发挥社会组织的功能，继续做好社会建设领域政府购买服务工

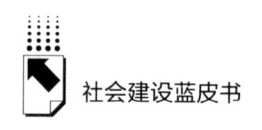

作,发挥社会组织在社会治理中的积极作用,深化社会组织党建"北京方案",完善"综合党委—联合党委—社会组织党组织"的工作体系,促进社会组织健康有序发展。

2. 明确各层级社会治理重点

合理确定市、区、街道(乡镇)、社区(村)在社会治理中的层级关系,明确各层级社会治理的重点和目标,构建完整的任务体系,形成权责明晰、上下贯通、层层推进的纵向治理架构,提高治理合力。市级层面重点抓顶层设计,做好规划和政策制定,着力打造科学完善的社会治理工作体系。区级层面以市域社会治理现代化为抓手,重点做好政策集成和统筹协调,整合各种资源,主动破解社会矛盾外溢难题,主动应对治安问题复杂多变挑战,主动补齐优质公共服务供给不足短板,研究解决区域社会治理的重点、难点问题。街道(乡镇)层面作为社会治理主战场,主要围绕群众需求,以赋权、下沉、增效为重点,着眼于打通为群众服务的"最后一公里",做好社会服务、社会管理、社会动员具体工作,切实发挥在社会治理中的基础作用。社区(村)层面重点做好居民和社会单位动员、组织工作,以服务群众为中心,解决居民身边的服务和管理问题。各层级以社会治理职责任务为依据,合理配置社会治理资源。

3. 进一步完善社会治理各类平台

以区、街道(乡镇)网格化平台建设为重点,完善市、区、街道(乡镇)、社区(村)四级网格化工作体系,建立健全以诉求解决和主动服务为核心的基层综合网格工作模式,强化网格化管理和精细化服务。用好12345市民服务热线及其各级、各类分中心,规范运行流程和考核评价,不断完善"接诉即办"机制。将市民服务热线与网格化工作体系有机融合,提高社会服务和社会治理的质量与效率。健全社区党组织、社区居委会、社区服务站设置,团结引导社区社会组织、业委会(物管会)、物业企业、驻区单位和居民等,逐步完善党建引领的社区治理体系。健全"枢纽型"社会组织工作体系,丰富工作内容、创新工作形式、完善支持措施,不断增强"枢纽型"社会组织的凝聚力、向心力,巩固党和政府引导、联系、服务、管理各级各类社会组织的阵地。推进街道（乡镇）、园区等党群服务场所和社会动员场所建设，充分利用空间优势，整合项目、活动等资源，加大运行支持力度，建成区域社会治理的协同平台。优化设置商务楼宇社会工作站并完善职能，按照商务楼宇单位和员工需求，因地制宜引入党建、政务、群团、法律、社会工作等服务，创新组织形式，加强资源链接，形成商务楼宇社会治理集成平台。

4. 坚持底线思维，实施社会安全保障工程，为冬奥会等重大活动创新良好的社会氛围

重点回应群众反映强烈、社会关注度高的公共安全隐患问题，建立健全重点行业平安建设协调机制、扫黑除恶常态化工作机制，严格落实行业主管部门、企事业单位、社会单位等各类主体的公共安全风险防控责任，建立从源头、过程到末端的全流程管控机制。推进首都社会治安防控体系建设，健全社会面常态化防控机制，坚持整体防控、区域联动，提升动态掌控治安局势和维护社会安全的能力。加强综治中心建设，完善矛盾纠纷排查化解、特殊人群服务管理、群防群治力量发动、平安创建等实体功能，健全完善统筹协调、定期会商、工作联动、应急处置等工作机制。强化重点领域公共安全风险防控。深入开展城乡结合部地区安全隐患综合整治，提升公共安全防控水平，提高群众安全感。不断提升管网治网法治化水平。创新网络执法体制机制，深入开展"互联网+公共安全"行动计划等专项整治行动。

（五）积极推进京津冀社会建设协同

召开全系统京津冀社会建设和民政事业协同发展推进会，加强统筹协调。完善京津冀社会建设和民政事业协同发展合作任务清单，细化工作任务，推进重点领域务实合作。出台加快推进养老服务发展的实施方案，逐步统一京津冀地区养老服务标准规范，提升环京周边地区养老设施建设水平。深化北三县养老服务领域合作，支持北京养老项目向北三县延伸布局。加强与雄安新区在社会组织、人才交流、民政执法等领域的合作。

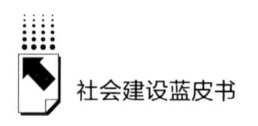

参考文献

北京市委社会工委市民政局：《以首善标准推动北京民政事业高质量发展》，《中国民政》2020年第24期。

北京市委社会工委市民政局：《把握新机遇　开创新格局　谋划新蓝图　谱写社会建设和民政事业改革发展新篇章》，《中国社会报》2020年12月15日。

北京市委社会工委市民政局：《凝心聚力谋发展　砥砺奋进谱华章》，《中国社会报》2021年7月2日。

特　稿
Special Report

B.2
坚持首善标准，持续深化党建引领北京基层社区治理创新

北京市委社会工委、北京市民政局

摘　要： 党的十八大以来，以习近平同志为核心的党中央持续推进国家治理体系和治理能力现代化，对加强城市基层党建工作和城乡社区治理作出了一系列重要部署。北京紧扣首都城市战略定位，坚持首善标准，在实践中持续探索党建引领基层社区治理创新路径，取得了阶段性成果。本文梳理了北京市推进党建引领社区治理的经验做法和主要成效，结合新形势新任务剖析了面临的机遇和挑战，并从加强政治建设、完善组织体系、提升治理能力、优化方式方法、加强基础保障等方面提出了对策建议。

关键词： 北京　党建引领　社区治理

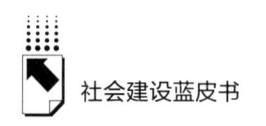

社区是城市治理的基础,也是国家政权的基石,党建引领基层治理对于巩固党的执政根基、推进国家治理体系和治理能力现代化具有特殊的重要意义。党的十八大以来,习近平总书记多次强调社区治理、基层党建工作的重要性,深刻指出"城市治理的'最后一公里'就在社区","提高社区治理效能,关键是加强党的领导"。北京市委对党建引领基层治理高度重视,探索形成了党建引领"接诉即办""街乡吹哨、部门报到"等治理新模式,形成了抓工作抓到街道、抓到社区的鲜明导向。面对新形势新任务,必须紧紧围绕北京"四个中心"功能建设和"四个服务"水平提升,在系统梳理总结实践经验的基础上,加强政治建设,深化改革创新,推动首都党建引领社区治理工作再上新台阶。

一 北京市党建引领社区治理工作创新发展

2020年是极不平凡的一年,面对突如其来的新冠肺炎疫情,在北京市委、市政府的坚强领导下,全市社区工作者迎难而上、主动担责,日夜奋战在城乡社区一线,统筹做好疫情防控和推进重点任务,谱写了党建引领基层治理的新篇章。

(一)党的组织体系建设全面加强

坚持把健全完善组织体系摆在突出位置,持续推动党的组织、党的工作向楼门(院)、向群众身边延伸,全市累计建立楼门(院)党支部(党小组)10677个,建设党建引领楼门(院)议事会示范点300个。健全社区党建工作协调机制,全市157个街道、3400个社区全部建立党建工作协调委员会,有效链接1.4万家驻社区单位资源,2825个社区向居民公示"项目清单"。实施社区"领头雁"工程,新建50个社区书记工作室示范点,推出一批社区书记"传帮带"典型。结合社区"两委"换届选举,同步部署居委会下属各委员会建设,联合市卫健委印发加强村(居)委会公共卫生委员会建设的意见,夯实了社区服务管理的组织体系基础。

（二）社区服务管理改革全面提速

坚持盯难点、抓褪节、促创新。不断深化社区服务站改革，推行"综合窗口""全能社工"服务模式，按照"服务场所最大化、办公场所最小化"原则，第一批完成了47个社区服务"开放式空间试点"建设任务。建立全响应机制，通过电话、微信等方式，为居民提供预约服务。破解超大规模社区治理难题，制定出台撤村建居指导意见、社区居委会设立标准等管根本、管长远的基础性制度，完成了61个5000户以上的超大社区拆分，撤销村和社区建制116个，新建社区202个。强化社区治理科技支撑，持续推进智慧门禁、电子出入证、人脸识别等科技手段的应用，基本实现社区微信公众号全覆盖。加强智慧社区建设的顶层设计，初步形成了部门推送、社区应用、多方共享、社区治理"一库两平台"的总体建设思路。深化"回天有我"社会服务，完成回天地区基层社会治理33项重点任务。

（三）居民参与基层治理稳步推进

持续发力社区共同体建设，高质量举办第二届"社区邻里节"，全市3200多个社区累计组织开展活动1万多项，参与社区群众50余万人次，中央电视台等主流媒体深度报道。制度化推进社区民主协商，在实现社区议事厅城乡社区全覆盖的基础上，新建成149个社区议事厅示范点，涌现出大兴"拉家常"、东城"五民协商"、朝阳"党政群共商共治"、石景山"老街坊"等一批可推广复制的典型经验。全年通过议事协商，实施5000余个社区实事项目。聚焦打通联系群众的"最后一米"，推进基层治理向小区、楼门（院）延伸，全面推行社区工作者包楼门（院）制度、社区公示制度，重点加强以楼长、门长、层长、居民小组长为主的居民自治力量建设，形成社区治理与服务合力。累计建立楼门（院）治理示范点381个，居民群众切身感受到了社区精细化治理的成效。

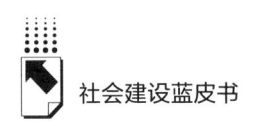

(四)群众身边"关键小事"有效解决

始终把服务群众、动员群众作为重中之重,坚持走好新时代的群众路线。建立社区专员制度,选派2308名街道优秀党员干部担任社区专员,更好地统筹整合基层管理服务资源,解决群众身边的操心事烦心事揪心事。深入推进党建引领生活垃圾分类,制定动员发动、督导检查、开展实践活动等一系列制度措施,组织引导2万多名垃圾分类指导员、38万名垃圾分类志愿者,参与6.9万多个桶站值守。持续推进党建引领物业管理,发挥社区党组织、居委会的指导和监督作用,将物业管理全面纳入社区治理体系。坚决扛起社区疫情防控重任,动员全市160万名社区工作者、在职党员、下沉干部、志愿者和所有物业企业,筑牢7120个社区(村)疫情防控阵地,赢得群众真心点赞。

(五)社区人才队伍体系建设持续加强

坚持多点发力、综合施策,提升社区治理队伍规范化、专业化水平。加强社区工作者力量配备,明确每个社区按照110~150户配备1名社区工作者的要求。及时制定疫情防控期间关心关爱城乡社区工作者的措施,发放抗疫补助和消费券,提供保险6.3万份。加强社会工作人才队伍建设,重点提升社区工作者专业水平,全市注册社工机构超过880家,社工人才总量达7.56万名,其中社区工作者持证比例达38.6%。实施优秀社区社会工作专业人才培养计划试点,在全国率先开展高级社工师评审,3名社区工作者成为全国首批高级社工师,畅通职业发展通道。完成《北京市志愿服务促进条例》修订,持续推进志愿服务进社区,全市累计发布社区志愿服务项目2.26万个,招募志愿者129万人次,涌现出全国学雷锋志愿服务"四个100"等一批先进典型。深入推进城市协管员管理体制改革,推动16类13.4万名城市协管员全面下沉,实行属地管理,充实一线工作力量。

二 准确把握党建引领社区治理面临的新形势新任务

（一）发展的机遇

2021年是中国共产党成立100周年，是实施"十四五"规划的开局之年，基层党的建设、社区治理工作迎来前所未有的机遇。一是党和政府的重视为社区治理提供了最大底气。习近平总书记多次深入社区视察调研，要求基层党组织发挥领导核心作用。党的十九届四中、五中全会对社区建设作出了重大部署。市委提出大抓基层的工作导向，全市党建工作领导小组会议直接在街道召开，为党建引领社区治理提供了坚强的政治保障。二是共建共治为社区治理提供了丰厚沃土，各类组织向社区"报到"，各种政策、资源和力量向基层倾斜，街道社区可调动资源从少到多、全面汇集。三是法律法规为社区治理保驾护航。新颁布实施的《民法典》进一步明确了社区的特别法人地位，街道办事处条例、物业管理条例、文明行为促进条例、志愿服务促进条例等一批法律法规进一步厘清了社区的职责定位，社区法治建设全面提速。四是科技发展为社区治理提供有力支撑。互联网、大数据、人工智能等技术的应用，让基层服务管理更便捷、更高效，为提升社区治理效能提供了最大支撑。五是"两委"换届，为进一步加强社区党的领导、配齐社区领导班子、健全社区党的组织体系提供了有利契机。

（二）面临的挑战

党的十九届五中全会提出的"社会治理还有弱项"，在北京市基层治理特别是社区治理工作中仍有体现。一是部分社区组织体系还不够健全，党建协调委员会作用发挥不够充分，社区下属各委员会还需进一步强化，小区自管会、楼门（院）自管会等基层组织的功能有待进一步完善。二是部分社区联系群众、主动服务意识不够到位，包楼包户、入户走访等机制还有待完

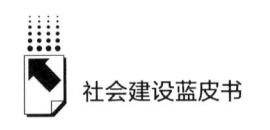

善。三是部分社区治理与服务的触角没有完全延伸到小区和楼门（院），"微治理""微协商"的作用发挥不够明显，动员群众、组织群众的方式方法相对陈旧，群众参与率还不够理想。四是社区负担过重的问题仍然存在，社区减负工作还有待进一步深化。五是社区工作者职业体系还不够健全，社会工作专业化职业化水平还需进一步提升。破解这些焦点问题、难点问题，将是今后工作的重点。

三 持续推进党建引领社区治理工作高质量发展

下一步，北京市党建引领社区治理工作要坚持以习近平新时代中国特色社会主义思想为指导，以贯彻党的十九届五中全会精神为主题，以加强党的领导为核心，以推进社区治理体系和治理能力现代化为立足点，坚持首善标准、首都特色，坚持问题导向、需求导向、目标导向，不断开创党建引领社区治理工作新局面。

（一）毫不动摇把党的政治建设摆在首位

市委鲜明提出，要始终把"四个中心""四个服务"作为首都发展的全部要义来牢牢把握。"四个中心"首要的是政治中心；"四个服务"第一条是为中央党政军领导机关服务。首都社区党组织在一次次党和国家重大活动中经受住了历练和考验，是落实"四个中心""四个服务"的基础力量。目前，北京有3000多个社区，社区党委、总支、支部3387个，回社区报到的党员40余万人。随着北京城市化的快速推进，这个体量还会越来越大。必须牢固树立"看北京首先从政治上看"的意识，毫不动摇把政治建设摆在首位。要坚定政治信仰，深入学习贯彻习近平新时代中国特色社会主义思想和党的十九届五中全会精神，扎实筹划、组织、开展好社区层面的党史学习教育，不断增强"四个意识"，坚定"四个自信"，做到"两个维护"。要牢固树立"红墙意识"，坚决服从中央、维护中央、保障中央。要坚决服从服务大局。北京重大会议、重大活动多，2021年迎来了建党100周年，

2022年冬奥会、冬残奥会将在北京召开，社区党组织要在党和国家重大活动服务保障中持续发挥积极作用。要持续提高政治能力。不断提高政治判断力、政治领悟力、政治执行力，善于从讲政治的高度开展好基层工作、群众工作，善于发现和化解基层的苗头性问题、倾向性问题，全力维护好首都基层的良好政治环境。

（二）织密筑牢社区党的组织体系

党的力量来自组织。基层党组织是我们党的组织体系的"细胞"和"毛细血管"，建强建好、织密织牢基层党的组织体系意义重大。要深入贯彻市委"抓工作抓到街道"的鲜明导向，坚决把党建工作的重心放到街道社区，下大力气做强社区党组织，畅通社区党建"微循环"。要强化社区党建领导体系建设。以提升组织力为重点，强化社区党委（支部）对社区居委会、服务站以及社区居委会下属"六大委员会"工作的全面领导。持之以恒推进社区"领头雁"工程，切实用好社区专员这支重要力量，把社区党组织的领导体系建强建实。要做深做细社区党组织设置。结合不同类型社区特点、党员数量和分布规律，按照便于管理、便于活动、便于发挥作用的原则，调整完善党组织设置方式。推动在小区、楼门、院落中建立党支部、党小组，确保党员聚集在哪里、组织就建到哪里，让党旗在社区高高飘扬。要健全完善党员联系群众机制。推动党员牵头或参与楼委会、院委会、楼门自治小组等居民自治组织；推行党员"入群包户"，在微信群等网络平台中发挥积极作用。建立党员常态化联系群众工作机制，绘制动态更新、务实管用的社区"民情图"，及时回应群众关切，更好地赢得民心民意、汇集民智民力。要创新工、青、妇等基层群团组织工作体系和方式，充分发挥其传统组织优势和政治优势，把群团组织工作延伸到社区。

（三）持续提升党建引领社区治理能力

习近平总书记指出："要把加强基层党的建设、巩固党的执政基础作为贯穿社会治理和基层建设的一条红线。"基层治理涉及方方面面，任务繁重

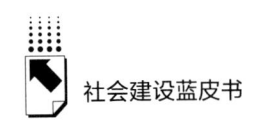

艰巨，是一项系统工程。必须要把党建引领社区治理放在突出位置，不断提高党组织在社区治理中的统筹领导能力、组织动员能力、服务群众能力、应急处置能力。当前要特别注重抓好以下几个突破口。要抓好社区党建协调委员会建设。充分发挥区、街、社区三级党建协调委员会的体制机制优势，研究制定辖区单位共建共治激励约束办法，创新服务清单和需求清单对接方式，激发辖区单位参与社区治理的积极性、提高辖区单位服务群众的精准度。要抓好在职党员回社区报到"后半篇文章"。社区党组织要发挥主观能动性，结合不同类型社区实际情况，科学设计回社区报到党员的服务形式、服务内容、服务渠道，提高针对性、实效性。要抓好垃圾分类和物业管理两个"关键小事"。抓住北京生活垃圾分类和物业管理"两个条例"实施契机，进一步强化党建引领作用，充分依靠群众、发动群众，把这两个"关键小事"推向新阶段。要抓好社区主动治理、未诉先办。健全社区常态化联系服务群众机制，及时了解群众诉求，紧盯群众身边的"急难愁盼"问题，推动"接诉即办"向"未诉先办"深化，力争做到"小事不出社区"。要抓好社区常态化疫情防控和疫苗接种工作，严格落实新冠肺炎疫情常态化防控政策，有序开展好疫苗接种动员组织工作。

（四）改革优化党建引领社区治理方式方法

创新是基层党建的活力源泉，创新也是北京精神的重要方面。北京社区党建创新有着良好的传统，涌现出很多亮点和品牌。要立足实际，对社区党建中的创新做法，加以挖掘、总结、提炼、升华，推动党建引领社区治理方式、服务内容、体制机制的优化和变革，让北京社区党建始终保持生机和活力。要围绕居民群众需求抓创新。坚持群众需要什么，社区就改进什么。比如，在西城区试点推动的社区服务站转型升级改革，取消了"柜台式"服务，打造开放性空间、全科型社工、一站式办理的"公共客厅"，让群众有家一般的办事体验，极大地密切了党群关系，要抓好总结、推广工作。要围绕社区治理中的问题短板抓创新。比如，居民反映有的社区存在机关化倾向，只盯着上级看，不围着居民转。下一步要研究制定相关措施，依靠制度加以解决。社区党组织也要创新思路方法，坚决防止在服务群众"最后一公里"上出现作风问题。要围绕辖区资源禀赋抓创新。比如，有的社区有热心的"能人"，有的社区能协调到充裕的场地，有的社区聚集了高品质商户。只有通过党组织把这些辖区特有的"优质资源"凝聚起来，才能把党建引领社区治理创新做深做实做长久。要切实发挥党建引领社区治理的品牌引领作用。结合北京各社区特征，重点围绕国际化社区建设、"社区之家"建设、"三无"小区服务管理、垃圾分类社区动员等方面，推动建成一批立得住、叫得响、推得开、坚持得好的试点示范项目，让社区党建创新成果体现在切切实实的基层治理成效中。

（五）大力加强党建引领社区治理基础保障

社会治理的工作重心在基层，服务对象在基层。社区党建工作要切实树立大抓落实、狠抓落实的工作导向，坚持工作围着街道转、围着社区转、围着居民转，多做行动方案，多当"施工队长"，推动政策、资金、人才、项目、服务向基层倾斜，坚决杜绝形式主义、官僚主义。市级部门要抓好顶层设计，围绕基层社区急需的政策、设施、资金、人才、体制机制等加大调查研究力度，推动社区居委会立法，加快相关制度的废改立，形成系统化、前瞻性、务实管用的制度安排。各区、街道（乡镇）要加强对社区工作的支持和保障，落实好市级部门支持社区各项政策，保证资金、资源、项目落实到位，使社区党组织说话有底气、服务有能力、治理有手段、工作有激情。要扭住信息化这个社区治理的突出短板，构建城乡社区基础数据信息库、社区服务平台、社区管理平台，以"一库、两平台"为抓手，持续提高社区治理信息化、科技化水平。要落实好社区设立标准和社区办公用房建设标准，继续推动超大社区拆分，有序解决多点办公、地下半地下办公等问题，夯实社区精细化治理基础。要加快研究、健全和完善社区工作者薪酬福利体系，协调解决好社区工作者职业发展"天花板"问题，解决好广大社区工作者的后顾之忧。要持续抓好社区减负增效，优化社区工作考评体系，确保社区工作者更多投入服务居民主责主业，全力提升群众获得感、幸福感和安全感。

社会服务篇
Social Service

B.3
农村社区养老服务密云模式研究

张志华*

摘　要： 本研究以习近平总书记关于推动老龄事业全面协调可持续发展的重要指示精神为指导，探索符合密云区的农村养老服务模式，采用访谈、问卷调查以及实地调研的方法，提炼有特色、有实效的农村社区养老服务发展模式。密云模式是立足密云自然人文生态的创新型农村社区养老服务模式。通过推进"旅游+养老"模式，探索三级医养结合服务体系，打造居家、社区、机构相融合的综合养老服务供给体系，规范引导社会力量参与农村社区养老服务，因地制宜探索农村社区养老服务扶持政策，积极推动农村养老服务队伍建设。

关键词： 农村社区　养老服务　密云模式

---

* 张志华，北京市密云区委社会工委书记、区民政局局长。

一 北京市密云区农村社区养老服务体系现状

（一）密云区人口老龄化基本情况

截至2019年底，密云区60周岁及以上户籍老年人口10.3万人，占户籍总人口的23.5%，城镇地区户籍老年人口2.8万人，农村地区户籍老年人口7.5万人。密云区老年人口呈现三个比较突出的特点：一是人口老龄化趋势加速。二是人口高龄化趋势加快。80周岁及以上老人1.3万，占老年人口的12.6%。三是农村老龄化程度更高。农村老龄化程度接近31%，农村面临更大的人口老龄化压力。

（二）密云区农村社区养老服务发展定位

密云区针对农村基本公共服务设施短缺，留守老人多且居住分散的现状，以及农村老年人存在的"养老不离土、离家不离村"的传统观念，积极探索一条符合农村居民自身特点的养老之路，让老人在"家门口"就能享受到周到、放心、便捷的养老服务。

（三）密云区农村社区养老服务体系建设

1. 结合密云养老服务工作实际，明确养老服务发展思路

"十三五"以来，密云区按照全市提出的"三边四级"养老服务体系总体要求，坚持以"居家为基础、社区为依托、机构为补充、医养相结合"，充分发挥区级统筹指引作用，积极指导各镇街落实养老服务政策，发展区域养老服务联合体，拓宽农村居家养老服务设施建设"准入门槛"，大力提升农村居家养老服务有效供给水平，深化居家养老服务领域"放管服"改革，鼓励社会力量参与居家养老服务工作。

2. 建立和完善区、镇街、村社三级养老服务体系

一是强化区级统筹引领作用，引导社会资源服务农村养老。依托已经建

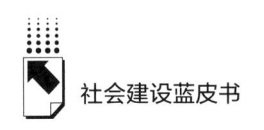

成的区级养老服务指导中心,搭建"互联网+养老"信息平台,形成了密云养老网、密云养老微信公众号、密云养老信息平台、密云养老呼叫中心、密云养老电视服务系统"五位一体"信息格局。有效拓展为老服务渠道,打造"没有围墙的养老院",提升社区居家养老水平。

二是稳步增强镇街养老服务机构辐射社区居家老年人的服务功能。实施农村居家服务项目,将专业服务延伸至家庭。发展养老服务联合体,为老年人提供多种类的养老服务。围绕老年人周边、身边、床边,基于养老照料中心和村居幸福晚年驿站,打造区域养老服务联合体,为居家养老的老年人提供多样化的养老服务。

三是创新村社养老服务模式,促进社区居家养老服务水平全面提升。大力推进幸福晚年驿站建设,提高社区、农村基层养老服务供给能力。鼓励各镇街利用闲置设施、个人农宅建设幸福晚年驿站,为有需求的居家老年人特别是留守老人提供日间照料、短期托老、文化娱乐、精神关怀等服务,实现了家门口养老,切实解决了农村居家养老服务难题。创新建设邻里互助队,为独居老年人提供巡视探访服务。依托养老机构、幸福晚年驿站和其他专业为老服务组织,在各镇街招募本地村民,成立邻里互助队,以邻里互助队员自家居住地为中心,定期探访老年人,关心老年人吃、穿、住、医情况,为有需求的老年人提供代买代缴、应急助餐、寻医送药、春种秋收等服务,确保独居老年人和与重残子女共同居住的老年人生活有人关心,突发事件有人帮扶。

(四)密云区农村社区养老服务设施建设

密云区现有养老机构34家,其中公办公营8家,公办民营11家,社会办15家,共有床位5004张,千人养老床位数为10.1张,入住机构老人2770人,入住率达到55.4%。已建成"幸福晚年驿站"80家,入住老年人420余人。全区千人养老床位数和养老机构入住率两项指标在全市均排在前列。

一是养老机构规范化管理,打造标准化体系。编制《密云区养老机构标准化体系》区级范本,通过标准化体系建设工作的开展,密云区养老机构在服务标准、服务品质、管理效能、人才队伍建设、示范引领功能等方面得到显著提升。

二是推行公办民营改革,提升服务能力和水平。深化公办养老机构管理体制改革,明确养老机构职能定位、提高养老机构利用效能、充分发挥公办养老机构服务职能,提升养老服务整体质量,提高床位利用率,降低政府运营成本。

三是坚持规范化发展,推进养老服务质量提升。通过服务质量建设提升专项行动,持续提升农村特困人员供养机构服务质量,老年人的满意度、获得感、幸福感、安全感持续提升。

二 北京市密云区农村社区养老服务模式探析

(一)农村幸福晚年驿站养老服务模式

1. 农村幸福晚年驿站养老服务模式的发展

2014年,密云区开始探索建立农村幸福晚年驿站,连续三年获评市级民政系统创新创优项目。2017年,"幸福晚年驿站"成为全市农村地区驿站的统一名称。密云区坚持"试点先行,逐步推开"的工作思路,坚持"规划引领,按需建设"的发展原则,有步骤、有计划地推进幸福晚年驿站建设。实行"五个统一",即统一驿站标识、统一服务热线、统一服务项目、统一服务标准、统一服务制度。

2. 农村幸福晚年驿站养老服务模式实践形式

一是加强驿站政策扶持。出台《关于印发推进幸福晚年驿站建设的意见的通知》,鼓励各村"按需建设、因地制宜";出台《密云区幸福晚年驿站运营扶持实施细则(试行)》,确保幸福晚年驿站模式可持续发展。二是建立幸福晚年驿站建设运营管理制度体系。制定"一个规范",即《幸福晚年驿站建设规范》,在驿站建设上明确不同建设方式的设计规范、

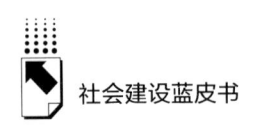

申报程序、审批手续等。建立"两个标准",即《幸福晚年驿站设施设备配置标准》和《幸福晚年驿站运营标准》,规范驿站设备配置、功能划分。三是确定"三类设施来源"和"四种运营模式",即村集体闲置设施资源、流转到村集体的农村个人住宅资源和村民自有住宅或闲置房资源三类设施来源,村办村营、村办民营、民办民营、连锁运营四种运营模式。

3. 农村幸福晚年驿站养老服务模式实践效果

截至目前,建成的"幸福晚年驿站"已覆盖了密云区的镇街、村社。服务功能基本满足老年人的日间照料、短期全托、助餐助洁、文化娱乐等基本养老服务,并拓展上门服务,将服务功能延伸至家庭,实现农村老年人养老不离土、离家不离村。

(二)农村邻里互助养老服务模式

1. 农村邻里互助养老服务模式的发展

为落实北京市巡视探访相关规定,密云区开始在全区范围内开展巡视探访工作。2019年,密云区开始探索"巡视探访+邻里互助"的服务模式,即依托邻里互助队伍开展独居老年人巡视探访工作。2020年,为办实办好北京市政府重要民生实事项目,加快推进邻里互助点建设,为独居高龄老年人提供基本居家养老服务。

2. 农村邻里互助养老服务模式实践形式

(1)组织机制

农村邻里互助养老服务遵循"政府主导、社会参与、重点保障"的原则,积极发挥政府、社会组织和邻里互助的多方作用。政府在农村邻里互助养老服务工作中发挥主导作用,建立健全巡视探访服务制度,通过政府购买服务方式,引导、支持社会力量开展专业化、多元化的巡视探访服务。实行规范化管理,统一佩戴带有邻里互助管理机构名称及本人姓名的标识牌。在服务对象选择上,密云区遵循"重点保障"原则,主要面向本区高龄独居及困境老年人开展巡视探访服务。

(2) 服务内容

一是上门探视。邻里互助员每周至少上门探视老年人一次。二是电话问候。邻里互助员每周至少电话问候服务对象两次。三是基础居家服务。邻里互助员每周至少为服务对象提供两次居家照护服务。

3. 农村邻里互助养老服务模式实践效果

密云区农村邻里互助养老服务模式已初步建成，满足了高龄独居老年人的居家养老服务需求，并取得良好的社会效果。

三 北京市密云区农村社区养老服务面临的困难与挑战

密云区在农村社区养老服务工作推进方面取得了一定成效，积累了丰富经验，但是依然面临严峻的困难和挑战。

（一）社区养老服务质量有待提升

密云区社区养老服务质量与老年人多样化的养老服务需求之间还存在一定差距。首先，部分承接养老服务的社会组织还处于成长发育阶段，有些社会组织内部管理机制并不完善，对政府购买服务项目的依赖性较大，服务能力相对薄弱，无法满足老年人的服务需求。其次，部分社区居家养老服务项目开展时间尚短，密云区巡视探访和邻里互助服务刚刚开展两年，在组织机制、服务模式、服务效果等方面尚处于探索阶段。最后，农村社区养老服务的规范化、标准化工作不完善，服务规范缺乏"精耕细作"，随意性、经验性倾向明显，不利于服务质量管理。

（二）社会力量参与农村社区养老服务不足

受经济发展滞后、市场发育缓慢、城乡区域发展不平衡等因素影响，密云区的社会力量参与农村社区养老服务不足。一方面，由于农村老年人

购买力较低,规模化、连锁化运营的专业养老服务机构参与农村养老服务热情不高,导致农村地区现有养老服务机构服务能力参差不齐,养老服务效果不理想;另一方面,社会组织对农村地区养老认识程度不高,特别是对山区农村老年人的服务需求了解不够,服务供给与老年人的需求契合度有待提高。

(三)养老服务扶持补贴政策有待完善

一方面,养老服务资金的供方支持和需方补贴还不足。目前,仅对机构托养和驿站服务流量进行补贴,其他补贴项目不多,特别是对于生态涵养区村级养老服务设施清洁能源改造方面,还没有具体的配套政策。另一方面,为老服务人员岗位补贴还无法落实。养老护理员工资支出是幸福晚年驿站运营压力的主要来源,考虑到人员成本问题,一些驿站不敢为周边村庄拓展提供上门服务,只将上门服务局限在本村,影响了驿站服务效果。现行对困境家庭入住养老机构的补助政策只能补贴到经过设立许可的养老机构,还不能落实在村级驿站当中。同时,经济困难老年人的失能照护补贴还没有出台。

(四)农村社区养老服务人员的服务能力有待进一步提升

开展农村养老服务,大量的养老服务人员是必不可少的,但是当前密云区养老服务人员队伍面临以下几方面挑战:第一,对于养老机构来说,现有养老护理人员普遍文化程度不高,大多没有经过系统的专业化培训,与老年人的需求存在较大差距,而受过专门培训的护理、助老人员,因为待遇不高、劳动强度大、社会有偏见等流动频繁;第二,农村幸福晚年驿站的养老服务工作人员大多数是"4050"农村富余劳动力,学历一般不高,学习能力和服务水平不高,服务内容也局限于满足老年人的日常基本生活和照顾,缺乏专业化和职业化培训。虽然民政局强化了对养老服务人员的培训,但是现有人才队伍的服务能力与实际需求的差距依然很大，养老专业化程度较低，缺乏精神慰藉和心理疏导方面的专业康复护理人员。

四 农村社区养老服务的完善建议

（一）立足密云自然人文生态，创新农村社区养老服务模式

1. 依托民俗户的服务资源建设幸福晚年驿站，推进"旅游+养老"服务模式

立足旅游资源丰富，民俗户较多，旅游旺季与养老旺季交替出现的特点，密云区提出了幸福晚年驿站"旅游+养老"的运营模式，即春夏旅游旺季时，驿站作为民俗旅店，接待游客，秋冬旅游淡季时，利用闲置床位，为老年人提供养老服务，既可以带动旅游项目，也可解决本村老年人的养老问题，还可以利用旅游接待的收益，反哺养老服务的缺口资金，增强驿站自我造血能力，实现驿站的可持续发展。

"养老型乡村旅游"作为老年人旅游养老的一种新型模式，还可以跨区域吸引更多的老年人选择幸福晚年驿站作为养老旅游的目的地。结合老年人养老需求开发旅游产品，让养老旅游者在密云享受到更多的养生保健服务，从而休养生息、延年益寿。在综合保障方面，充分考虑到养老型乡村旅游的目的地都远离城市的特点，加强基础设施建设，保障应急医疗救护，保障老年人的生命健康，积极预防突发事件。

2. 探索三级医养结合服务体系，发展老年健康事业

密云区统筹并整合地区医养资源，搭建了以区、镇街、村社三级医养结合服务体系为基础，养老服务指导中心为枢纽，多元服务团队和医养信息平台为支撑的医养结合方案。依托密云区中医院，为急性病恢复期和中长期康复者、重症疾病和肿瘤晚期患者、重度失能以及其他具有特殊医疗服务需求的老年人提供医养结合服务。同时，区养老服务指导中心主要作为医养融合的管理协调和服务提供机构，推进镇街养老机构与社区卫生服务中心通

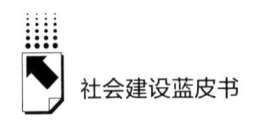

过不同模式建立医养结合运行机制，整合医疗、康复、养老和护理资源，为老年人提供治疗期住院、康复期护理、稳定期生活照料以及临终关怀一体化的健康和养老服务。另外，依托社区卫生服务中心服务网络，实行机构—社区—家庭"三位一体"的网格化、责任化、契约式的老年人健康管理。在农村地区，依托社区卫生服务中心，组成多元化的老年人医养融合服务团队，为社区和居家养老的老年人提供个性化、一对一的基本医养结合服务，逐步建立以健康档案、疾病预防、咨询服务、养生保健、助医服务等为主要内容的老年人健康管理系统，提供功能互补、安全便捷的健康养老服务。

（二）打造居家、社区、机构相融合的综合养老服务供给体系

进一步完善农村三级养老服务体系的机构和设施建设，针对不同层级的养老服务单位采用不同的政策措施，完善体系功能。一是对镇街基层公办养老机构，要抓紧完善规划、土地、房屋等手续，解决功能发挥和持续运营问题；推进"公办民营"改革，积极探索城乡联营、功能分区、一址多用等形式；拓展收住对象，提高床位使用率；提升存量设施效能，强化并拓展养老照料中心功能，持续发挥辐射居家养老、支撑周边养老服务的作用。二是对农村幸福晚年驿站，要推动规范化建设，完善运营方式，解决当前项目申报、资金申请、连锁经营等方面难题。三是对农村老年人的房屋设施，要从出租、出借、转让等方面探索改革，整合闲置资源，增加农民收入，提高养老支付能力。

（三）规范引导社会力量参与农村社区养老服务

为推进养老服务社会组织的创建和发展，政府主管部门应当加强相关的法规和政策建设，并且搭建好对养老服务组织的支持和帮助平台，加强对其服务的监督和管理。加强政策设计，鼓励引导城市地区从事养老服务工作的知名企业或大型连锁品牌企业，参与农村为老服务，开拓培育农村养老市场。

从市场和社会方面看，需要社会各界重视和鼓励社会组织提供各级各类养老服务，健全和完善养老服务市场，培育和发展公民的志愿精神与责任意识。养老服务社会组织更要完善自身内部结构、增强服务能力、塑造和维护良好的社会公信力，并且不断提升专业化程度。

（四）因地制宜探索农村社区养老服务扶持政策

密云区应当因地制宜，根据农村养老服务的实际需求，完善配套扶持政策。首先，制定并落实养老服务水电气暖补贴政策，包括针对农村幸福晚年驿站清洁能源、煤改电等基础设施改造方面给予补贴，以此来降低运营主体的运营成本。其次，适时将困境家庭服务对象入住养老机构补助范围扩大到驿站，增加老年人自主选择的空间，同时带动驿站发展。最后，落实农村养老服务机构从业人员公益性岗位补贴制度，以就近就便、本乡本土取才用人为原则，引导和鼓励农村富余劳动力参与为老服务；在基层加强专业护理人员队伍建设，将驿站服务人员纳入公益性岗位或直接设置养老服务岗，给予服务人员报酬补贴。

（五）积极推动农村养老服务队伍建设

开展农村养老服务，大量养老服务人员是必不可少的，应积极引导农村富余劳动力加入农村养老服务队伍中，并着力提高其服务能力。

第一，建议区级民政系统加强农村养老服务团队的培训和再教育，因为农村社区养老服务的专业性要求暂时不是很高，只需对留守女性和低龄老人开展一些专业培训即可上岗；第二，建议出台政策吸引社会工作机构和社会工作者赴农村地区为老年人提供养老服务；第三，建议出台政策鼓励护理专业高校毕业生到农村基层去，提高养老服务队伍水平；第四，加强农村本地养老服务团队的培训和再教育，通过与有资质的职业技术学院建立合作机制，针对为老服务从业人员和老年人家属及其照护者，开展以康复、护理、营养、心理和社会工作实用技术为主要内容的培训，培养养老服务业相关人才。

"十三五"规划实施以来,密云区坚持以习近平新时代中国特色社会主义思想为指导,把不断满足老年人日益增长的养老服务需求作为根本出发点和落脚点,加大机构、社区、居家养老服务力度,不断增加农村养老服务供给,注重市场主体,降低养老服务行业准入门槛,积极为社会力量参与农村养老服务搭建桥梁。努力探索符合农村实际的居家养老服务模式,农村基层养老服务覆盖面和服务能力显著提升,养老服务事业获得了长足发展。

参考文献

《中国共产党第十九次全国代表大会文件汇编》,人民出版社,2017。

国家发展改革委社会发展司、民政部社会福利和慈善事业促进司、全国老龄办政策研究部编著《走进养老服务业发展新时代:养老服务业发展典型案例汇编》,社会科学文献出版社,2018。

张云英、张紫薇:《农村互助养老模式的历史嬗变与现实审思》,《湘潭大学学报》(哲学社会科学版)2017年第4期。

李俏、刘亚琪:《农村互助养老的历史演进、实践模式与发展走向》,《西北农林科技大学学报》(社会科学版)2018年第5期。

丁艳琳:《国外互助养老模式对我国养老困境的启发》,《经济研究导刊》2018年第28期。

B.4 北京市住房租赁市场研究报告

李君甫 王春璇*

摘 要： 住房租赁是大城市解决住房问题的主要渠道之一，租购并举是解决住房问题的基本策略。作为超大城市，北京的住房租赁需求旺盛，住房租赁市场潜力巨大，住房租赁在解决住有所居问题中扮演着十分重要的角色。本文结合全国房价行情网及卫计委流动人口动态监测数据，对北京市住房租赁市场的发展状况进行分析。结果发现，北京市住房租赁市场存在住房租金高、供需不平衡、供应结构不合理、数据平台建设落后、租赁市场亚健康的问题，并提出了相应的意见建议。

关键词： 住房租赁 租房市场 租客

近年来，住房租赁受到社会的持续关注。2020年12月21日，全国住房和城乡建设工作会议明确提出，2021年要稳妥实施房地产长效机制方案，大力发展租赁住房，解决好大城市住房突出问题。北京作为超大城市，因为独特的政治优势和经济优势吸引了大量劳动力，有人口必定有住房需求。受高房价和限购政策影响，流动人口更多通过租房解决居住需求。相关调研数据显示，一线城市中北京的租房需求量为全国第一，北京市的住房租赁市场潜力巨大。

---

* 李君甫，博士，北京工业大学文法学部教授，主要研究方向为社会政策、城乡发展、流动人口与社会治理；王春璇，南开大学周恩来政府管理学院博士研究生，主要研究方向为住房政策、流动人口与社会治理。

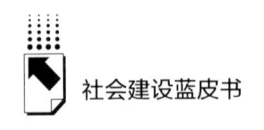

作为2019年入围住房租赁市场发展试点的城市之一，北京市2019年至今先后发布《北京市住房租赁合同》《北京市房屋出租经纪服务合同》《北京市房屋承租经纪服务合同》三个合同示范文本，以及《关于规范互联网发布本市住房租赁信息的通知》（2019）、《关于加强本市租赁中介行业疫情防控工作的通知》（2020）、《关于进一步做好疫情防控期间住房租赁服务管理的通知》（2020）、《关于联合开展住房出租登记与租赁合同备案专项检查的通知》（2020）、《关于规范本市住房租赁企业经营活动的通知》（2021）等政策文本规范租房市场的发展，加强对租赁住房市场监管，积极引导北京市住房租赁市场健康发展。但是北京市仍然存在住房租金高、供需不平衡、住房市场亚健康等问题。本文将结合中国房价行情网及卫计委流动人口动态监测数据，对北京市租房市场的发展状况进行数据分析，总结北京市住房租赁市场痛点并提出相关的意见建议。

一 北京市租房市场的发展状况

1. 北京市近五年的租金状况

（1）租金呈波动式增长趋势

北京市区住宅租金呈现波动式增长，2016年至2021年增幅为45.11%。受疫情影响，2020年北京市区的住宅租金整体呈现小幅下降态势，2021年初，租金价格迅速回升，截至2021年4月，北京市区住宅每平方米月租金达到近年来的最高值102.90元（见图1）。

2021年春节过后，新增进京流动人口数量增多，新增租赁需求增多。此外，随着往年租房合同到期，换租的房客数量也有所增加。新增需求和换租需求双重因素叠加，共同促使租房市场回暖（见图2）。

分别看合租与整租近5年的租金走势，可以发现合租住宅每平方米的月租金价格增幅远高于整租住宅的增幅，合租住宅每平方米的月租金价格远高于整租住宅的租金水平。数据显示，近5年，北京市区合租租金呈较大幅度增长，2020年3月，每平方米住宅的月租金达到了184.66元。截至2021年

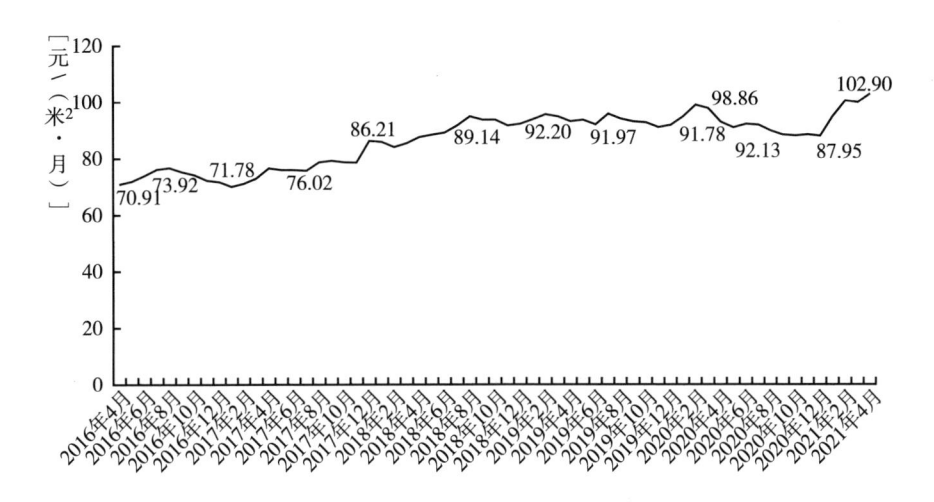

图 1　北京市区住宅近 5 年租金走势

资料来源：全国房价行情网。

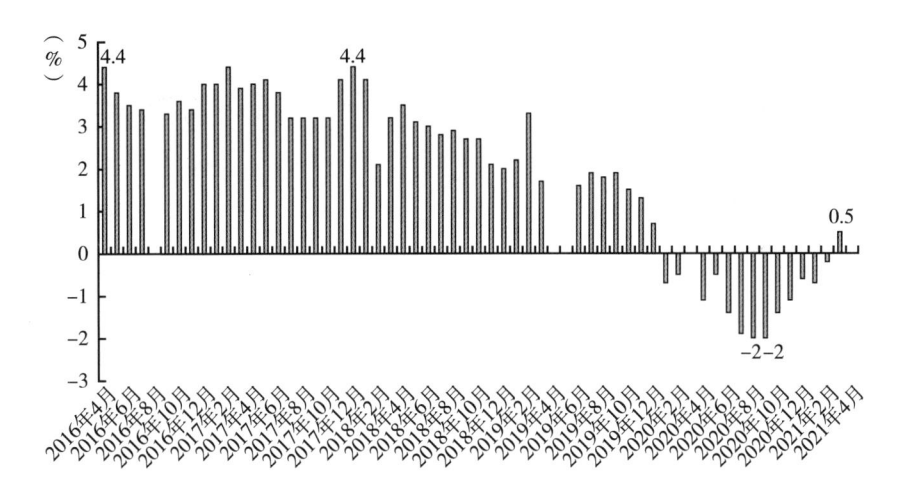

图 2　北京居民消费价格（租赁房房租）近 5 年涨跌幅

资料来源：北京市统计局、国家统计局北京调查总队，2016 年 4 月至 2021 年 4 月北京市居民消费价格变动情况。

4 月，北京市区合租住宅每平方米的月租金为 161.89 元，相较于 2016 年 4 月增长 89.19%（见图 3）。同期，整租住宅的租金水平为 90.07 元/（米^2·月），租金水平相较于 2016 年 4 月增长 23.27%（见图 4）。

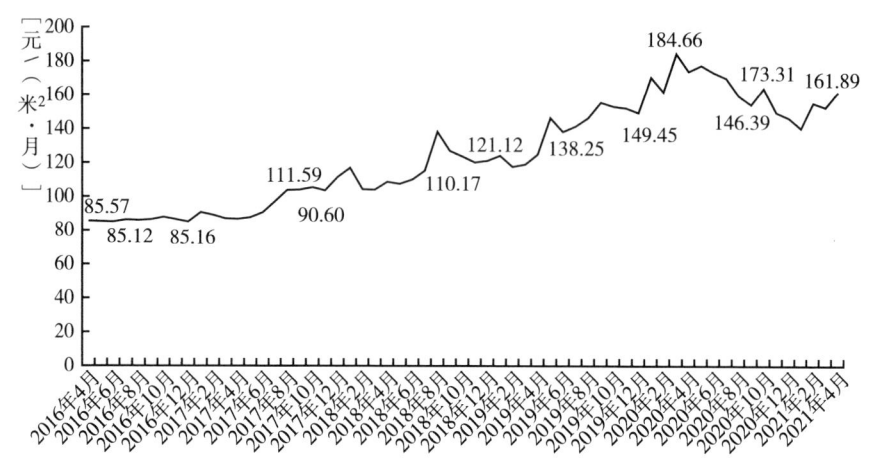

图3　北京市区住宅近5年租金（合租）走势

资料来源：全国房价行情网。

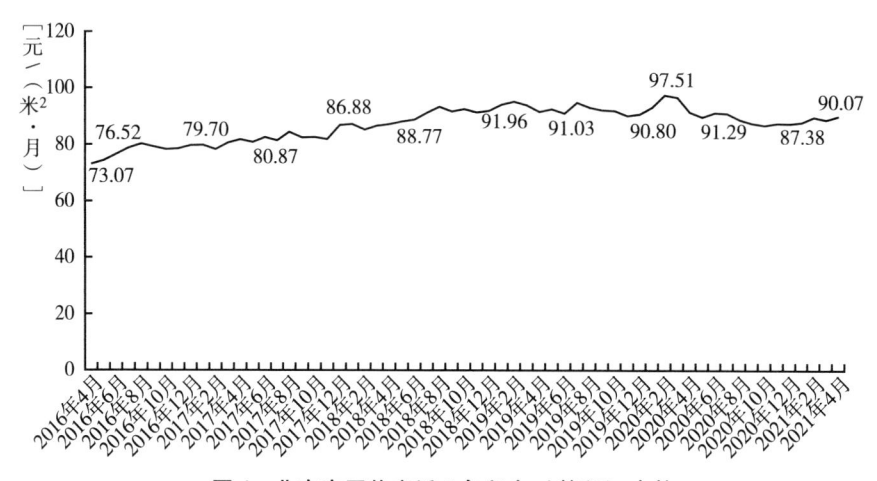

图4　北京市区住宅近5年租金（整租）走势

资料来源：全国房价行情网。

（2）租金结构

从租金结构来看，合租住房的月租金集中分布在2000～3000元，占比45.97%；其次为月租金1000～2000元，占比28.93%；月租金3000～4000元占比21.43%。月租金低于1000元和高于4000元的合租住房占少数（见图5）。整租住房的月租金分布相对较为离散。低于4000元的租金和高于10000

元的租金都占有相当的比例，整租的月租金分布最多的区间是4000～6000元，占比30.78%；其次为6000～8000元，占比24.45%（见图6）。

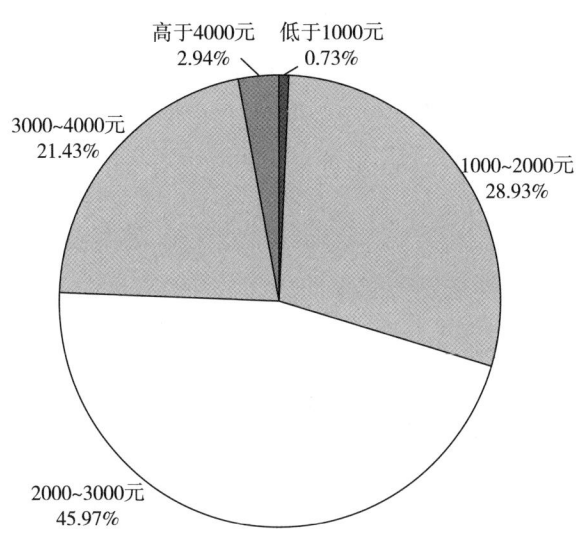

图5 北京市区近5年租金（合租）总价结构

资料来源：全国房价行情网。

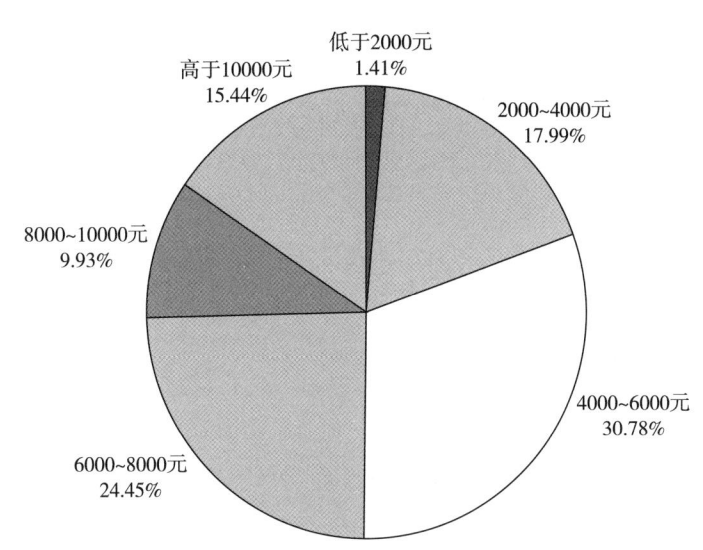

图6 北京市区近5年租金（整租）总价结构

资料来源：全国房价行情网。

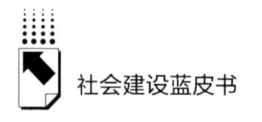

2. 北京市租赁住房的面积结构

从租房面积来看，超过半数的合租住房面积在 10～20 平方米，其中住房面积 10～15 平方米的占比 23.14%，住房面积 15～20 平方米的占比 33.98%，住房面积小于 10 平方米的数量很少，仅占 5.00%（见图 7）。整租住房的面积分布较为分散，小户型住房和中型、大型住房均占有相当的比例。其中小户型住房（小于 60 平方米）占比共计 28.25%，中等户型住房（60～100 平方米）占比共计 46.89%，大户型住房（大于 100 平方米）占比 24.86%（见图 8）。

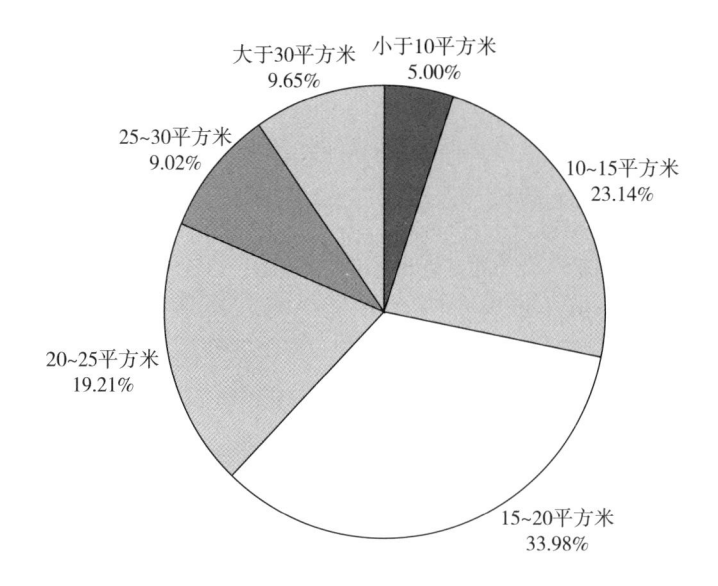

图 7　北京市区近 5 年租房（合租）面积结构

资料来源：全国房价行情网。

3. 北京市租赁住房市场的区域差异

北京市住房租金的区域差异较大。租金价格最高的行政区为西城区，住房月租金达到了 139.09 元/米^2；东城区住房月租金为 134.84 元/米^2，海淀区住房月租金为 129.82 元/米^2，朝阳区住房月租金为 122.86 元/米^2。西城、东城、海淀和朝阳区的房租价格远远高于北京市其他行政区的房租价格（见图 9）。

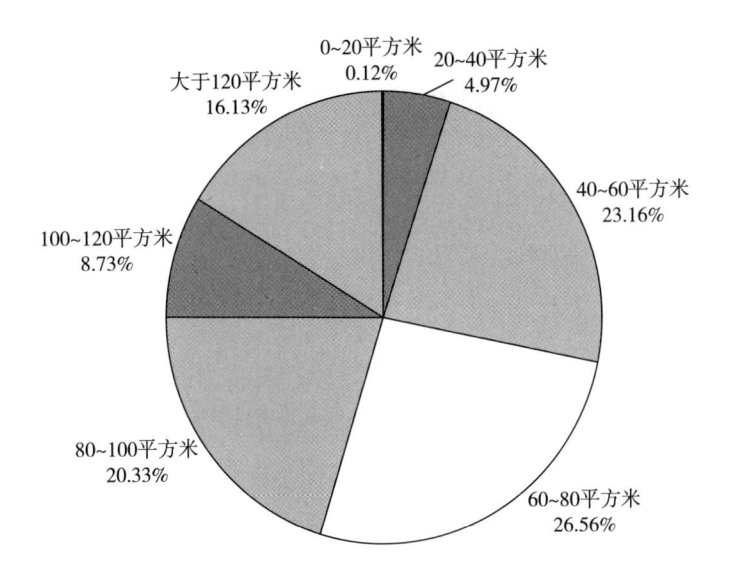

图 8　北京市区近 5 年租房（整租）面积结构

资料来源：全国房价行情网。

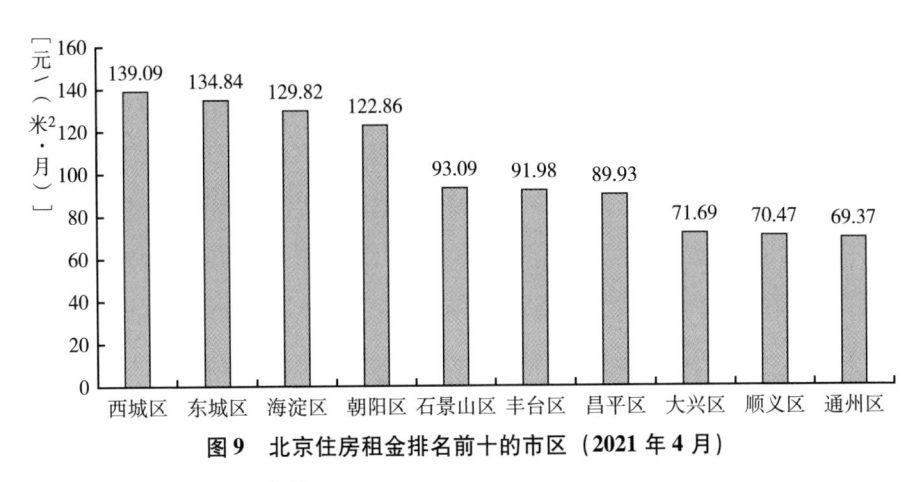

图 9　北京住房租金排名前十的市区（2021 年 4 月）

资料来源：全国房价行情网。

出租住房套数较多的区域集中在二环至五环之间的朝阳区和海淀区，另有两处以地铁站为中心分布在北京的城市副中心——通州区。出租住房套数较多的区域对交通的依赖性较强，在交通枢纽或交通方便的地铁站附近，同时也是写字楼、商业设施、学校最为集中的区域。

二 北京市租客的构成及租房需求

北京市以独特的政治优势和经济优势吸引了大量劳动力。流动人口是租房大军,受高房价和限购政策影响,流动人口更多通过租房解决自身居住需求。北京市常住外来人口的占比一直超过常住人口的1/3。2020年全市常住人口为2189.3万人,其中常住外来人口为841.8万人,占比达到38.45%。分析流动人口中租客的状况大致可得知北京市租客群体的特征。

1. 北京市外来租客人群画像

青年租客与老一代租客、低学历人口与高学历人口均占相当比例。北京市外来租客中四成以上为"80后"群体,其次为"70后",占比22.69%,"90后"及以后和出生于60年代及以前的流动人口占比分别为20.61%和13.18%(见图10),流动人口的年龄分布呈现倒"U"形。从受教育水平来看,整体而言北京市外来租客的受教育水平较低,初中及以下学历的流动人口共占比46.92%,其中受教育程度为初中学历的流动人口占比37.44%,小学及以下占比9.48%,而本科及以上学历的流动人口占比17.05%,其中受教育程度为大学本科的占比14.85%,研究生及以上学历占比2.20%(见图11)。

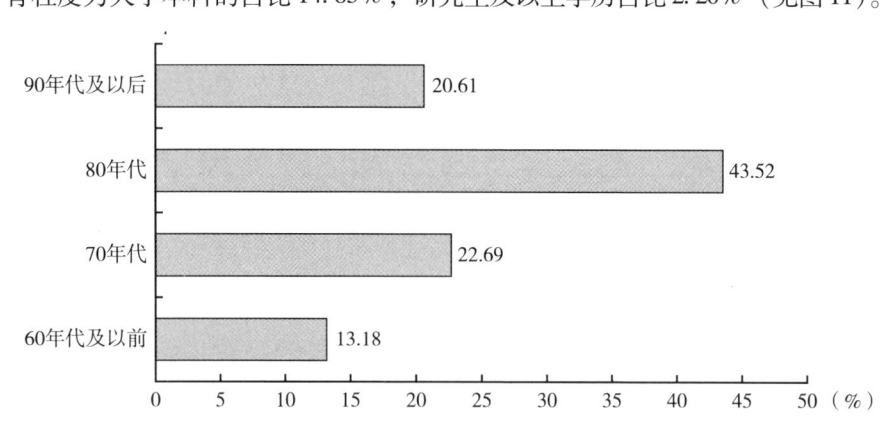

图10 北京市外来租客的年龄分布

资料来源:2017年国家卫计委流动人口统计数据。

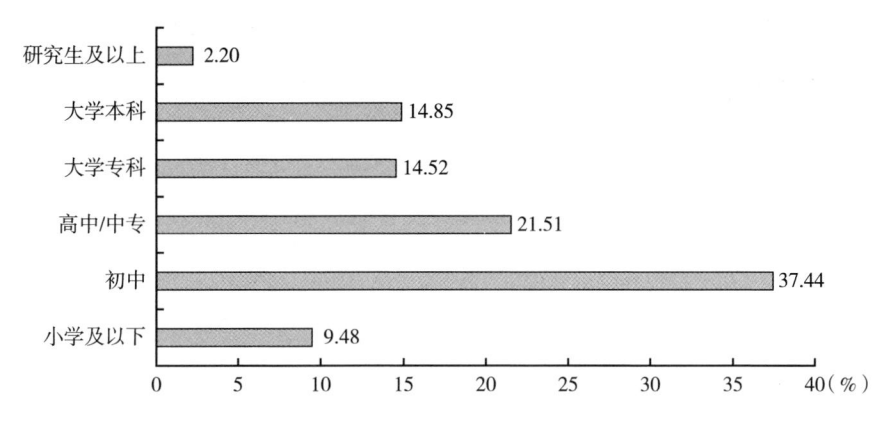

图中数据：
- 研究生及以上 2.20
- 大学本科 14.85
- 大学专科 14.52
- 高中/中专 21.51
- 初中 37.44
- 小学及以下 9.48

图11 北京市外来租客的受教育程度分布

资料来源：2017年国家卫计委流动人口统计数据。

七成以上外来租客的家庭月收入低于1万元。数据显示，有71.95%的租客家庭月收入低于10000元，其中家庭月收入在5001～8000元的租客占比最多，为30.79%，其次是家庭月收入为3001～5000元的租客，占比19.25%。另外，有超过1/5的租客家庭月收入在10001～20000元（见图12）。租客的平均家庭月收入为10506.57元。

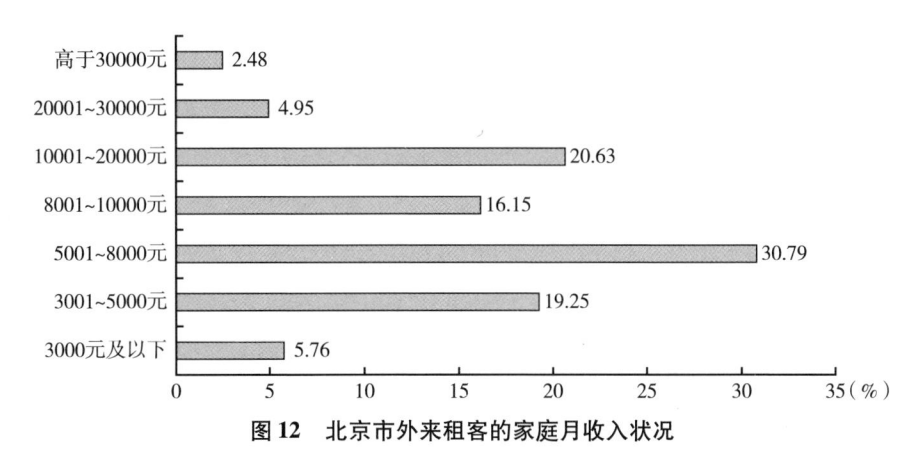

图中数据：
- 高于30000元 2.48
- 20001~30000元 4.95
- 10001~20000元 20.63
- 8001~10000元 16.15
- 5001~8000元 30.79
- 3001~5000元 19.25
- 3000元及以下 5.76

图12 北京市外来租客的家庭月收入状况

资料来源：2017年国家卫计委流动人口监测数据。

2. 北京市外来租客住房状况及需求

北京市外来租客的住房七成以上为整租私房。数据显示，流动人口绝大

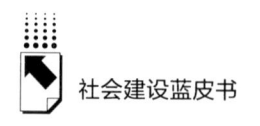

部分为租住私房，仅有1.25%的租客为公租房。在租住私房的租客中，75.74%的租客为整租，23.01%的租客为合租（见图13）。

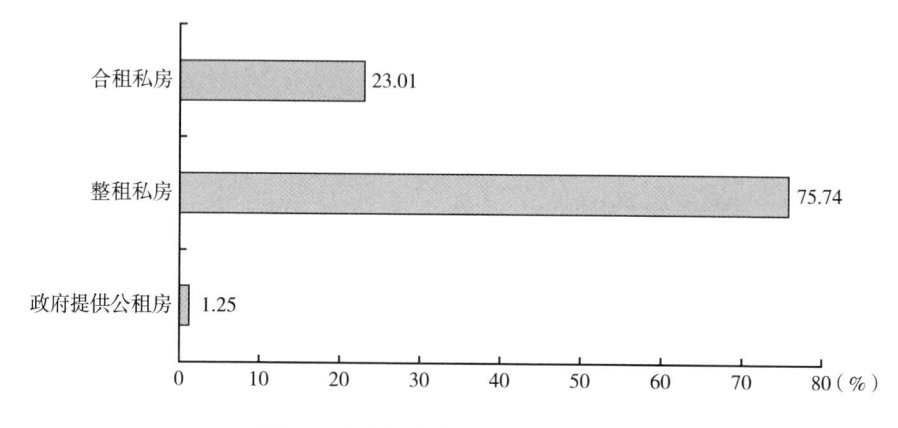

图13　北京市外来租客租赁住房类型

资料来源：2017年国家卫计委流动人口监测数据。

北京市外来租客的住房区域分布集中在北京中心城区，半数以上分布在朝阳区和海淀区，占比分别为33.42%和20.88%（见图14）。北京近郊区和远郊区的外来租客租房比例较低。

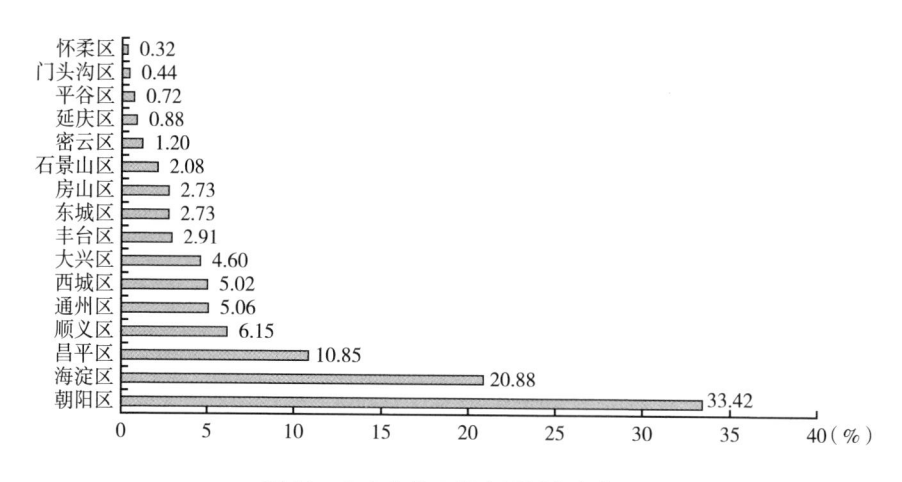

图14　北京市外来租客区域分布占比

资料来源：2017年国家卫计委流动人口统计数据。

长期租房已成为北京外来租客的生活常态。北京外来租客中48.89%的租客已经租房5年以上，60%以上的租客租房时长达3年以上。

居住的便利性成为青年租客最为关注的因素。相关调研数据显示，青年租客最关注的前五位因素分别是：交通便利程度、距离公司远近、租金、周边配套设施、房屋室内设施。数据显示，青年租客对于租金的关注程度较高，但是相较于租金，他们更加注重居住的便利性（见图15）。

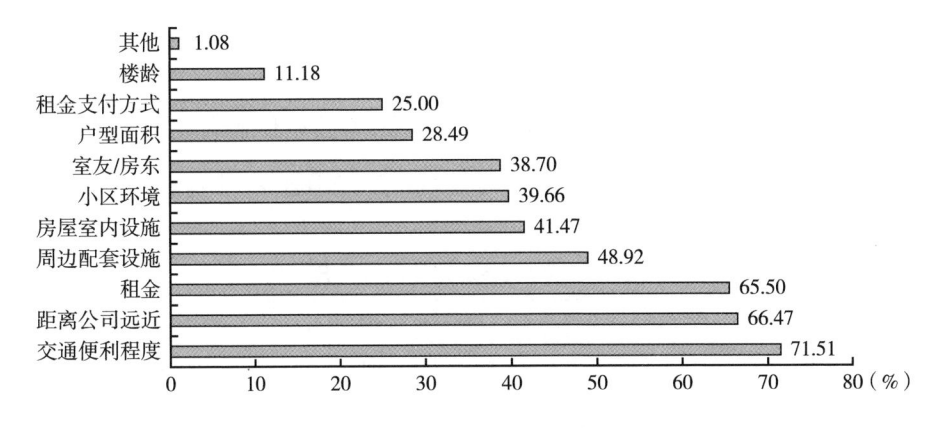

因素	占比(%)
其他	1.08
楼龄	11.18
租金支付方式	25.00
户型面积	28.49
室友/房东	38.70
小区环境	39.66
房屋室内设施	41.47
周边配套设施	48.92
租金	65.50
距离公司远近	66.47
交通便利程度	71.51

图15 青年租客关注的租赁因素占比

资料来源：贝壳研究院《2020新青年居住消费趋势报告》。

租客渴望实现"整租自由"。相关调研数据显示，我国的整租租客占比超过20%，整租租客的占比逐年增长。北京率先成为整租租客占比超过25%的城市之一。[①] 越来越多的租客在寻租过程中看重生活品质和居住自由，越来越多的租客青睐于整租和独居。中国已经全面进入"合租与整租并重的新发展阶段"。这也为北京住房租赁市场的未来发展指明了侧重点和方向，住房租赁市场应该提供更多的小户型房源以满足租客的住房需求。

---

① 本数据来源于自如研究院《2020长租消费新趋势报告》，详见 https：//baijiahao.baidu.com/s？id=1687479688748621536&wfr=spider&for=pc。

三 北京市住房租赁市场痛点

1. 房租占收入比重高,租客租房压力大

一般认为合适的房租收入比应该在30%以内,超过30%说明房屋租金过高,租客的居住负担较重。全国房价行情网公布的2021年4月房租数据显示,以人均租住面积30平方米计算,北京的房租收入比达到54%,是全国租房压力第二大的城市,深圳的房租收入比为56%,位居全国租房压力城市榜榜首。这意味着在人均租住面积30平方米的情况下,北京、深圳的租房成本要占到可支配收入的一半以上,如果单独租住普通住宅(面积多为60平方米以上),租住成本几乎会覆盖整个可支配收入(见表1)。

表1 部分城市房租收入比状况

城市	房租单价[元/(米^2·月)]	居民可支配收入(元)	房租收入比(%)
北京	104.89	69434	54
深圳	101.72	64878	56
上海	96.47	72232	48
三亚	42.07	34642	44
杭州	67.47	61878	39
广州	60.78	63289	35
成都	40.41	42075	35
福州	38.65	40477	34
天津	40.80	43854	33
厦门	52.32	58140	32
武汉	40.29	45230	32

注:房租收入比计算公式:(房租单价×12×30)/居民人均可支配收入×100%。
资料来源:全国房价行情网、各城市统计局或政府工作报告。

研究进一步比较了北京市住房租金增幅与居民可支配收入增幅状况,可以看到2016~2021年北京市住房租金价格增幅总体高于居民可支配收入的增长幅度，租金价格波动幅度也大于居民可支配收入波动幅度。2016年住房租金同比增长15.11%，是居民可支配收入增长幅度的近两倍；2017年租金同比增长8.01%，基本与居民可支配收入增幅持平；2018年租金增幅攀升至14.38%，居民可支配收入增长幅度仍然在8%~9%；2018年后北京市住房租金增幅迅速下降，直至2020年，疫情冲击下租金增幅呈现负值。2021年租金迅速回弹，同比增长10.84%，居民可支配收入增幅为6.36%。住房租金增幅总体高于居民可支配收入的增幅，居民租房压力较大（见图16）。

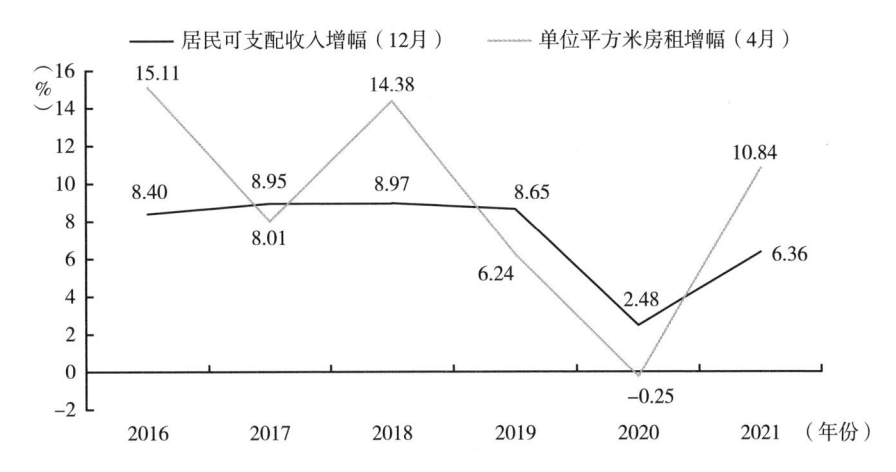

图16 北京市2016~2021年房屋租金增幅与居民可支配收入增幅对比

资料来源：全国房价行情网、北京市统计局。

2. 北京市租赁住房需求旺盛，租赁住房供需不平衡

相关调研数据显示，一线城市中北京的租房需求量为全国第一，其次为上海、深圳、广州。常住外来流动人口是北京市租房市场的主要消费群体。近年来北京市流动人口的数量不断增加，第七次人口普查数据显示，2020年底北京常住流动人口841.8万人，比2016年增加了19.2万人。然而近5年北京市住房租赁市场新增供给量却呈现大幅度下降的态势。2021年4月北京市住房租赁市场新增住房共47470套，同比下降了31.95%，相较于2016年4月的新增住房量下降了81.16%（见图17）。北京的租房

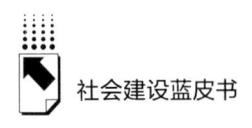

供给量不断下降，有租房需求的人数却不断增加，北京市住房租赁市场供需矛盾显著。

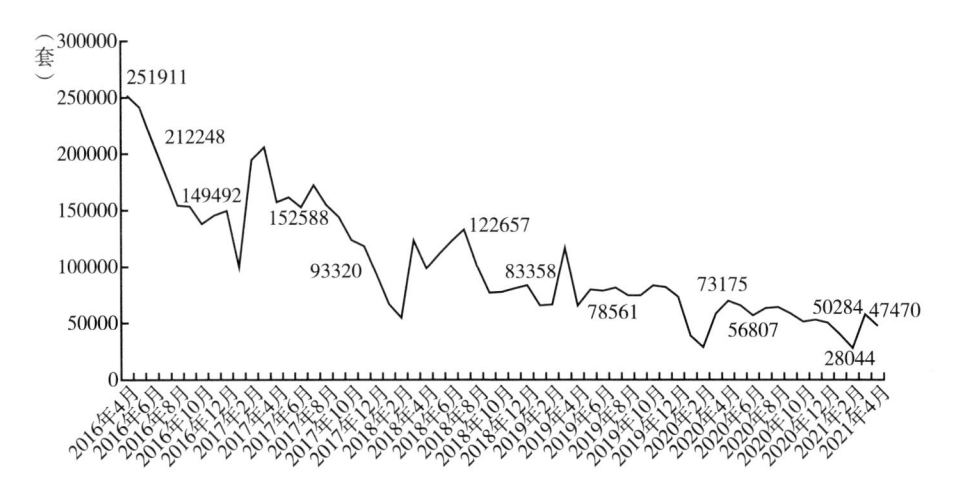

图17 北京市区住宅近5年租房供给量走势

资料来源：全国房价行情网。

3. 住房租赁市场供应结构不合理，供需结构性矛盾突出

北京市的租赁住房房源绝大多数为中介机构出租的散户业主的商品房，房型面积多为60平方米以上的两居室或三居室，一居室的房源严重不足。近年来泊寓、旭辉等房企品牌长租机构迅速发展，侧重推出小户型和一居室的住房产品，但是总体而言市场份额偏小；另外也有长租机构（自如）收租散户业主房屋进行改造后再出租，与普通中介机构出租房源差别不大，小户型的单身公寓供给量少。

然而对于租客而言，大中型房源整租房价较高，合租私密性和便捷性受影响。更多租客青睐于整租和独居，一居室和小户型成为租房市场的刚需，然而当前北京的住房租赁市场小户型房源不足。住房租赁市场出现供需结构性矛盾。

4. 住房租赁市场数据建设落后，缺乏租赁交易平台

在住房交易市场中，我国设立了专门的不动产交易登记中心，记录了每套商品房的各项信息数据，建立了相对完备的登记制度，能比较完备地掌握每套商品房的历史交易信息。相比之下，在住房租赁市场中，全市的租赁住房信息收集系统并未完全建立，信息登记机制不够完善，也无明确的专职管理机构。这加大了相关部门对租赁市场的管理难度，也使租客和房东双方都缺少公开可靠的信息渠道，进而加剧了租赁市场信息的不对称，加大了市场的寻租空间和交易成本，使"转租""二房东"等成为当前租赁市场上的普遍现象。住房租赁综合管理平台仍需不断建设和完善。

5. 住房租赁市场亚健康，长租公寓有待规范发展

住房租赁市场亚健康状态一个表现是租客对租赁体验的满意度低。北京市住房租赁的投诉率很高，据北京住建委统计，住房租赁纠纷投诉占比超过50%。在租赁纠纷中涉及合同陷阱和合同欺诈、房屋维修问题、被窃及社会治安问题、遭遇不良二房东以及遇到黑中介等。租客对住房租赁体验的满意度一直处于较低水平，绝大多数租客在租赁住房过程中都经历过房屋质量纠纷、生活配套设施不完善、物业管理服务不到位等问题。

住房租赁市场亚健康状态的另一表现是长租公寓乱象。2016年在政策鼓励和资本刺激背景下，长租公寓市场吸引了众多创业者的关注，在短期内形成供给突起的"繁荣市场"。但是哄抬房价、抢占房源、过度扩张使得部分中小长租公寓的发展超出自身承受能力，加上自身实力和运营能力不足，不少长租公寓企业游走于暴雷边缘。在这其中不少企业通过租金贷等方式野蛮生长、无序扩张，给市场埋下不稳定因素。长租公寓发展乱象，不仅使房东和租客利益受损，更严重破坏了房屋租赁市场秩序。

四 北京市住房租赁市场发展建议

1. 健全租赁法律法规，重构租赁管理体制

我国住房租赁市场在政策的大力扶持下成长迅猛，但现行住房租赁法律体系的发展却远远滞后于市场本身。2020年9月住建部针对《住房租赁条例（征求意见稿）》向社会公开征求意见，当前《住房租赁管理条例》

正在加速出台中。从法律法规层面规范租赁市场，建立科学、公平、合理和先进的住房租赁市场法律体系，一方面可以明确租房者、业主、中介机构、运营机构权责义务的边界，明确法律责任划分，使租赁过程有法可依；另一方面能够为租售同权、购租并举、集体用地建设租赁住房等提供法律保障。

2. 搭建租赁交易服务平台，提供数字化租房服务

构建住房租赁综合管理平台，实现住房租赁市场数量、价格和租约的精准、动态、实时，让住房租赁成为一个持续改进的过程，是住房租赁市场成熟的基础和前提，也是住房租赁产业发展的"长效机制"。在住房租赁市场中，应尽快设立明确的专职管理机构，并建立住房租赁市场的信息收集系统，完善租赁住房的信息登记机制，实时掌握租赁住房的历史交易信息。这将有利于推动住房租赁合同备案、租赁信息服务、租赁交易流程指引与合同示范、住房租赁信用管理、租赁价格指数等信息的公开与透明，进而规范租赁市场行为秩序，同时也能够打通租客和房东的信息渠道，促进提升租赁市场信息的对称性，有效减少市场的寻租空间和交易成本。

3. 积极推动租购同权，努力实现基本公共服务的均等化

我国近年来一直在强调"房子是用来住的，不是用来炒的"住房定位，那么对于租住的房屋而言，只要是用于居住的目的，就应当享有与购买产权住房相同的社会公共服务。租购同权能够保障租客在城市的基本生活权益，推动长租房市场的进一步发展，促进我国房地产市场平稳健康发展。

4. 推动保障性住房发展，提高租客住房水平

在公共租赁住房方面，一是要多渠道增加供给量，通过土地税收等方式鼓励开发商在商品房中按一定的比例配建公共租赁住房，通过税收等优惠政策引导专业代理经租机构将闲置房源转化为公共租赁住房；二是要扩大住房保障政策的受惠范围，可以根据流动人口的居住年限、收入水平、留居意愿等建立综合的考核标准，让符合一定标准的流动人口进入城镇住房体系，特别关注长期在迁入地城市工作生活的乡-城流动人口。

在住房公积金制度方面，大力推动住房公积金制度的落实，增强住房公积金的个人储蓄功能。因为北京租房市场中的消费主体是在京的流动人口，然而流动人口中不稳定就业和灵活就业的流动人口会因为工作变动或失业面临租金支付的困难。2020年新冠肺炎疫情造成了大量流动人口待业失业，也造成了低收入流动人口难以支付房屋租金甚至被迫返乡的问题。因此应该进一步增强住房公积金的个人储蓄功能，为流动人口的住房消费提供一定的支持和保障。

参考文献

刘军：《北京市住房租赁市场发展现状及政策建议》，《中国房地产》（综合版）2017年第12期。

B.5
推动首都高质量发展背景下调动企业培训积极性问题研究

王 飞*

摘 要： 高质量发展是新时代我国社会主义建设的一个核心理念，同时也是我国"十四五"规划的一个关键词。根据中央对北京的城市战略定位，北京市围绕"四个中心"建设，需要优化产业结构和空间布局，推进产业迭代升级，引领全国高质量发展。首都高质量发展取决于企业生产方式的创新升级，而企业培训是提高人力资源配置效率、生产率的有效手段。为进一步了解北京市企业培训现状及积极性，本文重点针对本市职业技能提升行动培训情况进行调研，发放问卷1000份，回收有效问卷902份。通过分析企业培训现状、意愿、政策满意度等，本研究提出了调动本市企业培训积极性的建议：创新机制，构建技能培训新规则；引导多主体参与，整合优质资源；多措并举推进技能培训供给侧改革；推进阶梯式补贴政策落地等。

关键词： 高质量发展 企业培训 积极性

---

* 王飞，北京市人力资源和社会保障局职业能力建设处副处长，中国人民大学社会学博士。

一 研究背景及目的

(一)研究背景

2017年12月召开的中央经济工作会议指出:"推动高质量发展是当前和今后一个时期确定发展思路、制定经济政策、实施宏观调控的根本要求。"我国经济发展目标已由量向质转变。北京作为科技创新中心,人才和科技资源高度集聚,应在经济结构调整和产业转型升级、推动高质量发展方面发挥引领作用、率先示范,为全国的高质量发展提供"北京经验"。企业是构成社会的经济细胞,是国家经济系统的基本组成单位,企业的蓬勃健康发展对整个国民经济的运行起着举足轻重的作用。

在新冠肺炎疫情的冲击下,我国经济虽然长期向好,但短期内面临巨大挑战。各行各业面临前所未有的压力,尤其是抗风险能力较低的中小微企业所受冲击巨大,生存危机加剧。为缓解企业生产运行压力、企业裁员风险,北京市人力资源和社会保障局及市财政局联合印发了《关于推进职业技能提升行动"互联网+职业技能提升培训"工作的通知》(京人社能字〔2020〕47号)、《关于精准支持重点行业中小微企业稳定就业工作的通知》(京人社能字〔2020〕48号),积极应对疫情防控常态化背景下"线上培训"市场新形势,按照"培训信息公开化、培训项目目录化、培训评价即时化、培训资源集成化"的基本原则,创新政府管理平台和若干市场化培训平台有效对接的"课程淘宝"式线上平台管理服务体系。实施以训稳岗培训补贴政策,对于本市参保企业组织职工在京训钉·北京市职业技能提升行动管理平台上开展技能提升培训的,可根据每名职工学习时长给予企业相应的培训补贴。经认定的本市科技创新、城市运行保障和生活性服务业的中小微企业,最高可享受每人120课时3000元的培训补贴。

(二)研究目的

《北京市人民政府办公厅关于印发〈北京市职业技能提升行动实施方案

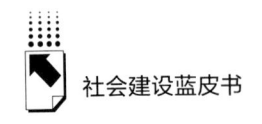

2019—2021年）〉的通知》（京政办发〔2019〕18号）强调，要调动培训主体积极性，围绕首都十大高精尖产业以及金融科技、文创等重点产业，大力开展企业职工职业技能提升培训。通过开展调动企业培训积极性的问题研究，了解企业培训现状，探寻企业培训动力不足的因素，针对堵点提出可行性建议。

一是了解企业培训满意度，提高培训质量，提升企业职工职业技能水平。通过了解企业的培训满意度及培训需求，不断完善培训课程、培训方式，丰富平台功能等，为企业提供更好的培训服务，调动企业积极性。由企业组织职工参与学习，从而提高企业职工知识、技能、态度等方面的素质，提升企业人力资源水平。二是了解企业的政策满意度，为完善政策提供依据，激发企业参与积极性。通过了解企业对政策的满意度，分析当前政策可优化之处，结合企业需求，全面更新政策。采取更加能够吸引企业的政策措施，调动企业的主观能动性。

（三）研究意义

企业培训具有重要的社会和经济意义，不仅关系到员工个人职业成长及收入水平的提高，关系到企业的生存和发展，同时也关系着一个国家社会经济的稳定运转和可持续发展。首先，人才是高质量发展的关键因素，也是知识经济时代企业参与竞争的主要源泉，而人力资源管理和开发的重要内容就是培训。科学的企业培训对获得新技能、提高现有技能、提高生产率和绩效具有巨大价值，是实现高质量发展的关键。由此可以看出，制约经济高质量发展最关键的问题最终落到劳动力身上。其次，在"创新、协调、绿色、开放、共享"的高质量发展背景下，企业作为人才需求地和人才试炼场，开展良好的培训能够满足企业和员工双方的需求。在提高员工职业素质的同时，也能够提高本企业的劳动生产率，实现企业的高质量发展。更进一步讲，培训能够有效促进产业人才的增加，推动产业快速发展，对整个产业产生溢出效应。最后，从现实情况来看，由于企业中高层管理者培训意识不足，存在为竞争者培养人才的担忧，员工培训积极性不高，培训效果不理想等，我国企业的培训积极性普遍不高。但忽略人力资源开发，对任何企业而言，都不利于自身的可持续、高质量发展。因此，调动企业培训积极性，提升员工的技能水平，是经济高质量发展阶段的必然选择。

基于此，研究如何调动企业培训积极性，通过政策支持，帮助企业解决培训面临的现实问题，有利于提高企业员工队伍素质，提高企业市场竞争力、凝聚力，促进企业高端、高效、高质量发展，进一步促进首都经济高质量发展。

二 企业培训现状

结合本市技能提升培训管理平台运行数据，对参加培训的企业随机发放调查问卷，从企业培训积极性现状、企业对课程的满意度、企业对政策的满意度三个方面进行量化分析，从而了解企业培训现状及影响企业培训积极性的因素。

（一）企业培训积极性高涨

企业培训的积极性从企业的培训意愿和培训行为两方面进行评价，综合评分为4分（所有指标满分均为5分，下同）。

在企业培训意愿方面，从领导的重视程度、企业管理者对培训作用的认识、对企业培训主体身份的认识等方面进行评价。总体来看，企业培训意愿总体评分为4.67分，表示企业培训意愿强烈。96%的管理者非常重视企业培训，认为培训不仅是院校的事，更是企业应负的责任。企业管理者认为培训能够提高员工的工作能力、企业持续发展能力等。同时，参加政府组织的培训能够获得补贴，在一定程度上可以减轻企业培训成本压力，激发了企业的培训意愿。

在企业培训行为方面的总体评分为3.48分，52%的企业培训员工覆盖率在80%以上（见图1），42%的企业每年培训总支出占营业额的1%以下（见图2），经费投入跟国际平均水平（1%~3%）相比较低。

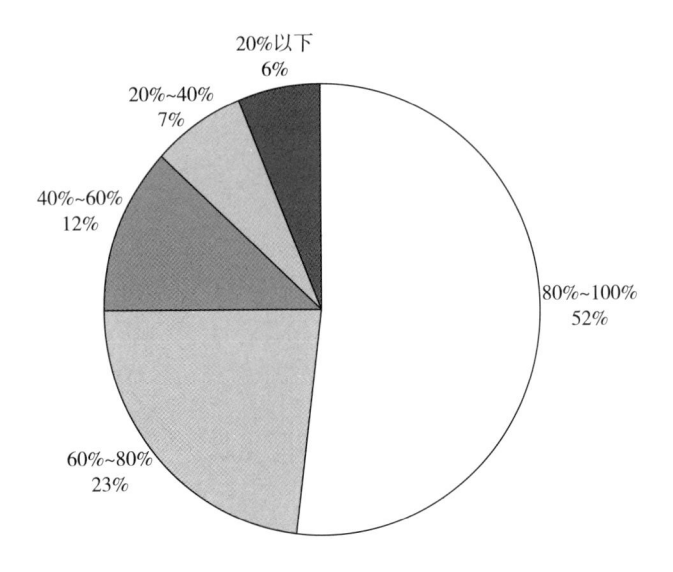

图1 每年培训总人数占公司总人数的百分比

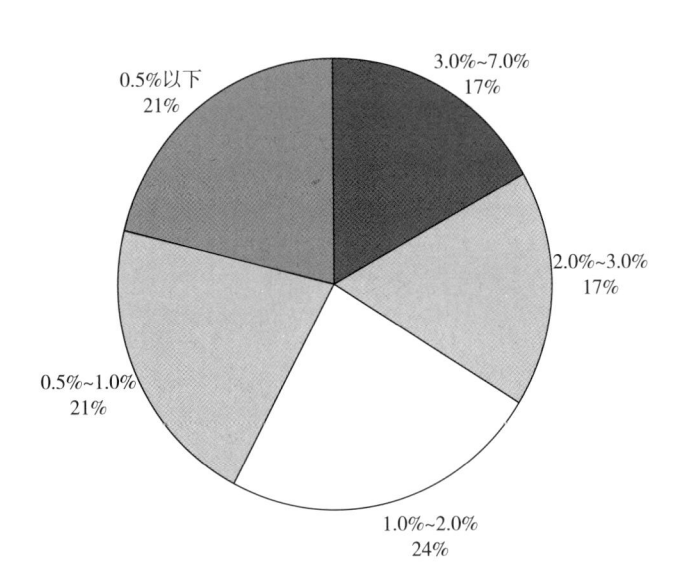

图2 每年培训总支出占营业额的百分比

从企业发展阶段来看,在初创期和成长期中,超过60%的企业培训覆盖率在80%以上。在培训支出方面,初创期、成熟期和发展期的企业培训支出占比主要在1%~2%,成长期的企业培训支出占比主要在0.5%~1%,

转折期的企业培训支出占比主要在0.5%以下。综上可知，初创期、成熟期和发展期的企业更加重视企业培训，更具积极性。

从企业规模来看，中型企业培训覆盖率最高，50%的中型企业培训覆盖率超过80%。大型企业的培训支出最高，41%的大型企业培训支出超过总营业额的2%。从总体评分来看，大型企业的培训覆盖率及培训支出评分较高，培训积极性最佳（见表1）。

表1 企业类型及其培训行为评分

单位：分，%

企业规模	培训行为评分	样本量占比	企业发展阶段	培训行为评分	样本量占比
大	3.57	4	初创期	3.51	15
中	3.49	15	成长期	3.44	33
小	3.52	51	成熟期	3.52	18
微	3.39	30	发展期	3.52	27
			转折期	3.26	6

总体来讲，当前企业具有较为强烈的培训意愿，培训员工覆盖率可观，但培训投入较低。其中，大型、小型企业的培训积极性较高，初创期、成熟期和发展期企业的培训积极性较高。微型企业和成长期、转折期企业的培训行为评分较低，表明这类企业开展培训的情况不太理想。微型企业、成长期企业占到本次样本总量的30%左右，可重点关注此类企业的培训需求，给予相应的政策支持，调动其培训积极性（见图3）。

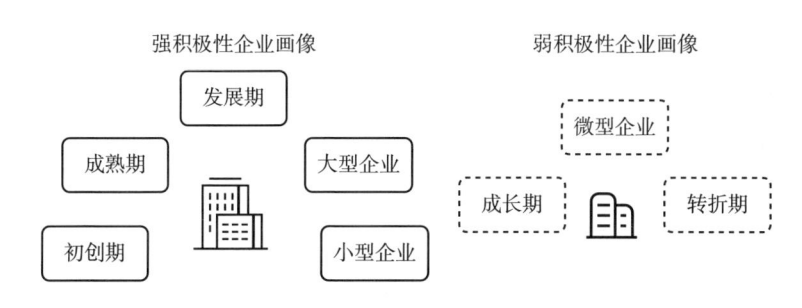

图3 企业积极性画像

（二）培训课程获得高度认可

在课程数量方面，截至2020年底，本市技能提升行动管理平台累计上线616门课程。从平台数据来看，已上线的课程中，获得五星好评的课程有568门，课程五星率达92.2%。这反映了企业对培训课程内容的高度认可。从图4可知，在本次培训中，企业学习量TOP10的课程主要涉及心理、管理、礼仪和消防四个方面的内容。其中排在前两位的课程都为心理学相关课程。

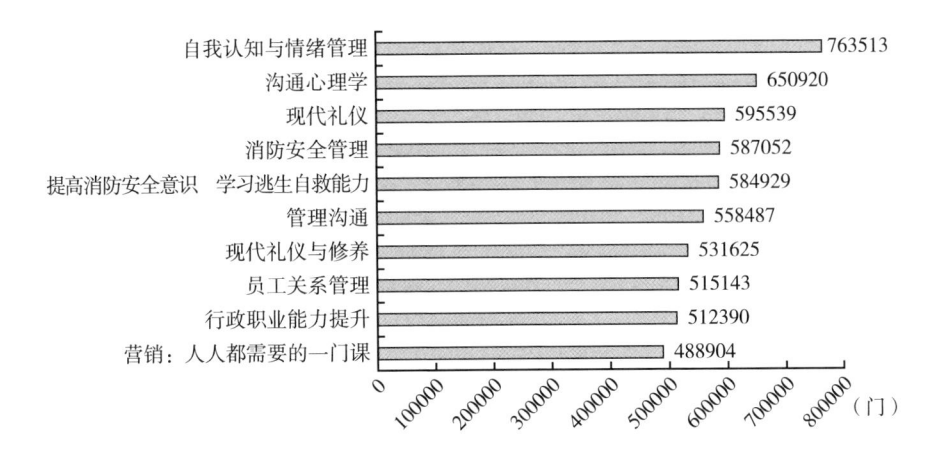

课程	学习量
自我认知与情绪管理	763513
沟通心理学	650920
现代礼仪	595539
消防安全管理	587052
提高消防安全意识 学习逃生自救能力	584929
管理沟通	558487
现代礼仪与修养	531625
员工关系管理	515143
行政职业能力提升	512390
营销：人人都需要的一门课	488904

图4　课程学习量TOP10

从问卷调查来看，课程满意度总体评分为4.66分，其中课程数量4.64分，课程质量4.67分。90%以上的企业认为当前的课程覆盖面广，能够满足学习需求，并且对课程的前沿性和实用性非常满意。企业认为通过课程学习，能够为职工提供行业新知识、新技术，且课程内容符合实际生产需求，实用性强。从企业需求来看，企业最需要的课程为通用素质类课程，多以案例分析的形式进行授课，希望能够请到实战派的企业专家、行业引领者作为培训教师（见图5）。

（三）培训政策获得高度评价

企业对政策的满意度是完善政策的重要依据，也是调动企业培训积极性

图 5　企业需求画像

的重要参考因素。本课题的培训政策满意度研究从职业技能提升管理平台数据分析、问卷调查两个渠道展开。

从管理平台数据来看，截至2020年底，北京市职业技能提升行动管理平台实现了1.5亿人次的网页浏览量，618.4万人次的访问用户量。平均每天访问用户量为4万余人次。全市在平台注册的企业数为93460家，注册人数为198.4万人。累计培训158.6万人，覆盖77041家企业。补贴3.6万家企业93万人，涉及金额13亿元。

培训政策满意度问卷调查采用7个指标进行评价，包括重视度、宣传度、吸引度、效益度、推荐度等，所有指标满分均为5分。从总体评价来看，企业对培训政策的满意度评价为4.73分，其中重视度、吸引度、忠诚度及推荐度的评分较高（见图6）。表明企业认为政府对培训工作非常重视，发布的培训政策具有吸引力，会再次参加培训并将培训政策分享给他人。

从具体指标来看（见图7），一是重视度（4.77分），企业认为，一直以来政府非常重视培训工作，并且政府在疫情期间发布的培训补贴政策非常及时。表明企业非常认可政府的工作。二是宣传度（4.73分），企业表示能够通过多种渠道获得补贴政策相关信息，并在不同时段多次看到政策信息。表明政策的宣传广度、宣传方式是有效的，能够让更多的企业知晓培训补贴

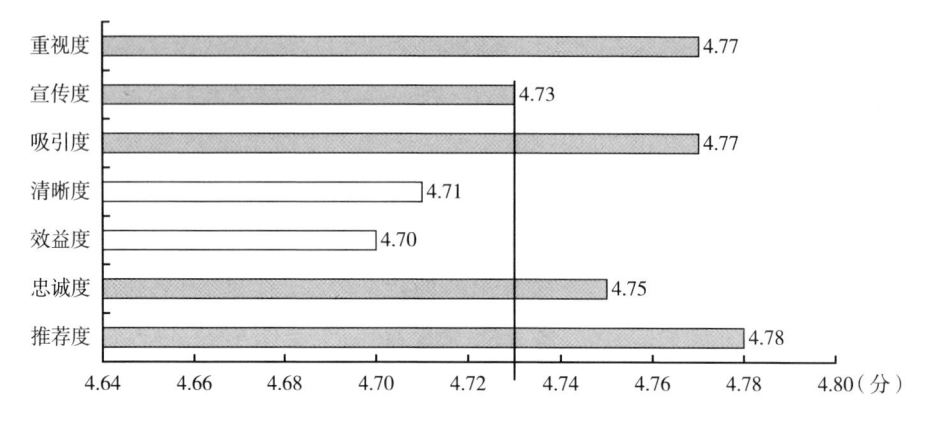

```
重视度    ████████████████ 4.77
宣传度    ██████████████ 4.73
吸引度    ████████████████ 4.77
清晰度    ░░░░░░░░░░░░░ 4.71
效益度    ░░░░░░░░░░░░ 4.70
忠诚度    ███████████████ 4.75
推荐度    ████████████████ 4.78
        4.64  4.66  4.68  4.70  4.72  4.74  4.76  4.78  4.80（分）
```

图6　培训政策满意度

政策。三是吸引度（4.77分），企业表示此次培训补贴政策对企业培训的支持力度很大，具有吸引力。培训政策的吸引力是开启培训的前提条件，企业认为参加培训有收益才会进行下一步动作。四是清晰度（4.71分），企业表示政策说明清晰易懂。但企业申报流程、操作方面的满意度较低（4.67分）。政策说明以及申报流程的清晰度、便捷性能够决定企业最终是否投入培训。从访谈中得知，一些规模较大的企业表示，若需要提交的申报证明繁杂、申报流程过长，则宁愿放弃此次补贴机会。此外，系统的不稳定导致数据错误，企业需要重复申报、等待，这也造成了企业时间成本的增加。五是效益度（4.70分），企业认为本次培训补贴办法非常好。通过培训不仅享受到了丰富的课程福利和资金补贴，更重要的是起到了稳岗的作用，在一定程度上减轻了企业的支出负担。但在职工技能提升作用方面企业所给的评分较低（4.68分），补贴拨付效率是所有评价中最低的（4.58分），这两项是影响培训政策满意度的重要因素。六是忠诚度（4.75分），95%以上的企业表示会再次参加培训。七是推荐度（4.78分），95%以上的企业表示愿意将政策信息分享给他人。

总体来讲，企业培训现状综合评分为4.46分。94%的企业对政策表示满意，本次政策的宣传方式和力度促成了企业良好的知晓度，加上具有吸引力的补贴力度及补贴方法，吸引了大量企业参与到培训中。本次培训政

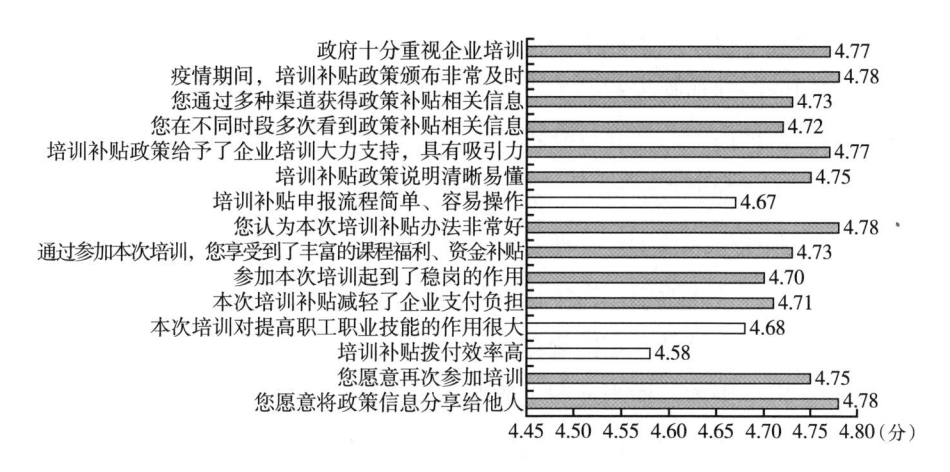

项目	分值
政府十分重视企业培训	4.77
疫情期间，培训补贴政策颁布非常及时	4.78
您通过多种渠道获得政策补贴相关信息	4.73
您在不同时段多次看到政策补贴相关信息	4.72
培训补贴政策给予了企业培训大力支持，具有吸引力	4.77
培训补贴政策说明清晰易懂	4.75
培训补贴申报流程简单、容易操作	4.67
您认为本次培训补贴办法非常好	4.78
通过参加本次培训，您享受到了丰富的课程福利、资金补贴	4.73
参加本次培训起到了稳岗的作用	4.70
本次培训补贴减轻了企业支付负担	4.71
本次培训对提高职工职业技能的作用很大	4.68
培训补贴拨付效率高	4.58
您愿意再次参加培训	4.75
您愿意将政策信息分享给他人	4.78

图7　培训政策满意度分析

策获得企业的高度认可，起到了惠企利民的作用，大多数企业表示愿意再次参加培训，并将政策信息分享给他人。政府可以通过优化政策，提高培训质量，让企业持续开展培训并逐渐形成习惯。这就需要不断优化企业职工的学习体验，不断触发企业参与培训的兴趣。目前，企业培训工作仍在一些方面存在改善的空间，例如补贴申请操作的便捷性、补贴拨付的效率、对职工技能提升的作用等。

三　企业培训的问题与挑战

（一）课程资源系统性不强，选课制度亟须优化

课程资源的系统性有待优化。系统的、丰富的、完善的培训资源不仅是企业实施培训流程的重要支撑，也是提高培训质量的可靠保障。因此，针对培训资源需要进行长期的、持续的建设和维护。然而，北京市现阶段的培训资源存在课程内容散乱、系统性不足的问题。这表现在课程结构缺乏层次性。每个岗位都有其职业上升路径，对应一定的知识、技能水平要求。而当前的课程缺乏层次分类，不利于职工在最短的时间内找到与其职业发展路径

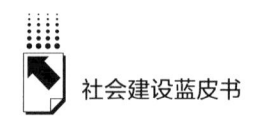

最匹配的课程，也不利于职工知识体系的构建。

选课制度亟须加强规范。为有效提升企业职工的职业技能，促进企业高质量发展，培训内容应该紧密结合产业需求。当前，在企业选课方面采用自主选择、自主搭配课程的方式，企业可在所有课程中自由选择，无任何限制。这为企业提供了自主性、便利性，但也存在一些企业选择与工作业务毫不相干的课程，学非所用、岗学错位等问题，违背了提升职业技能的初衷。此外，课程学习应遵循一定的规律，理论课程、实践课程、通识课程的学习比例应在一定范围内。而当前职工的课程学习缺乏依据，呈现出强烈的随意性，不利于知识体系的构建，影响培训效果。

（二）考核认证制度不够健全，学习激励性不足

考核作为培训闭环的关键环节，不仅能够了解学员掌握知识的情况，反映学员知识的扎实程度，也是检验培训质量的重要手段，是对培训工作进行调整的依据。对于参培职工而言，考核是对自己学习情况的检验，对知识点查缺补漏。可根据考核情况对学习状态进行审核和总结，从而进行相应的调整和改良，发挥加固、检查、反馈的功能。

当前的培训重点关注职工的学习过程，而忽略了效果评估一环。对于参培职工而言，考核任务能够激发职工的学习动力，没有考核的学习相当于漫无目的的奔跑。缺乏学习目标不利于激发个人的主观能动性，影响学习效果。此外，缺乏学习检验，职工无法清楚地了解自身的知识掌握情况，不利于知识的吸收和巩固，影响技能提升效果。对于企业而言，培训直接作用于员工知识、技能的提升，培训效果将在一定程度上影响企业生产效率、盈利能力等，这将直接影响企业培训的积极性。当前，企业无法获得职工的知识、技能习得情况，无法评估培训收益，难以充分认识培训的价值。这容易使得企业管理层在决策上更倾向于将培训当作成本费用，不利于培训工作获得有效支持。对于政府而言，可依据考核结果和有关标准，对参培职工做出相应的评估和判定，起到评定的作用。同时，考核可以激活参培职工的潜在动能，调动其学习的主观能动性。而目前，政府在投入巨大资金提供培训支

持后，无法得知培训效果，无法全面测评培训政策效益。同时，缺少培训评价和总结，也失去了调整下一步工作的关键依据。

（三）培训补贴层次不够分明，无法满足企业个性化需求

在高质量发展中，企业最需要的是知识型、技能型、创新型劳动力大军。根据产业发展对人才的需求给予相应的政策倾斜，让更多的企业引进、培养紧缺人才，能够起到调节人才流向的作用。当前采用"一刀切"的培训补贴标准，与企业个性化需求存在差距。

其一，在新业态、新模式的发展背景下，众多新职业应运而生，新就业形态蓬勃发展。对于新业态下的劳动者而言，该群体规模庞大，为首都的生活服务贡献了巨大力量，但由于当前政策面向企业职工，培训前须签订合同，进行职工个人社保比对等相关程序，此类群体无法享受本次政策福利。其二，随着北京市高质量发展进程的加速，智能制造等重点发展行业的人才供给速度相对滞后，要改变重点发展行业人才队伍总量不足的现状，就要加大力度扩充人才队伍，根据各行业发展的需要，因地制宜扩大人才总量。对于北京市重点发展的行业来说，这类企业的人才紧缺度高，现有产业人才规模较小，培训规模小则单人培训成本更高。由于行业特征，这些行业的培训成本也更高。而当前所有行业的培训补贴标准一致，与其他行业相比较，北京市重点发展行业在成本更高的情况下，收益则相对较少，不利于调动这类企业培训的积极性。其三，高技能人才是推动技术创新和实现科技成果转化不可缺少的重要力量，北京市在产业结构转型升级、高技能人才需求不断扩大的形势下，高技能人才的有效供给仍然不足。市场上技能类课程的售价也与等级相对应逐级增高，且高技能人才规模较小，从组织成本来看，高技能人才的培训成本相对较高，这也造成高技能人才培养重职前、轻职后的现象。对于企业而言，高技能人才的培训成本较高，实行无差别的补贴标准则无法激起其培训动力，也不利于企业通过培训逐步改善人才队伍的专业结构、知识结构、技能结构。

（四）人才流失风险较大，企业承担双重成本

市场经济一个最重要的因素就是竞争。近年来，随着我国经济水平的不断提高，在经济全球化的推动下，企业之间的竞争越来越残酷。不同企业之间的竞争主要是技术与人才的竞争，技术与人才是企业发展的内在动力。核心技术激发核心竞争力，能够决定企业的发展方向。目前，人才流失风险是企业面临的最大投资风险。个人信用体系和劳动力市场机制的不完善，让人才流失现象更加突出。受训者离开企业会给企业造成投入成本的浪费和收益的损失，若流向竞争企业，则企业在承担培训成本的同时还要承担为竞争者培养人才的风险。同时，人才流失还会影响其他职工的稳定性和忠诚度，不利于企业凝聚力与向心力的形成。

在调查中了解到，超过半数的企业存在对培训后人才流失的担忧（见图8）。从发展阶段来看，初创期、成长期和转折期的企业对人才流失的担忧最为强烈。从企业规模来看，中小微企业人才流失成本压力较大，尤其是微型企业，超过半数的微型企业认为培训后的人才流失率较高。

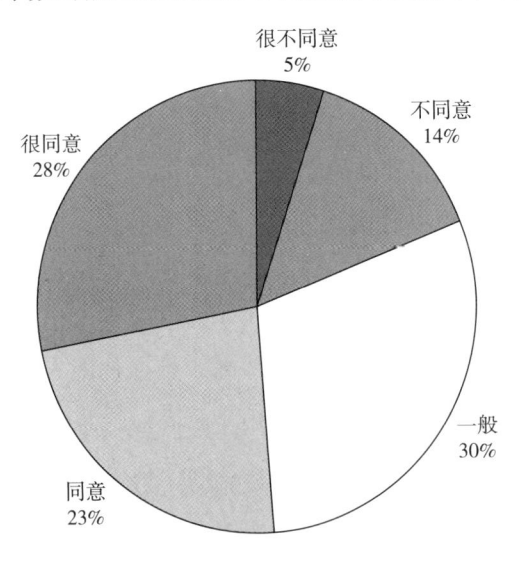

图8 企业的人才流失率高

四 调动企业培训积极性的对策建议

立足北京市高质量发展需求,针对当前企业培训面临的问题,研究认为应该兼顾各参与主体的利益,推动培训动力机制的有效运转,保证技能提升工作的持续开展,为此本研究提出以下几个方面的对策建议。

(一)建立"政府+市场"运作新机制,构建技能培训新规则

政府部门应准确定位,构建以企业为主体、政府引导服务、社会资源共同参与的培训政策体系。一方面,建立"政府+市场"运作新机制,打造技能培训新模式。为增强培训工作的持续运行动力,应兼顾各参与主体的利益诉求,保证其具备参与的活力。培训平台作为市场主体,参与培训活动有其正当的利益诉求,但当前的运作机制导致其存在动力缺失的问题。未来可采用"政府+市场"运作新机制,发挥政府、培训平台、企业三方主体作用,制定收退费管理办法,化解企业和培训平台之间的动力矛盾。采用制度化政府监管职能和手段,保障培训公平。另一方面,开创技能培训"积分补贴"新机制,激发企业职工学习热情。职工个人的终身学习意识、课程质量、工作强度、是否获得培训补贴等都影响着个人的培训积极性。当前,存在企业职工抵触参加培训的情况。政府应建立个人终身技能培训账户,激发职工学习热情。为企业职工建立学习账户,记录职工学习信息、学习信誉、学习成果。实现学习成果的储存、积累、认定和兑换。职工学习积分可用于证书兑换、课程换购、课程费用减免等。依托"积分补贴"新机制提高培训管理效率,开拓积分兑换新渠道,激发企业职工持续培训热情,提升培训绩效。

(二)"线上+线下"双管齐下,切实提高企业职工技能水平

传统的线下培训受制于培训资金、培训时间、培训场地等。通常来看,企业单独开展内训并不是最佳的资源配置方式。随着信息时代的发展,线上

教育已然是一种大趋势。"互联网+培训"能够借助互联网去除授课的地域限制、时间限制等，能够最大化地实现资源共享，也能够有效降低培训成本。但也存在单向传输导致"左耳进右耳出"现象，难以把控培训效果。但职工的技能提升不仅是通过理论学习实现的，更多的应该是进行实操培训。为此，可建立线上移动学习与线下集中对话相结合的培训模式。管理平台接入培训平台提供的所有课程供企业选择，企业在线选择课程后形成培训订单，开启培训。企业可在管理平台开展线上培训，进行线上考核，也可依据培训订单到线下开展培训。线下课程应全程录像，培训后上传上课过程视频等资料备查。"线上+线下"培训相结合，通过线上培训，职工可享受到更丰富的教育资源；通过线下培训，采用"实景化、互动式、体验式"教学模式，职工可享受更具岗位针对性的技能学习。

（三）引导多主体积极参与，整合优质资源

政府部门除了持续为企业提供垂直培训服务，还应注重对各类培训资源的开拓整合。特别是积极引入各类社会培训平台，为企业提供更加全面、优质的培训。发挥平台作用，给予政策支撑，加强与教育质量高、社会信誉好、管理制度完备的培训平台合作，做好培训平台和企业之间的联络协调，提高企业职工技能培训的专业化、规范化水平。

一方面，邀请行业专家参与课程标准及考核标准的制定。行业组织作为一种非政府力量，深谙企业和市场的人才需要。为此，政府应该从顶层设计入手，充分赋权，鼓励行业组织培训平台全方位地参与到企业培训课程标准、考核认定标准的建设中来。邀请行业专家对课程资源进行评选，把控课程质量，并根据岗位等级，对课程进行等级划分。邀请行业专家参与考核认定标准建设，行业组织全方位参与标准制定的全过程，对于保障技能人才培训质量具有积极的正面意义。

另一方面，扩大培训平台入驻规模，鼓励市场培训机构参与平台课程建设。广泛征集培训平台和培训项目申报，采用"路演+答辩"方式，甄选出能够提供高品质、高服务的培训平台。扩大征集范围，吸纳更多培训平台

参与，丰富课程资源，在课程覆盖全行业的基础上，保证一定的课程规模和课程质量。通过整合优质资源，为企业职工提供充足的培训课程，最大限度地促进企业职工的个人素质与工作需求相匹配，促进员工绩效的提高，提升企业效益。同时，增强企业员工对企业的认同感和归属感，从而更有利于企业长远的发展。

（四）多措并举推进技能培训供给侧改革，建立健全绩效考核机制

政府部门应注意结合地方产业发展实际，多措并举提高企业职工的学习匹配度。当前企业选课的自主性非常强，但存在学非所用、岗学错位的弊端。为提高培训质量，应在提高培训者职业技能的同时，提高生产效率。因此亟须优化课程结构，将课程学习密切结合产业需求，在尊重企业职工有限度的跨界学课的同时，提高学课精准匹配度，使企业职工在提升本领域技能的同时，拓展其他本领，提升职工的综合素养。

一是提供更加丰富、多元的课程资源，并根据行业进行分类。根据国民经济行业分类，深耕技能应用场景，保证课程范围覆盖所有行业，赋能技能培训生态中的所有培训者。开设符合产业升级和技术进步趋势的职业技能培训项目。二是根据岗位等级划分课程等级。课程等级划分要对应职业发展途径，为职工职业发展提供知识基础。为广大企业职工精准推送行业前沿课程，保证产学有效匹配。三是加强培训效果评估，增设智能化考核认证功能。实行"考试＋考查"的补贴依据，不仅关注职工学习过程，更加强调职工的学习结果，进行多元评价。依托技术手段，新增电子考核认证制度，采用智能化考核测评，完善在线评价功能，自动生成电子考核认证，保证培训效果，增强职工学习参与感、认同感。

（五）颁发企业补贴细则，推进阶梯式补贴政策落地

企业培训的积极性不高，很大一部分原因就在于成本和收益比无法满足企业需求，而政府帮助分担部分培训成本将使企业、员工走出困境，达到成本与收益的均衡，进而促进企业培训的发展。目前"一刀切"的普惠补贴

标准与企业个性化需求存在差距,应根据企业的实际情况,实行差别化、层次化的补贴方案。为加快壮大北京市紧缺人才队伍和高技能人才队伍,适应新业态发展模式,可根据行业紧缺系数和培训等级形成阶梯递进式补贴标准。其一,鼓励新业态企业参与培训,向新业态劳动者开放培训服务。重点群体是新就业形态的主力军,尤其是城乡未继续升学的初高中毕业生等青年、下岗失业人员、退役军人、就业困难人员等,可向这些群体开放职业技能培训,提升其技能水平和竞争力,这也能够间接推动我国新就业形态的提档升级。其二,对行业进行人才紧缺度评估,依据紧缺系数对行业进行分类。高紧缺系数对应高补贴金额,以此类推。其三,根据课程等级补贴。选择最高课程等级的企业职工获得最高补贴,以此类推。由此激励企业培训积极性,逐步壮大北京市紧缺人才和高技能人才队伍。

(六)鼓励签订培训协议,降低企业人才流失风险

从目前的情况来看,参与培训的人员多为企业核心骨干及业务管理人员,若这些人员流失将对企业的健康发展造成严重威胁。为此,政府可鼓励企业与职工签订培训协议,保障双方权益。企业可在法律规定范围内与员工签订培训相关协议。企业在培训之前,可对参培职工强化法律思想,运用制度订立合同,以培训内容和投入力度与职工商定协议,对培训费用、工作年限、信息保密、违约责任等做出约定,让职工在培训之前就了解清楚基本事项。在法律规定范围内与员工签订培训协议,将有利于在职培训成本的合理分摊。与此同时,企业还应建立良好的绩效考核机制,完善薪资体系,以此促进员工参与企业培训的积极性,不应该制定霸王条款,否则在出现矛盾时将得不到法律的保护。①

---

① 殷丽娟:《企业在职培训成本分摊问题研究》,山西财经大学硕士学位论文,2006。

B.6
北京城镇居民通勤时间调研分析

赵卫华 毕然*

摘　要： 本文使用2019年"新时代特大城市居民生活状况"的北京调查数据，从总体状况和微观特征两方面对北京市城镇居民通勤状况进行分析，考察不同类型群体在通勤上的差异性。研究表明，北京城镇居民的通勤时间整体呈现"短时通勤占比低，长时通勤占比高，极端通勤状况明显"的特点，地铁、公交等通勤方式在居民生活中扮演了重要的角色。从不同群体看，年龄较小且未有子女的居民，长时通勤占比较高，采用地铁方式通勤比例较高；处于已婚年龄且有子女的居民，其长时通勤占比相对较低，通过私家汽车进行通勤的比例上升；相较于居住在自有产权住房的群体，居住在非自有产权住房的群体通勤时间总体较短，通勤方式选择更为多样。为缓解北京市居民的通勤压力，需要立足居民通勤特征，从城市规划和基础设施建设层面进行引导与推动，提升城市公共交通的便利性，降低城市长时通勤占比。

关键词： 通勤时间　通勤方式　社会特征

随着城市化的不断推进，我国城市规模与数量都不断扩大，作为首

---

* 赵卫华，北京工业大学文法学部社会学系教授；毕然，北京工业大学文法学部社会学系研究生。

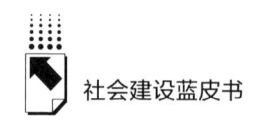

都——北京市对人口的吸引力尤为突出。根据第七次人口普查数据，2020年，北京市常住人口为2189.31万人，其中外来人口841.8万人①，城市人口规模巨大。根据《国务院关于调整城市规模划分标准的通知》②的城市划分标准，北京已是名副其实的超大城市。城市规模不断扩大，一方面产生了集聚效应，使城市发展更加具有活力，带来更多就业机会；但另一方面，职住分离也让通勤成为突出问题。

2018年，北京市城市总体规划确立了疏解非首都功能，构建"一核一主一副、两轴多点一区"的城市空间结构③的发展定位。新的发展规划对于城市的职住平衡和城市交通综合承载能力提出了新的要求。近年来，北京公共交通系统的快速发展在提升交通便捷性的同时，也让城市成长更快。城镇居民的通勤状况与城市空间布局有很大关系，但就不同群体来看，居民的社会特点不同，其通勤方式和通勤时间也有很大差异。本文拟对北京总体通勤状况及不同群体的通勤状况进行分析。

本文使用的数据是2019年"新时代特大城市居民生活状况"抽样调查的北京数据，此次调查采取PPS随机抽样方法，在北京10个区25个街道50个社区共获得1001份调查问卷，调查对象为在北京市居住满6个月以上，且调研时在抽样地址中居住7天或将要居住7天以上，18~65周岁的常住居民。基于本文所关注的内容，将总数据库中的"目前在职人口"摘选出来进行分析，样本量为565人④，男性有305人，占比为54%，女性有260人，占比为46%。从通勤时间和通勤方式两个方面分析城镇居民的通勤状况，考察不同类型群体在通勤属性上的差异性。

---

① 《北京市第七次全国人口普查公报（第一号）》，http://ijj.beijing.gov.cn/tisj-31433/tjgb.31445/rpgb_31449/202105/po2021059338453665400.pdt。
② 《国务院关于调整城市规模划分标准的通知》（国发〔2014〕51号），http://www.gov.cn/zhengce/content/2014-11/20/content_9225.htm。
③ 北京市规划和自然资源委员会：《北京城市总体规划（2016年—2035年）》，http://ghzrzyw.beijing.gov.cn/zhengwuxinxi/zxzt/bjcsztgh20162035/202001/t20200102_1554613.html。
④ 基于问卷部分问题填答存在空缺，在部分分析中存在统计总量不足565人的情况。

一 总体通勤状况

总体而言，从通勤时间来看，北京市城镇居民的通勤时间较长，短通勤时间占比较低，中等通勤时间和极端通勤时间占比较高，通勤压力明显；从通勤方式来看，北京市城镇居民采用城市公共交通方式通勤的比例最高，私家汽车和自行车等其他通勤方式也占有一定比例。

1. 通勤时间

本文所说的通勤时间指的是从居住地到工作地的单程耗时，以分钟为单位。关于合理通勤时间的划分，我国对此并没有统一的标准。在北京市住建局发布的《中国人居环境奖评价指标体系（试行）》方案中，该指标体系将人均通勤时间划分为"30 分钟"与"30~40 分钟"；住房和城乡建设部发布的《城市综合交通体系规划标准》[①] 认为，在城市内部出行中，对于 100 万人口以上的城市，95% 的通勤出行单程时耗应控制在 60 分钟以内（规划人口规模超过 1000 万的超大城市可适当提高）；国际上一些国家的统计局（英国、日本、加拿大）则是以"15 分钟、30 分钟、45 分钟、60 分钟"为界来进行统计的。综合以上参考资料，本文借鉴国际上其他国家的划分方式，以"15 分钟、30 分钟、45 分钟、60 分钟"为界，将居民通勤时间划分为五部分进行对比分析。

本次调查显示，北京市城镇居民 2019 年的平均通勤时间为 42.3 分钟，中值为 40 分钟，众数为 30 分钟，其中最长通勤时间高达 210 分钟。有 14.2% 的城镇居民通勤时间是小于 15 分钟的，有 15.6% 的城镇居民通勤时间为 15~29 分钟；通勤时间为 30~44 分钟的居民比重最大，占比为 31.9%；通勤时间为 45~59 分钟的居民比重最小，占比为 7.8%；同时值得注意的是，通勤时间为 60 分钟及以上的居民比重为 30.5%，整体占比排名第二，这说明有很大一部分北京市城镇居民承担着极端通勤（见表1）。按照中国人居环境

---

① 住房和城乡建设部：《城市综合交通体系规划标准》（GB/T51328-2018），http://www.mohurd.gov.cn/wjfb/201903/t20190320_239844.html。

奖评价体系来衡量的话，通勤时间小于等于30分钟的占比为47.4%，低于40分钟的占比为61.6%，由此看出北京市城镇居民的通勤时间与理想状态相比还有较大差距。总体而言，北京市城镇居民的通勤时间较长，短通勤时间占比较低，中等通勤时间和极端通勤时间占比较高，通勤压力明显。

表1　通勤时间分布

单位：人，%

通勤时间	频率	有效百分比	累计百分比
0~14分钟	80	14.2	14.2
15~29分钟	88	15.6	29.8
30~44分钟	180	31.9	61.7
45~59分钟	44	7.8	69.5
60分钟及以上	172	30.5	100.0
合计	564	100.0	

2. 通勤方式与通勤时间

通勤方式的选择与通勤时间有着较大的关联度，不同通勤方式下的通勤时间是不同的。乘坐公交车、地铁、单位班车作为通勤方式的平均通勤时间较长，而采用步行的通勤时间较短。调查显示，采用单位班车进行通勤的居民，其平均通勤时间最长，为62.50分钟；其次为地铁、公交车、私家汽车、出租车，平均通勤时长都超过了40分钟；而采用步行通勤的居民，其平均通勤时间最短，为14.08分钟，其次自行车、摩托车/电瓶车耗时较短，平均通勤时间都低于30分钟（见图1）。

总体而言，在日常生活中，城镇居民大多会选择步行、自行车等方式进行短距离通勤；大部分居民会选择地铁、公交车等公共交通进行长距离通勤，还有部分居民采用的是私家汽车和出租车的方式。

3. 通勤方式

随着北京市城市空间的不断扩张，居民的通勤需求不断变化，交通基础建设也在不断发展。通过对居民通勤方式选择的分析，来看交通基础建设与居民通勤需求之间的关系。在问卷中，通勤方式这一问题为定项有序多选题，

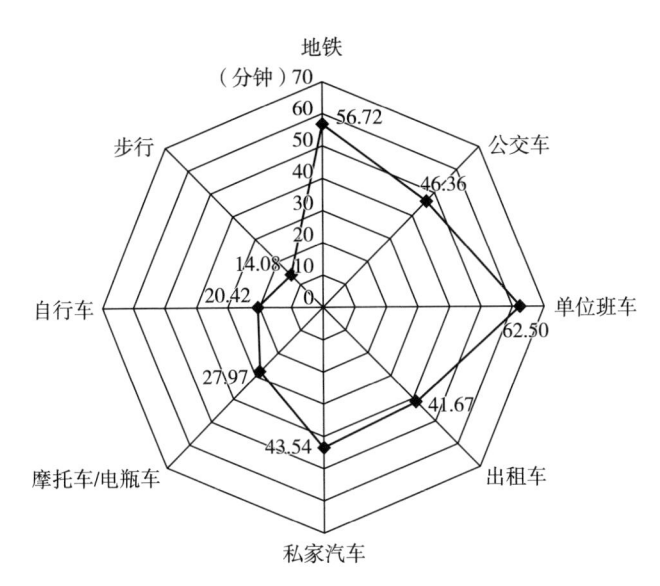

图 1 不同通勤方式下的平均通勤时间

即被访者按照使用频率对日常使用交通工具进行选择排序，最多可选择三项。

从通勤方式的总体选择上来看，采用公共交通方式通勤的占比最高，有46.0%的居民将地铁选作他们的通勤方式之一，有36.5%的居民选择了公交车，私家汽车、步行、自行车等方式紧跟其后，同时还有小部分居民采用摩托车/电瓶车、单位班车、出租车的通勤方式（见表2）。在首选通勤方式中，地铁所占比例最高，占比为37.5%，其次为私家汽车和公交车；在次选通勤方式中，公交车所占比例最高，占比为42.1%；在末选通勤方式中，步行、自行车和私家汽车占比相对较高（见图2）。总体来看，公共交通是北京市城镇居民通勤的首选方式，地铁与公交具有互补性，多种通勤方式并存。

表 2 通勤方式分布

单位：人，%

类目	地铁	公交车	单位班车	出租车	私家汽车	摩托车/电瓶车	自行车	步行	其他
样本	260	206	19	24	159	43	93	128	11
响应百分比	27.6	21.8	2.0	2.5	16.9	4.6	9.9	13.6	1.2
个案百分比	46.0	36.5	3.4	4.2	28.1	7.6	16.5	22.7	1.9

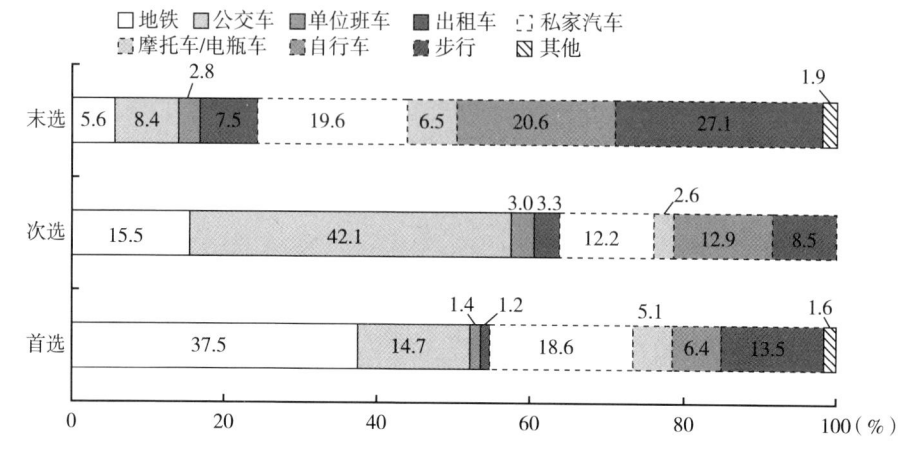

图 2 通勤方式选择分布

通过居民对该问题的选择，一方面可以从选择次序看出某种通勤方式在居民中的受欢迎程度，另一方面可从选项选择个数看出通勤方式在居民中的可替代程度。为了更深刻地把握居民的通勤特征，接下来将对私家汽车和地铁两种重要的通勤方式进行具体分析。

具体来看，在本次调查中共有159位，即28.1%的受访者将"私家汽车"作为其通勤方式之一，其中有105人将其作为首选的通勤方式，占比为66.04%；有33位将其作为次选的通勤方式，占比为20.75%；有21位将其作为末选的通勤方式，占比为13.21%。同时，在这159位选择将"私家汽车"作为通勤方式的受访者中，有75位即47.2%的居民是将其作为首选且唯一的通勤方式，有52.8%的居民还有其他的通勤方式进行选择。从统计上可以看出，在选择"私家汽车"作为通勤方式之一的居民中，近2/3选择将其作为首选通勤方式，约1/3选择将其作为备选通勤方式。同时，私家汽车是近半数居民唯一的通勤选择。由此看来，在使用私家汽车进行通勤的居民中，有近半数的居民对使用私家汽车进行通勤具有刚性需求，即很难通过其他通勤方式替代。同时，对于另外一部分居民来说，私家汽车是他们日常通勤的备选方式，具有一定的替代性。

在本次调查中共有260位，即46.0%的受访者将"地铁"作为其通勤方式之一，其中有212位将其作为首选的通勤方式，占比为81.54%；有42位将其作为次选的通勤方式，占比为16.15%；有6位将其作为末选的通勤方式，占比为2.31%。在这260人中，有103人选择将公交车作为次选通勤方式，占比为39.62%。同时，在这260人中，有70人将地铁作为首选且唯一的通勤方式，占比为26.9%，有73.1%的居民还有其他的通勤方式进行选择。从统计上可以看出，对于选择地铁作为其通勤方式之一的居民而言，绝大部分居民会将地铁作为首选通勤方式，但同时地铁并不是大部分居民唯一的通勤选择。由此看来，对于使用地铁进行通勤的居民来说，虽然地铁具有较强的可替代性，但由于高效性，其受欢迎程度较高。

私家汽车、公交车和地铁是北京市城镇居民进行长距离通勤的主要交通方式。通过上述分析我们可以看出，部分居民对于私家汽车的使用具有刚性需求，同时还有相当一部分居民仅将私家汽车作为日常通勤的备选方式，地铁在居民生活中的受欢迎程度较高，公交是地铁的可替代通勤方式。

从城市的角度来看，居民通勤方式①的偏好与城市的可持续发展和城市公共交通建设密不可分，这两者具体反映为绿色出行比例和城市公共交通出行比例。接下来，将根据问卷中居民的"首选通勤方式"来对城市整体的通勤方式选择进行分析。本文参考住房和城乡建设部发布的《城市综合交通体系规划标准》②，将"采用步行、自行车、集约型公共交通等方式的出行"定义为绿色交通出行，"城市公共交通"则包括集约型公共交通和辅助型公共交通。具体划分时，将"步行、自行车、公交车、地铁"划分为"绿色交通"，将"出租车、单位班车、公交车、地铁"划分为"城市公共交通"。

本次调查显示，在首选通勤方式中，采用绿色交通方式出行的居民共

---

① 在此，"通勤方式"根据问卷中的"首选通勤方式"来进行统计，下文中的通勤方式统计分析皆为此意，不再赘述。
② 住房和城乡建设部：《城市综合交通体系规划标准》（GB/T51328 – 2018），http：//www.mohurd.gov.cn/wjfb/201903/t20190320_239844.html。

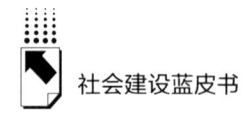

407人，在总体居民中的占比为72.04%。按照《城市综合交通体系规划标准》划定的——城市内部客运交通中绿色交通出行的比例不应低于75%——标准来看，北京市城镇居民绿色交通方式出行比例略低于这一标准。① 采用城市公共交通方式出行的居民共310人，在总体居民中的占比为54.87%，其中有212人采用地铁的方式通勤，轨道交通方式占城市公共交通方式的比例为68.39%。总体来看，北京市城市公共交通在居民通勤方式中的占比较高，地铁、公交在居民通勤生活中扮演了重要的角色，同时绿色出行方式还有待进一步推广。

4. 国际比较与总结

为了更好地衡量北京市的通勤压力，本文将北京与国际上其他大都市的通勤状况进行比较分析。基于各国统计口径、统计方式有所不同，为了比较分析的一致性，本文从各国官方统计网站选取了统计上具有一致性，且统计年份相近的三个大都市——英国伦敦市、日本东京市、加拿大多伦多市来进行分析。其中，英国伦敦市数据源自英国国家统计局网站②，数据年份为2017年；日本东京市数据源自日本国家统计局网站，数据年份为2018年③；加拿大多伦多市数据源自加拿大国家统计局网站，数据年份为2016年④。各大都市间的通勤时间分布各异。从图3可以看出，作为人口聚集明显的大都市，各地都有一定比例的居民承担着高于60分钟的极端长时通勤。然而值得注意的是，北京市通勤时间为60分钟及以上的居民比重达30.5%，相较其他三座城市占比最高，该比例高出多伦多和伦敦近1倍，高出东京市近7个百分

---

① 住房和城乡建设部：《城市综合交通体系规划标准》（GB/T51328-2018），http：//www. mohurd. gov. cn/wjfb/201903/t20190320_239844. html。
② 英国国家统计局，"Commuting Time by Travel to Work Areas"，https：//www. ons. gov. uk/searchdata? q = Commuting%20Time%20by%20Travel%20to%20Work%20Areas。
③ 日本国家统计局，"2018 Housing and Land Survey"，http：//www. stat. go. jp/english/data/jyutaku/results. html。
④ 加拿大国家统计局，https：//www12. statcan. gc. ca/census - recensement/2016/dp - pd/dt - td/Rp - eng. cfm? TABID = 2&LANG = E&APATH = 3&DETAIL = 0&DIM = 0&FL = A&FREE = 0&GC = 0&GK = 0&GRP = 1&PID = 111334&PRID = 10&PTYPE = 109445&S = 0&SHOWALL = 0&SUB = 0&Temporal = 2016&THEME = 125&VID = 0&VNAMEE = &VNAMEF。

点。同时，北京市通勤时间低于30分钟的居民比重为29.8%，在四座城市中占比最低，低于多伦多的42.19%、伦敦的39.9%、东京的30.3%。通过与其他三座城市的对比可以看到，北京市城镇居民的通勤时间分布具有"短时通勤少，长时通勤多，极端通勤状况明显"的特点。

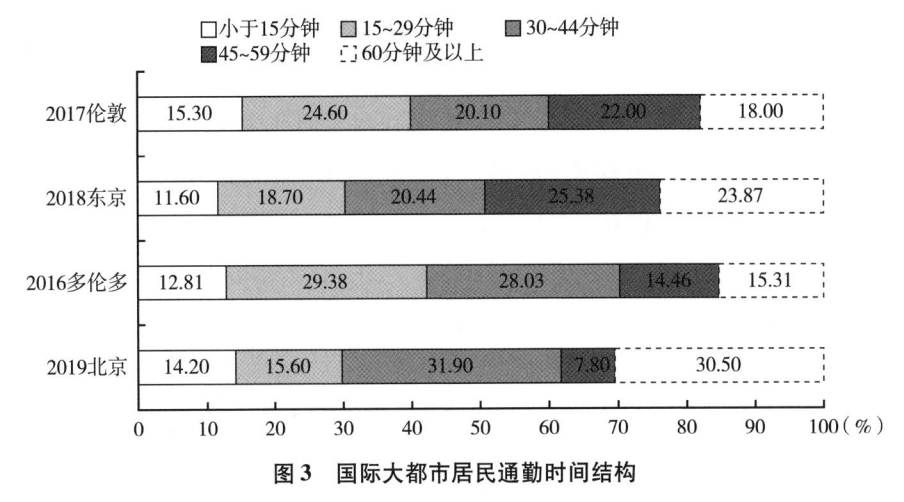

城市	小于15分钟	15~29分钟	30~44分钟	45~59分钟	60分钟及以上
2017伦敦	15.30	24.60	20.10	22.00	18.00
2018东京	11.60	18.70	20.44	25.38	23.87
2016多伦多	12.81	29.38	28.03	14.46	15.31
2019北京	14.20	15.60	31.90	7.80	30.50

图3 国际大都市居民通勤时间结构

注：为了进行有效的对比，本文对个别国家的数据进行了整理与转化：①在本文中为了使统计口径统一，按照各统计局提供的居民构成数计算得到（东京、多伦多）；②就东京相关数据，本文将原数据库中的"不详"群体不纳入总体计算比例，且将"在家办公"的通勤时间列入0~14分钟内。

通过以上分析可以看到，总体而言，北京市城镇居民面临着较为明显的通勤压力。具体来看，通勤压力在不同社会属性，以及处于城市不同空间位置的居民中是不同的。

二 社会属性与通勤特征

从微观个体的角度出发，不同社会特征的居民，有着不同的通勤需求。基于个人生命周期、家庭结构、居住属性的不同，其通勤时间和通勤方式选择也呈现不一样的特征。

1. 不同年龄群体的通勤状况

从不同年龄群体来看，青年群体更倾向于选择将地铁作为其通勤方式，私家汽车的选择比重随年龄变化呈现先上升后下降的趋势。本次调研显示，无论在哪个年龄段，地铁在居民通勤方式选择中的比重都是最高的，对于30岁及以下群体而言则更为明显，这一比例达到47.5%，接近半数；同时，在各个年龄段选择地铁的比重，呈现随年龄上升而下降的趋势。关于私家汽车在居民通勤中的使用比例，相较其他年龄群体，41~50岁群体采用私家汽车通勤的比重最高，而30岁及以下群体采用私家汽车通勤的比重是最低的。这一趋势可能与拥有私家汽车时的居民生命周期有关，处于41~50岁年龄区间的居民经济积累水平较高，更有可能拥有私家汽车；30岁及以下居民年龄较小、经济积累水平较低，私家汽车的拥有率较低；对于年龄较大的群体，其通勤方式偏好受到时代发展速度和身体素质的影响，选择将私家汽车作为通勤方式的比例也较低（见图4）。

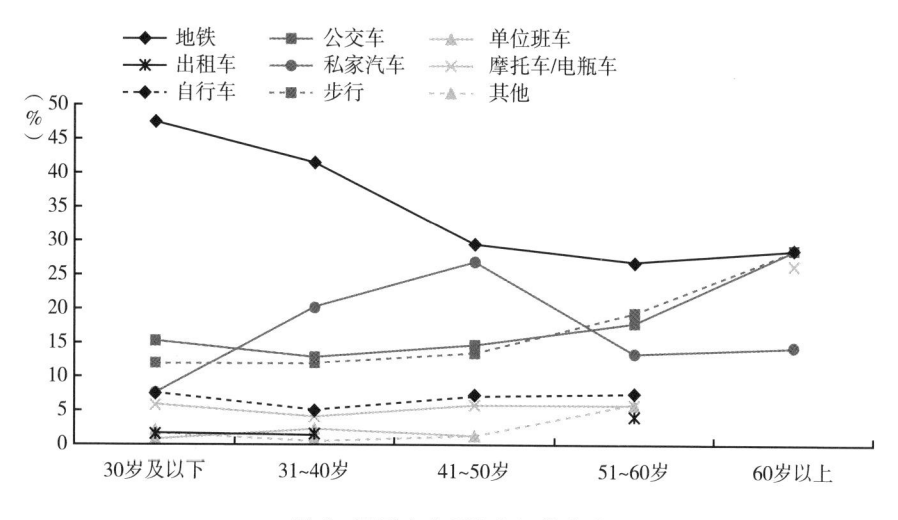

图4 居民生命周期与通勤方式

从通勤时间上来看，不同年龄群体中都有部分居民承受着极端通勤，相对而言年龄越小，远距离通勤的比例越高。在各个年龄群体中，通勤时间为60分钟及以上的群体所占比重都超过1/4，其中在30岁及以下群体中这一占比最大，有38.7%的居民通勤时间在60分钟及以上（见图5）。

北京城镇居民通勤时间调研分析

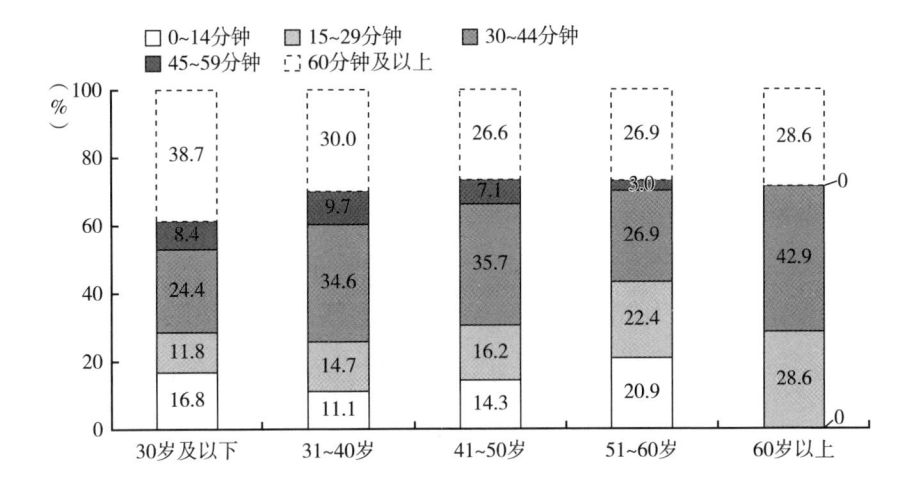

图例：□ 0~14分钟　□ 15~29分钟　□ 30~44分钟　■ 45~59分钟　□ 60分钟及以上

年龄段	0~14分钟	15~29分钟	30~44分钟	45~59分钟	60分钟及以上
30岁及以下	16.8	11.8	24.4	8.4	38.7
31~40岁	11.1	14.7	34.6	9.7	30.0
41~50岁	14.3	16.2	35.7	7.1	26.6
51~60岁	20.9	22.4	26.9	3.0	26.9
60岁以上	0	28.6	42.9	0	28.6

图5　居民生命周期与通勤时间结构

2. 不同家庭结构的通勤状况

从家庭结构类型来看，拥有子女数量不同的居民，其面临的生活责任是不同的，家庭责任的多少会影响居民的时间管理，继而影响其通勤安排。按照被访者的子女数量，将被访者家庭结构划分为"无子女家庭、单子女家庭和多子女家庭"三种类型，其中无子女家庭包括未婚单身家庭和已婚未育家庭，据此来分析不同家庭结构居民的通勤状况。

本次调查显示，不同家庭结构居民的通勤方式偏好是不同的，差异主要体现在地铁和私家汽车这两种通勤方式选择上。在无子女家庭中，有48.5%的居民会选择将地铁作为其通勤方式，而单子女家庭中这一比例为33.3%，多子女家庭中这一比例为23.9%；在无子女家庭中，仅有12.1%的居民选择将私家汽车作为其通勤方式，而在单子女家庭和多子女家庭中这一比例分别为22.2%和22.7%，均高出无子女家庭约10个百分点（见图6）。值得注意的是，在75位将私家汽车作为首选且唯一通勤方式的居民中，仅有21.3%的居民家庭结构为无子女家庭，而有78.6%的居民家庭结构为单子女或多子女家庭。

总体而言，随着家庭结构中子女数量的增长，选择将地铁作为其通勤方式的居民比重下降，而选择将私家汽车作为其通勤方式的居民比重上升，对私家汽车具有刚性通勤需求的大部分居民家中有子女。

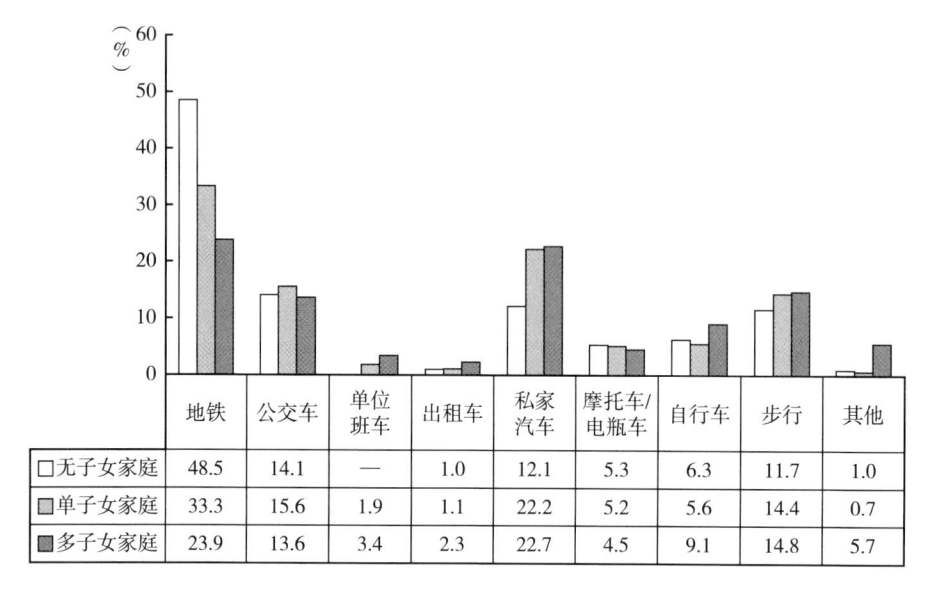

	地铁	公交车	单位班车	出租车	私家汽车	摩托车/电瓶车	自行车	步行	其他
无子女家庭	48.5	14.1	—	1.0	12.1	5.3	6.3	11.7	1.0
单子女家庭	33.3	15.6	1.9	1.1	22.2	5.2	5.6	14.4	0.7
多子女家庭	23.9	13.6	3.4	2.3	22.7	4.5	9.1	14.8	5.7

图6 家庭结构与通勤方式分布

从通勤时间上来看，随着家庭中子女数量的增长，居民长通勤时间比重下降，中等通勤时间和短通勤时间比重上升。在无子女家庭中，通勤时间在60分钟及以上的居民比重达36.7%，而在单子女家庭中这一比重为28.6%，在多子女家庭中这一比重为21.6%，随着家庭子女数量的上升，长时通勤的居民比重下降；同时，无子女家庭中有23.6%的居民处于低于30分钟的短时通勤状态，单子女家庭中这一比重为30.5%，多子女家庭中这一比重为42.0%。由此看来，随着家庭子女数量的上升，短时通勤的居民比重上升（见图7）。

通过对居民家庭结构与通勤状况的交叉分析可知，家庭子女数量会间接影响居民的通勤选择。对于无子女家庭结构的居民而言，其未有养育孩子的家庭责任，在做出通勤行为选择时不用将照顾孩子考虑在内，在统计中即表现为较长的通勤时间。而对于有子女的居民而言，家庭中子女数量会直接影响到居民的家庭责任，在考量各种因素后居民更倾向于选择较短的通勤时间。同时，相较于无子女家庭，有子女家庭使用私家汽车进行通勤的比例上升，且对私家汽车具有刚性通勤需求的居民家中大部分有子女，这可能同居

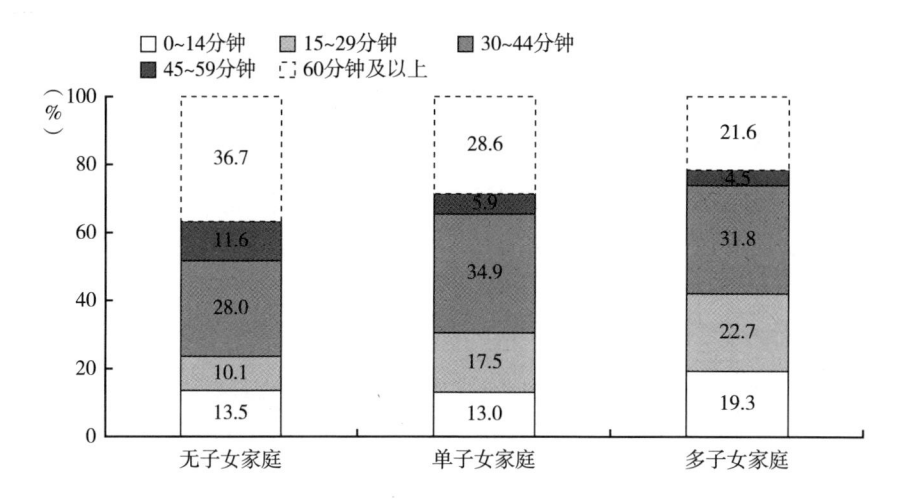

图例:□ 0~14分钟　　□ 15~29分钟　　▨ 30~44分钟
　　　■ 45~59分钟　　⌐⌐ 60分钟及以上

图7　家庭结构与通勤时间结构

无子女家庭：60分钟及以上 36.7，45~59分钟 11.6，30~44分钟 28.0，15~29分钟 10.1，0~14分钟 13.5
单子女家庭：60分钟及以上 28.6，45~59分钟 5.9，30~44分钟 34.9，15~29分钟 17.5，0~14分钟 13.0
多子女家庭：60分钟及以上 21.6，45~59分钟 4.5，30~44分钟 31.8，15~29分钟 22.7，0~14分钟 19.3

民的私家汽车拥有率有关，即有子女家庭经济条件好，更可能拥有私家汽车。

3. 不同居住属性下的通勤状况

居民的住房属性与通勤状况也有着密切的关联。相较居住在非自有产权住房中的居民，居住在自有产权住房中的居民平均通勤时间更长，采用私家汽车进行通勤的比重更高。

根据问卷中居民的住房状况将调研对象划分为有无产权住房两类群体，然后对通勤压力进行交叉分析。关于住房产权，本次问卷中有"完全自有，单位共有产权，租住，政府免费提供，单位免费提供，父母/子女提供，向其他亲友借住，其他"几种类型，本文将其合并为有无住房产权的二分变量。其中，将"完全自有，单位共有产权，父母/子女提供"合并为有产权类型；将"租住，政府免费提供，单位免费提供，向其他亲友借住，其他"合并为无产权类型。

不同住房类型的居民对于通勤方式的选择是不同的。从图8可以看出，在步行、自行车、摩托车/电瓶车等适合短距离的通勤方式中，非自有产权住房群体的选择比重高于自有产权住房群体的选择比重；在私家汽车、公交车、地铁等适合长距离的通勤方式中，自有产权住房群体的选择比重高于非

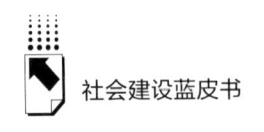

自有产权住房群体的选择比重。具体来看，对于非自有产权住房群体来说，采用步行方式进行通勤的居民占比高达20.9%，而自有产权住房群体中这一比重仅为8.2%；采用私家汽车方式进行通勤的，非自有产权住房群体的选择比重为10.7%，而自有产权住房群体的选择比重高达23.8%。

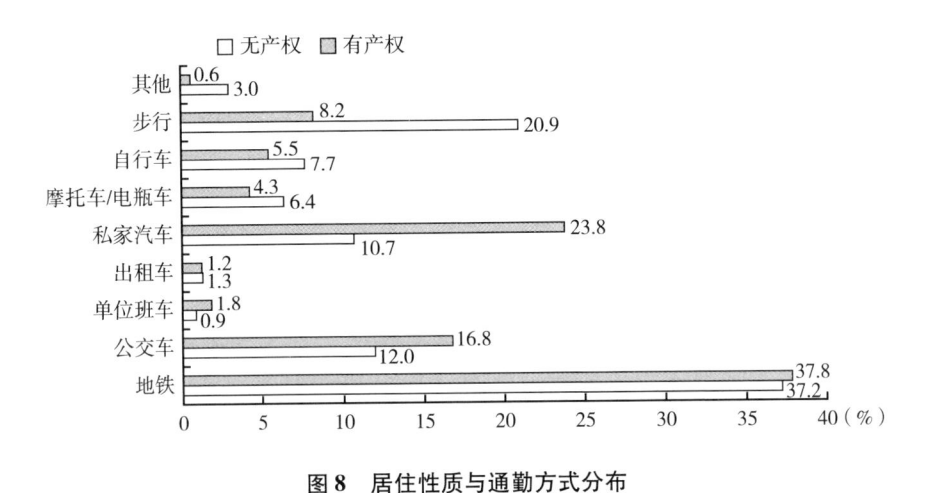

图8　居住性质与通勤方式分布

对居住性质和通勤时间进行交叉分析并进行卡方检验，二者具有显著的相关关系。自有产权住房居民通勤时间的均值为46.54分钟，中位数为40分钟，标准差为29.461；非自有产权住房居民通勤时间的均值为36.20分钟，中位数为30分钟，标准差为28.621（见表3）。总体来说，非自有产权住房居民的通勤时间显著低于自有产权住房居民。

表3　不同居住属性居民通勤时间

单位：人，分钟

居住性质*** （0.000）	样本量	平均值	中位数	标准差	最大值	最小值	众数
有产权住房	326	46.54	40	29.461	180	0	30
无产权住房	235	36.20	30	28.621	210	0	30
总体	563	42.30	40	29.548	210	0	30

从居民的通勤时间构成看，不同居住性质居民的通勤时间内部结构也是不一样的。非自有产权住房群体中40.9%的居民通勤时间小于30分钟，自有产权住房群体这一比重仅为22%，低了近20个百分点。无论是否自有产权住房都有一定比例的居民承受着超过1小时的极端通勤。非自有产权住房群体中，24.7%的居民通勤时间在60分钟及以上，自有产权住房群体这一比重为34.6%，高出近10个百分点（见图9）。因此，与有产权住房群体相比，非自有产权住房群体的短时通勤占比更高，长时通勤占比更低。

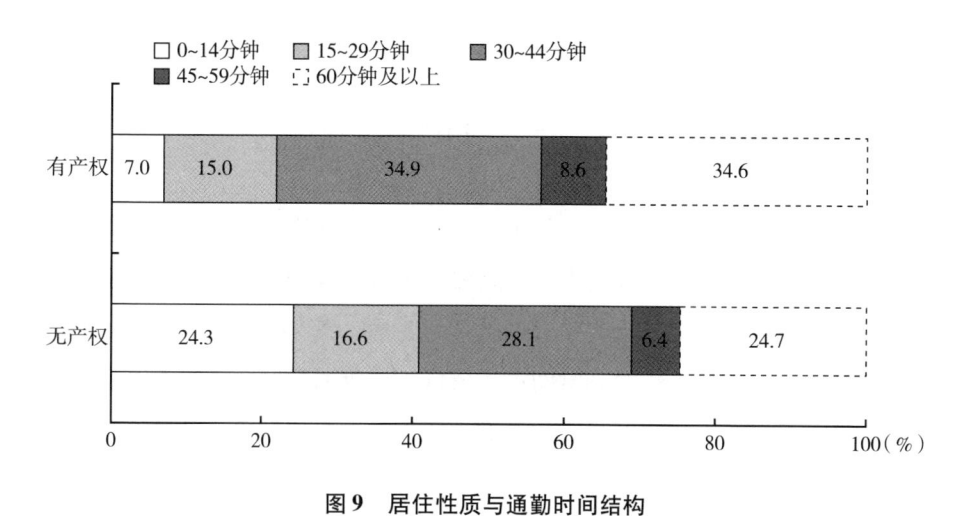

| 有产权 | 7.0 | 15.0 | 34.9 | 8.6 | 34.6 |
| 无产权 | 24.3 | 16.6 | 28.1 | 6.4 | 24.7 |

图例：□ 0~14分钟　□ 15~29分钟　□ 30~44分钟　■ 45~59分钟　▢ 60分钟及以上

图9　居住性质与通勤时间结构

总之，不同居住类型的群体在通勤上呈现出不同的状态。自有产权住房群体的通勤时间总体较长，更依赖于适合长距离通勤的方式；而非自有产权住房群体的通勤时间总体较短，通勤方式选择上更为多样。这种基于居住类型不同而产生的通勤方式的不同，可能与居民进行通勤决策时的处境有关。自有产权住房群体在城市中的居住空间更具刚性，居住地点不易变动，受制于居住地的不变性，这部分群体的通勤选择自由度更低，则面临着更为严峻的通勤压力。而非自有产权住房群体在城市中的居住空间变动更具灵活性，在进行居住选择时，能够在居住环境与通勤压力之间做出平衡，这部分群体的通勤选择自由度更高。

总之，不同年龄段、不同家庭结构、不同居住类型的城镇居民的通勤

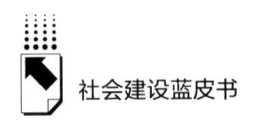

时间和通勤方式选择是不一样的。处在不同生命阶段的居民，其身体素质、家庭结构是不同的，基于个体责任与能力的不同，居民的通勤行为呈现出相应的特点。年龄较小的未婚居民，其通勤时间较长，倾向于选择公共交通方式通勤；已婚且承担养育子女责任的居民，更倾向于较短的通勤时间，同时可能由于其私家汽车拥有率更高，通过私家汽车进行通勤的比例更高。与自有产权住房居民相比，非自有产权住房居民居住地变动更加自由，其短时通勤占比更高，也更愿意选择步行、自行车等适合短时通勤的通勤方式。

三 结论

城市通勤压力会给居民生活带来较大压力，增加通勤生活成本与时间成本，影响城市的宜居性和吸引力。通勤成本不仅体现为经济成本，更重要的是其会挤占城镇居民用于自我提升与休闲的时间，影响其生活品质的提升。北京市城镇居民整体上短通勤时间占比较低，中等通勤时间和极端通勤时间占比较高，通勤压力较为明显；从通勤方式来看，采用城市公共交通方式进行通勤的比例最高，私家汽车和自行车等其他通勤方式也占有一定比例。

从居民个体的社会属性来看，个体化程度较高的年轻群体，其通勤自由度较高，但通勤压力大，长时通勤比例高；在有家庭和子女后，其更可能选择私家汽车来缩短通勤时间。在居住属性方面，非自有产权住房的居住空间变动更加自由，短时通勤占比较高，居民也更愿意选择步行、自行车等适合短时通勤的通勤方式。

缓解北京市居民的通勤压力，需要立足居民通勤特征，从城市规划和基础设施建设层面进行引导与推动，提升城市内部公共交通可及性，降低城市长时通勤占比。应关注城市内部功能分区匹配度，合理安排居住区与产业区，立足多中心发展模式，在新城内部进行相应的产业布局和基础设施建设，促进城市实现职住平衡。在制定政策时应具有前瞻性，对区域内人口结构和交通需求做出合理的预估与规划。

参考文献

住房和城乡建设部：《城市综合交通体系规划标准》（GB/T51328-2018），http://www.mohurd.gov.cn/wjfb/201903/t20190320_239844.html。

《国务院关于调整城市规模划分标准的通知》（国发〔2014〕51号），http://www.gov.cn/zhengce/content/2014-11/20/content_9225.htm，2014年11月20日。

北京市规划和自然资源委员会：《昌平分区规划（国土空间规划）（2017年—2035年）》，http://ghzrzyw.beijing.gov.cn/zhengwuxinxi/ghcg/fqgh/，2019年11月。

北京市规划和自然资源委员会：《北京城市总体规划（2016年—2035年）》，http://ghzrzyw.beijing.gov.cn/zhengwuxinxi/zxzt/bjcsztgh20162035/202001/t20200102_1554613.html，2018年1月。

北京市人民政府：《北京市主体功能区规划》，http://www.beijing.gov.cn/zhengce/zhengcefagui/202012/t20201203_2156201.html，2012年9月17日。

北京市规划和自然资源委员会：《首都功能核心区控制性详细规划（街区层面）（2018年—2035年）》，http://ghzrzyw.beijing.gov.cn/zhengwuxinxi/ghcg/xxgh/sj/202008/P020200902310755080817.pdf，2020年8月。

北京市规划和自然资源委员会：《北京城市副中心控制性详细规划（街区层面）（2016年—2035年）》，http://ghzrzyw.beijing.gov.cn/zhengwuxinxi/ghcg/csfzxgh/201912/t20191213_1165343.html，2018年12月。

北京市人民政府办公厅：《优化提升回龙观天通苑地区公共服务和基础设施三年行动计划（2018—2020年）》，http://www.bjchp.gov.cn/cpqzf/xxgk2671/ghjh/4962895/index.html，2018年7月29日。

李强、李晓林：《北京市近郊大型居住区居民上班出行特征分析》，《城市问题》2007年第7期。

卓贤、陈奥运：《特大城市人口的国际比较》，《中国经济报告》2018年第10期。

杨舸：《国际大都市与北京市人口疏解政策评述及借鉴》，《西北人口》2013年第3期。

B.7 推进中的北京市智慧养老服务[*]

朱赫 詹论雨 王艾嘉[**]

摘　要： 人口老龄化对我国养老产业创新性发展提出了更高要求，积极推进智慧养老是应对人口老龄化的重要举措。本文聚焦智慧养老服务在北京市应用的经典案例，分析了北京市智慧养老服务应用的现状，从技术支持、网络基础和应用场景三方面剖析了智慧养老在首都的发展机会和前景，并提出如下建议：发展"以人为本"的智慧养老、推动智慧养老人才培养和营造良好的智慧养老服务发展环境。

关键词： 北京　老龄化　智慧养老服务

中国老年人口基数大、增长快并日益呈现高龄化、空巢化趋势，政府在养老服务方面面临财政与资源压力，随着信息技术的发展，发展智慧养老服务成为新选择。

党的十九届五中全会提出了"实施积极应对人口老龄化"的国家战略，并将应对人口老龄化纳入"五位一体"的总体布局和"四个全面"战略布局，专门要求强化科技创新能力，提高老年服务信息化水平，加大老

---

[*] 本文为北京市社会科学基金项目"北京智慧社区建设与空巢老人养老服务研究"（20JCC018）的成果。

[**] 朱赫，北京工业大学文法学部社会学系讲师，北京社会管理研究基地研究人员，研究方向为老龄化、劳动社会学；詹论雨，北京工业大学文法学部社会学系学生；王艾嘉，北京工业大学文法学部社会学系学生。

年健康科技支撑力度,加强老年辅助技术研发和应用,使得科技在养老领域发挥更大作用,为科技创新明确路径、提供支持。2020年11月国务院印发《关于切实解决老年人运用智能技术困难的实施方案》,2021年1月国家发展改革委发布《关于建立积极应对人口老龄化重点联系城市机制的通知》,2021年2月工业和信息化部发布了《关于切实解决老年人运用智能技术困难便利老年人使用智能化产品和服务的通知》。这些政策的集体出台,表明养老服务从传统的单纯依靠人工服务的状态逐渐向智慧、智能养老过渡。

北京人口在过去5年中老龄化现象严重,据《北京市老龄事业发展报告(2019)》的数据,北京市60岁以上常住老年人口占比从2015年的17.2%上升到2019年的26.3%,60岁以上户籍老年人口占比从2015年的23.4%上升到2019年的26.3%。同时,北京市面临养老难问题,过去5年中北京市的老年抚养系数从2015年的35.7%上升到2019年的44.3%(按15~59岁劳动年龄户籍人口抚养60岁及以上户籍人口计算),意味着2019年底北京市每2.3名劳动者在承担抚养1名老年人的压力。

北京作为中国的首都,是最早进入老龄化的城市之一,人口的老龄化将成为北京可持续发展中面临的最大挑战之一。首都信息科技的飞速发展,不仅使首都老年人能够共享首都智能化、信息化的发展成果,也使越来越多的老年人能在不离开原有居住环境的基础上得到更好更全面的养老照护,减少老年人的孤独感和陌生感,给老年人带来实实在在的获得感、幸福感、安全感。本文通过分析北京市近年来的智慧养老服务相关政策,以及政策影响下北京市智慧养老服务的现状,剖析了北京发展智慧养老的机会和困境,在本文的最后对北京市智慧养老服务的发展提出政策性建议。

一 北京市智慧养老政策的发展

北京市作为最早进入老龄化的城市之一,积极响应国家提出的"智慧养老"概念,不断完善相关政策,为养老服务创新提供政策性支持。北京

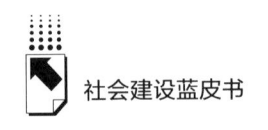

市智慧养老建立在居家养老、社区养老和机构养老的基础上，结合北京老年人口多为居家生活和在以社区为单位的同龄群体中活动的特点，将居家养老模式与社区养老模式合并，目前为止重点建设和发展社区居家养老服务。

北京市自2015年在全国首次颁布针对居家养老服务的地方性法规，逐步提出并完善社区智慧养老相关服务的政策规定。截至2021年，北京市在智慧养老服务补贴津贴、体系完善、服务形式、硬件设施等方面已经制定了相应的政策。

2015年，国内首部针对居家养老服务的地方性法规《北京市居家养老服务条例》颁布（以下简称《条例》）。《条例》的推出明确了促进养老全面实现智能化、网络化，让智慧和科技信息给老年人带来便利的目标，同时首次提出要建立社区养老服务平台。

2016年北京市老龄委印发《北京市支持居家养老服务发展十条政策》（以下简称《京十条》），《京十条》中提到了北京通－养老助残卡的发放使用和养老服务网络的建设，并从餐饮、医药等方面对智慧养老未来的实现途径给出了指导方向，这为"智慧养老"在应用方面提供了范例，同时明确了完善的社区养老服务配送网络是智慧养老的基本要求。

2016年北京市老龄委印发《关于开展社区养老服务驿站建设的意见》（以下简称《意见》），在驿站的基本服务中也提到智慧养老的具体使用场景，如老年人可以通过互联网、物联网等网络手段或电话、可视网络等电子设备终端提出养老服务需求。《意见》还进一步提出了由手机终端数据整合，联系社会专业服务机构、服务资源和社区志愿者，为居家老年人提供更加专业化的养老服务。

2017年北京市人民政府办公厅印发的《关于建立居家养老巡视探访服务制度的指导意见》中也提到北京市各区可依托信息化手段，通过居家养老巡视探访服务系统、手机App和应用程序等，建立巡视探访服务台账，保管好与巡视探访工作有关的资料，对巡视探访服务进行规范化管理。

2018年北京市人民政府办公厅印发的《关于加强老年人照顾服务完善

养老体系的实施意见》中指出加强养老大数据服务工作,探索"互联网+养老"的服务模式,提升养老服务领域的信息化水平。针对家庭、社区和养老机构等不同应用环境,发展健康管理类可穿戴设备、便携式健康监测设备、自助式健康检测设备、智能养老监护设备、家庭服务机器人等智能健康养老服务产品。推动企业和健康养老机构充分运用智慧健康养老产品,创新发展慢性病管理、居家健康养老、个性化健康管理、互联网健康咨询、生活照护、养老机构信息化服务等健康养老服务模式。

2019年北京市人民政府办公厅印发《北京市老年人养老服务补贴津贴管理实施办法》,该政策主要回应了已经印发的各项法律法规和政策文件,在完善老年人养老服务补贴津贴制度的基础上,提高老年人的消费能力,有效推进了养老服务发展。

2019年北京市人民政府办公厅印发《北京市关于加快发展老年教育的实施意见》,将"互联网+老年教育"相结合,提出了创新型科技化教育的方式。如开发建设北京市老年教育资源共享、学习服务的信息化公共服务平台,同时整合、开发老年教育数字化学习资源,探索完善"互联网+老年教育"服务模式;综合利用传统资源,增加老年教育的便利性,方便老年人通过广播、电视、电脑、iPad、手机、VR设备、智能机器人、电子宣传屏等多种终端和平台开展学习。这项政策在传统的老年教育基础上,创新性地推进了老年人线上线下一体化学习,通过互联网和虚拟现实技术增加老年人接受教育的途径,以及创新体验式教学活动。

2020年北京市人民政府办公厅印发《关于加快推进养老服务发展的实施方案》,该方案结合北京市的实际情况,从基本养老服务体系、居家社区养老服务体系、养老产业发展和服务消费体系到监管体系,最后落到构建养老服务综合保障体系,很好地整合了此前出台的各项政策,可视为北京市养老服务政策发展的里程碑,其中也肯定了互联网和信息技术在监管体系以及服务体系建立中的创新意义。

2021年北京市老旧小区综合整治联席会议办公室印发《关于老旧小区综合整治实施适老化改造和无障碍环境建设的指导意见》(以下简称《意

见》），其中有两项提到了智慧养老服务，一个是对老年人家庭室内环境和日常生活设施的适老化改造，有条件的将居家适老化改造与信息化、智能化居家养老服务相结合；另一个是推动和支持物业服务企业、养老服务机构等采用"物业服务+养老服务"模式，专门提供助餐、助浴、助洁、助急、助行、助医、照料看护等定制养老服务。为此配套印发了《关于老旧小区综合整治市区财政补助政策的函》（京财经二〔2019〕204号），进一步保障了《意见》的落实。

2021年北京市人民政府办公厅印发的《北京市养老家庭照护床位建设管理办法（试行）》中规定了"养老家庭照护床位的条件"：一是进行家庭适老化改造，以满足老年人居家养老服务条件；二是安装必要的信息管理系统和电子信息服务设备。在发展北京市居家养老服务的同时，也拓展了智慧养老的实际应用场景。北京市智慧养老服务相关政策如表1所示。

表1 北京市智慧养老服务相关政策

时间	相关政策名称
2015年	《北京市居家养老服务条例》
2016年	《北京市支持居家养老服务发展十条政策》
	《关于开展社区养老服务驿站建设的意见》
2017年	《关于建立居家养老巡视探访服务制度的指导意见》
2018年	《关于加强老年人照顾服务完善养老体系的实施意见》
2019年	《北京市老年人养老服务补贴津贴管理实施办法》
	《北京市关于加快发展老年教育的实施意见》
2020年	《关于加快推进养老服务发展的实施方案》
2021年	《关于老旧小区综合整治实施适老化改造和无障碍环境建设的指导意见》
	《北京市养老家庭照护床位建设管理办法（试行）》

资料来源：北京市人民政府网。

总体来看，北京市智慧养老服务相关政策首先是基于便利性围绕实现居家养老服务发展起来的，随着北京市老年人养老服务补贴津贴的改革和北京市养老服务体系的完善，政策上给智慧养老服务的发展创造了更大的空间。智慧养老服务也从已有的社区养老平台的服务形式，如大数据、信息技术等，发展到了智能设备、看护机器人、照护床位等硬件设施。尽管到目前为止，智慧养老服务主要围绕居家社区养老服务展开，然而根据2020年北京市人民政府办公厅印发的《关于加快推进养老服务发展的实施方案》中对养老服务发展的体系规划，智慧养老服务相关政策未来也会持续涵盖养老产业、监管和保障体系等方面。

二 北京市智慧养老服务现状介绍

北京市政府充分发挥北京市作为科技创新之都的优势，广泛利用各种信息技术，在《北京市"十三五"时期老龄事业发展规划》中借助国家推进"互联网+""宽带中国"战略的有利契机，在"十三五"期间就开始推动互联网、物联网、云计算、大数据等信息技术在养老服务领域的应用。根据《北京市老龄事业发展报告（2019）》，截至2019年底，北京市已经开始试点运用物联网、移动互联网、大数据、云计算等高科技手段，通过测量老人健康数据、看护居家安全、监测居家环境数据，为老人提供护理和健康指导等服务。2021年由北京市卫生健康委发布的《2021年北京市老龄健康工作要点》也将"智慧养老服务"发展提升到老龄工作的五个大格局中，其中两项是"智慧助老"和"持续推进老龄信息化建设"。

以北京市首个居家养老服务平台"怡安亲亲"为例，该平台是以养老服务为主、以老年用品为辅的养老综合服务平台，解决老年人家庭、养老服务提供商、养老服务驿站之间供需信息不对称的问题，为老人提供精准服务。该平台通过与社区养老驿站的链接，运用大数据收集各养老驿站的用户情况，同时提供生活照护、保姆护工、医疗保健、居家改造、文旅康养五项线上服务及床上用品、卫浴用品、代步用品、生活用品、生鲜食品等五大主题涉老产品。

（一）"互联网+"生活照料服务

"互联网+"生活照料服务主要是指社区通过互联网搭建平台，提供订

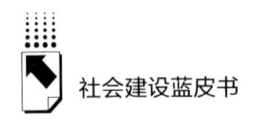

餐、送货上门以及家政服务等。"怡安亲亲"居家养老服务平台是北京目前提供"互联网+"生活照料服务的典型案例,该平台将已上线的为老服务细致分为"上门"与"站内"两大部分,老年人或其亲属在线上下单后,由养老驿站或服务商提供服务。除生活照料、助餐助洁等基础助老服务外,还提供陪伴拜访、购物陪伴等个性化服务。同时在该平台购买养老服务时可使用北京通-养老助残卡,享受养老服务补贴。这类项目构建了一个地域性服务网络,一方面增加了家庭养老的服务种类,与现有的养老服务体系相结合,使老年人拥有更好的养老体验;另一方面激发了地域经济发展活力,促进智慧养老相关产业的发展。

(二)"互联网+"老年教育服务

"互联网+"老年教育服务主要区别于传统实体课堂,通过整合优质教育资源,打破时间和空间的壁垒,方便老年人通过广播、电视、电脑、iPad、手机、VR设备、智能机器人、电子宣传屏等多种终端开展学习。例如北京海淀区由志愿者发起的"科技助老"项目,通过开发微信小程序打造了500节线上云课堂,课程内容也面向老年人的需求,从科学普及、健康生活、信息科技、文化娱乐到电脑教学、疫情防控、手机操作、预防诈骗、识别谣言等内容,有助于扩大老年教育的覆盖面,丰富老年教育的内容,让老年人实现以学养老的精神享受。

(三)"互联网+"信息交互系统

"互联网+"信息交互系统是未来智慧养老发展的一个主要方向,因为老年人之间的差异多于共性,通过互联网和信息技术可以为每位老年人建立个人档案,在保护个人信息隐私的前提下,一方面方便老年人自主管理生活和健康;另一方面方便医疗和养护人员为老年人提供更好的服务。北京市目前正在发展的"智慧社区",就在尝试使用"互联网+"信息交互系统实现数据的传递与共享,通过数字模型分析老年人个性化需求,再进行整体的管理和探析。这种"互联网+"信息交互系统一方面使得信息获取更加方便,另一方面使得经验数据分析成为可能，促进了智慧养老服务的便捷化和精准化。

（四）"互联网+"养老产业链延伸服务

养老产业不仅可以集中在老年人身上，也可以拓展到以老年人为中心的家庭和社区，甚至街道。这样的生态环境，除了惠及基本的养老服务，也惠及养老产业延伸的各种服务。据工业和信息化部办公厅、民政部办公厅、国家卫生健康委办公厅《关于组织申报智慧健康养老产品及服务推广目录（2020年版）的通知》，养老产业延伸服务还可以对智慧健康养老产品及其服务进行上游和下游的延展，如健康管理类可穿戴设备、便携式健康监测设备、家庭服务机器人等。"怡安亲亲"养老服务平台为老年人提供多种智慧健康养老产品，其一站式购买服务节约了老年人购买智慧养老产品的时间，同时也以低于市场的价格减轻了部分老年人购买智慧养老产品的经济负担。在以老年人为主的社区将老年人的需求与当地的经济生态体结合起来，有效利用当地的产业特色，将养老产业与当地的经济生态体连接起来，激活智慧养老的效能。

三 北京市智慧养老服务发展机会

（一）智慧城市建设为智慧养老发展提供了技术支持

目前，正在打造智慧城市的北京已被网络全面覆盖，为智慧养老提供了基础性保障。智慧城市发展理念的本质是用技术手段赋能城市，重塑城市的发展模式，同时它也是新技术变革与城市发展新挑战的共同产物。中国智慧城市的发展通过致力于实现新兴信息技术与传统产业、实体经济的融合，现在已迈入场景驱动的全新阶段，在经历业务驱动、技术驱动的阶段后，"链接＋平台＋数据＋运营"成为实现城市资源价值最大化的主要途径。5G技术便是这种模式的应用之一，通过对社区内各种生活中涉及的安全场景进行

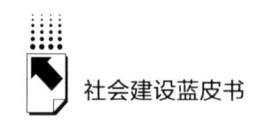

智能检测和异常情景报警，如门禁、消防系统、电梯运行等，运用网络加强对社区安全的防护；"智慧城市管理"，则通过网络打造公共安全、智慧城管、智能交通、智慧环保，实现为北京市民提供更多服务。智慧城市的发展，有助于构筑更大的生态系统平台，在更广泛的应用领域中获得最具确定性的极致网络体验，为人们带来高品质沉浸式体验，也加速了传统养老行业的数字化转型。

（二）物联网技术的发展为智慧养老发展提供了网络基础

物联网是物与物通过互联网相互连接，从而实现信息交换。由于涉及生活习惯和个人隐私等问题，独居老人的生活状况也很难被及时照看到，如何针对居家老人更好地提供看护服务，物联网技术就提供了新的解决思路。物联网技术在养老领域的应用，如朝阳区团结湖街道采用防漏气、防漏水的装置及智能养老监控设备，为老年人的居家养老提供保障；房山区通过物联网技术，打造多方位电子安全防范，保障居民生活安全。通过物联网技术的使用，打造智慧社区，将社区的物通过虚拟数据表现出来，进行监控与管理，为老年人的养老服务提供精细化、便捷化保障。

（三）智慧医疗技术为智慧养老发展提供了应用场景

智慧医疗技术由智慧医院系统、区域卫生系统、家庭健康系统三部分组成。根据2021年8月3日北京市政府发布的《北京市关于加快建设全球数字经济标杆城市的实施方案》，北京市聚焦培育"新型数字化健康服务产业"标杆，将以健康大数据平台和健康AI平台为基础，构建康复保健、疾病诊疗、养老服务、健康管理一体贯通的新型健康服务体系，包括医学知识AI化、医疗信息云化、医疗资源网络化、健康服务远程化等数字化健康服务新业态和新模式；一人一码数字健康管理、数字化医院、实体医院医疗资源在线化；在研发智能医学影像设备、手术机器人、康复机器人、AI辅助诊断系统等智能医疗设备的同时，大力推进可穿戴设备和诊疗设备的普及和应用。"新型数字化健康服务产业"不仅打通了医院、社区、个人的信息壁垒，而且实现了资源共享，为老年群体提供更高质量的就医体验和康养护理服务。

四 北京市智慧养老服务发展面临的挑战

（一）智慧养老服务和产品的设计与老年群体脱节

智慧养老致力于在养老中加入智能技术，让养老服务更加便捷化、智能化、人性化，但是目前很多智能产品并没有达到这样的要求。相当一部分产品往往只追求智能，而显示、操作方面的设计都没有考虑到老年人的生理特征，也没有精准对标老年人的需求，这种缺乏"人本设计"的智能产品直接导致老年人不能和不愿运用智慧养老及其产品。同时，老年人的养老需求也因自身的健康状况、经济收入、教育背景和家庭因素而有所不同。因此，智慧养老产品和服务应当聚焦于如何精准满足老年人的养老需求以及如何助力老年人跨过数字鸿沟，以最大化享受数字红利，而不能仅存在于信息技术和智能设备的层面。诸如此类的技术落地问题是目前智慧养老服务和产品亟须解决的主要问题。

（二）智慧养老服务存在人才队伍的可供性与养老需求之间的矛盾

传统的养老服务供给方式已无法满足当前老年人日益多样化、高质量的养老需求，优化供给模式，提升供给效率成了目前智慧养老服务发展的新方向，从而建设充分兼顾老年人需要的智慧社会。"十四五"时期北京将进入人口深度老龄化社会，对养老服务数量与质量的需求也与日俱增。目前智慧养老服务的一大问题在于人才供给瓶颈，相比于传统养老所需人才，智慧养老服务要求更高的科技素养和专业能力，由于缺少专业培训以及相关执业资格的认定体系，智慧养老产业的从业人员无法满足市场需求。

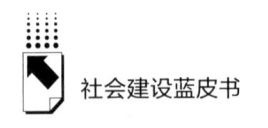

（三）智慧养老服务的发展缺乏环境营造

智慧养老在我国属于初步发展阶段，缺乏人才和科学高效的监管体系建设，是我国智慧养老落地发展过程中必须面对并解决的问题。智慧养老服务监管体系建设的滞后，以及对政府、社区、机构和家庭养老的综合监管体系尚未建立并完善，制约了智慧养老服务的健康发展。再者，养老事业和养老产业的界限模糊，使得政府责任和市场效率之间存在冲突。在国家养老、社会养老、机构养老和家庭养老等不同主体之间，缺少责任分担和协同合作的机制。此外，智慧养老缺乏政府侧的引导，智能技术在各种不同主体之间如何更好地服务老人，需要进行体系创新与结构优化，释放智慧养老效能，提升社会治理现代化水平。

五 北京市智慧养老服务政策建议

由北京市智慧养老发展的相关经验可以看出，智慧养老的发展已经取得了一定的成果，但是未来仍然有很大的提升空间。在推广智慧养老模式时，不同地区应当根据当地具体情况，学习先进经验，营造发展的良好环境，推动智慧养老服务高质量发展。

（一）顺应主体需求，发展"以人为本"的智慧养老

智慧环境和智慧养老产品的设计不仅要强调智能性和效率，更要让老年人参与其中并为其提供积极的体验。随着各种智能技术不断发展和融入生活空间，了解老年人的认知和情感需求，营造为老年人提供生活便利的大环境也变得尤为重要。这就需要服务或产品设计者从一开始就在老年人、智慧养老服务之间创建一系列对话，使这些对话能够随时间推移，体现在形式、功能和科技之间的相互作用中。因为科学技术的发展催生了极度复杂的系统和服务，为了使这一套复杂难懂的技术更好地为人所用，则需要设计者花大量时间和精力去理解老年人的目标需求和行为模式。只有当老年人在智慧养

产品和服务中感受到便捷和舒适,其才会选择更快地融入智慧养老的环境。由此才有可能更好地构建智慧养老的氛围,也才有助于智慧养老的真正落地。

(二)构建人才队伍,推动智慧养老人才培养体系建设

当前养老行业的人才培养仍处于较低水平,多将护理类工作人员作为培养对象。智慧养老服务产业对于高新技术人才的需求较大,无论是技术型人才还是管理型人才都存在较大缺口,未来可以通过相关就业优惠政策吸引相关人才加入智慧养老服务行业,促进各高校对于智慧养老服务人才的培养,开展成人教育或职业培训中相关执业资格培训和认定,提高养老机构管理人员、老年社会工作者的专业素质和科学技术能力,推动智慧养老服务人才队伍建设,保障智慧养老可持续发展。

(三)营造智慧养老服务良好发展环境,引导智慧养老体系健康发展

北京市在智慧养老服务方面的相关实践中已经逐步建立了符合当地情况、具有当地特色的智慧养老服务模式,并针对智慧养老服务模式的运作实施制定了较为详细的标准。但是对于智慧养老服务相关产业的标准制定仍然不是很明确,这将导致养老服务质量参差不齐,可能存在行业内恶性竞争,甚至可能产生欺诈和虐待老人等问题。在未来需要更加关注智慧养老服务周边产业的标准制定,推进智慧养老服务的标准化建设。为此可参考国内外优秀案例,细分智慧养老服务体系,依据不同产业制定不同标准。同时强化多元联动,构建全方位养老服务监管体系,保证智慧养老服务产业和市场健康发展。

参考文献

北京市老龄工作委员会:《北京市支持居家养老服务发展十条政策》,2016 年 5 月

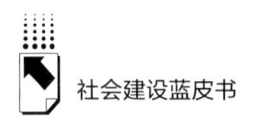

19日。

李晨、王娟娟、翟传明、吴晓媛、张超：《智慧养老产业发展现状及未来趋势》，《智能建筑与智慧城市》2020年第1期。

徐瑛楠、张春萍、姜嘉莉、刘慧：《"互联网+"在社区居家养老服务中的应用》，《通讯世界》2019年第9期。

杨武：《新时代养老产业发展机遇及对策研究》，《当代经济管理》2021年第7期。

郑红：《试析我国传统养老方式的特点及对21世纪养老方式的前瞻》，《陕西教育学院学报》2000年第2期。

宗世法：《嵌入性视角下"智慧健康养老服务模式"的建构——对"北科养老"的个案研究》，《贵州民族大学学报》（哲学社会科学版）2020年第2期。

B.8
从促进共同富裕视角探寻解决超大城市相对贫困问题的长效机制

宋敏涛 田雪芹*

摘 要： 共同富裕需要全民共富，解决好相对贫困问题是促进共同富裕的重点难点。改革开放后，北京贫困形态不断变化，解决相对贫困问题已经被提上日程。应从促进共同富裕的战略高度，找准解决相对贫困问题的路径，重点是探索建立健全"党委领导、政府主导、多元参与、结果评价"的组织领导机制；"政策引导保障、主动监测发现、物质服务双扶、基本公共服务均等"等工作运行机制；"生计发展、贫困预防、代际阻断、社会融合"等内生动力激发机制。

关键词： 共同富裕 相对贫困 超大城市

新中国成立以来，中国共产党团结带领人民向着实现共同富裕的目标不懈奋斗，在中国共产党成立一百周年的重要时刻，完成了消除绝对贫困的艰巨任务，为全球减贫事业做出了重大贡献。解决绝对贫困问题不是终点，而是新生活、新奋斗的起点，绝对贫困消除了，但相对贫困仍然存在，实现全体人民共同富裕仍需持续发力。

党的十九届五中全会明确提出，"十四五"时期要"制定促进共同富裕

---

* 宋敏涛，中共北京市委社会工委市民政局二级调研员；田雪芹，中共北京市委社会工委市民政局综合事务中心一级主任科员。

行动纲要,自觉主动缩小地区、城乡和收入差距,让发展成果更多更公平惠及全体人民",到2035年要实现"全体人民共同富裕取得更为明显的实质性进展"。由此可见,共同富裕,说到底就是要让人民群众过上好日子。这个共同富裕既是个经济问题,也是个巩固执政基础的政治问题,既要把"蛋糕"做大,又要把"蛋糕"分好,既要提高总体富裕程度,更要促进全民共富、共建共富,让共同富裕的道路上"一个都不能少"。从这个意义上讲,促进共同富裕,很重要的一个方面就是要解决好相对贫困问题,并且短板也在于相对贫困群体的收入提升。本文主要以北京市为例,从促进共同富裕的角度,研究思考解决超大城市相对贫困问题的长效机制。

一 超大城市相对贫困问题的现状

(一)贫困形态的发展变化

改革开放以后,北京市经济社会快速发展,人均GDP实现从不足1000美元到突破1万美元再到突破2万美元的跨越式发展。与经济发展水平相协调,居民生活水平实现从温饱到小康再到富裕的转变,各项指标均居于全国前列。经济社会的发展带来北京市贫困形态的变化。改革开放至今,北京市贫困形态经历了三个发展阶段:第一阶段,改革开放初期的绝对贫困阶段。此时,北京市整体经济基础较为薄弱,城乡居民处于普遍贫困之中。1979年,北京城乡居民家庭恩格尔系数分别为57.9%和63.9%,城乡单位劳动力需负担人口数分别为1.83人和2.16人,温饱需求难以满足且家庭负担较重。城市贫困人员主要由享受政府定期定量救济的孤、老、残、幼人员等"传统贫困"群体和农村五保供养人员、企业精简退职职工、返城"知青"病残人员等"特殊贫困"群体构成。第二阶段,以城市"新贫困"群体为贫困主要组成人员的收入型贫困阶段。20世纪80年代以来,由于经济体制改革和社会转型,政府"包下来"和"企业办社会"体制受到极大冲击,加上社会保障制度尚处于建立完善之中,缺乏保障的城市贫困人口不断增加。1995年北京市城市贫困人口规模约为46.5万人，贫困户14.1万户，城市贫困户和贫困人口发生率分别为5.89%和6.8%。第三阶段，支出型贫困和相对贫困凸显阶段。20世纪90年代末期的住房、教育和医疗卫生体系市场化发展一定程度上加剧了低收入家庭的刚性支出负担，挤占了基本生活支出，相对贫困和支出型贫困问题逐步凸显。此时，贫困人群进一步扩展至低收入家庭成员、贫困边缘人群以及外来贫困人口。

（二）相对贫困人口结构特征

一是贫困人口结构"老化"现象明显。2017年，北京市困难人口的平均年龄为46.19岁，中位数年龄为49岁，相比2008年时平均年龄38.67岁、中位数年龄41岁，增加幅度明显。从年龄分布看，0~14岁城乡困难群众所占比重呈现逐年下降特点，15~59岁的劳动年龄人口比重呈现缓慢下降，但60岁及以上老年人所占比重则呈现快速增长趋势。二是特殊家庭多且呈现小型化发展趋势。2017年，北京市困难群众中1人户家庭所占比重达到50%以上。家庭成员在3人及以上的困难家庭所占比重较小且呈现下降趋势，城乡困难群众家庭规模呈现明显的小型化特点。在低收入家庭户中，约有4%的家庭为特殊家庭。其中，一户多残家庭所占比重最大，其次是老残一体家庭和单亲家庭。三是因病致贫、因贫致病形成恶性循环的家庭。有些家庭因医疗负担过重陷入贫困。而贫困人口更容易受到健康风险冲击，陷入贫病交加的境地。残疾人由于缺乏技能、就业渠道单一，极易陷入因残致贫境地。

（三）相对贫困表现形态更具多样性

绝对贫困通常表现为收入型贫困，而相对贫困则更趋多样化，主要表现为：一是支出型贫困。支出型贫困是因为刚性支出超过收入而导致的生活困难状态。北京市收入水平处于全国前列，收入型贫困逐年减少，但是随着房价的快速上涨，尤其是医疗支出费用的快速增加，形成了支出型贫困。二是工作贫困。这类贫困群体在绝对贫困标准下很难纳入贫困范畴，但是其生活

确实较为困难。三是社会排斥贫困。近年来，北京市特殊困难群众规模明显增加，"两劳"释放人员所占比重明显增长。这部分群体出狱后难以被社会接纳，难以找到合适的工作，成为就业困难群体。

（四）相对贫困人口的社会救助需求呈现层次性

一是生存型需求下降，发展型需求上升。与全国其他省区市相比，北京市居民生活水平较高，困难群众帮扶负担相对较小，而且社会救助待遇水平较高。现行社会救助帮扶体系已为满足困难群众基本生存需求提供了强力保障。相对而言，城乡困难人群在教育救助、就业救助、参与社区事务等方面的需求在增加。二是物质型需求较为平稳，服务型需求激增。老龄化和高龄化导致老年人机能下降和健康状况恶化，老年人的照料服务需求增加。困难家庭对托老所、养老护理机构及社区长期护理服务等提出紧迫的需求。三是健康需求快速增加。患有慢性疾病的困难群众比重逐年上升，多重残疾造成的自理障碍程度高，健康医疗帮扶需求也日益上升。四是社会融入需求增加。各方面资源和机会均处劣势的贫困群体难以充分共享经济社会发展成果，受助对象对去除"污名化"标签、融入社会的需求逐渐增加。

（五）相对贫困对兜底保障产生了冲击

20世纪90年代，为适应市场经济转型的需要，北京市开始改革社会救济制度，建立了"北京版"社会救助体系，在保障困难群众基本生活、维护社会稳定方面发挥了无可替代的作用。但是，随着北京市贫困形态的变化，针对绝对贫困人口建立的社会救助体系面临挑战。首先，兜底保障人口持续减少。北京市最低生活保障标准一直处于全国前列且连年上涨，但是受助人数不增反降。2007年以来，北京市城乡低保人数一直处于下降通道，从2007年的22万余人下降到2019年的10万余人。其次，贫困人口发展乏力。低保可以使受助者脱离生存困境，但难以使他们实现自立自助。社会救助的"捆绑"现象，容易形成福利陷阱。最后，相对剥夺感日渐增强。剥夺感来自两个方面：一方面是快速抬升的福利悬崖。随着我国社会救助制度的逐步完善和低保标准的连年增长,低保对象、特困供养人员与贫困边缘人员的生存状况出现反转,形成福利悬崖。另一方面是逐步扩大的收入差距。中国居民人均可支配收入基尼系数长期处于较高的位置,最高时超过0.49,近年来有所下降,但是仍然在0.47左右。尽管受助者也是整个社会发展的受益群体,但是在与中上收入群体进行比较时,他们感知自身处于劣势或受到不公平待遇,因而产生剥夺感。

二 找准解决超大城市相对贫困问题的基本思路

研究相对贫困问题,通常是以绝对贫困群体最低生活保障的生存型需求为基础,主要采取预算标准法、社会指标法、扩展线性支出系统法、收入比例法或人群比例法等方法确定保障标准。这是从人与社会发展的视角出发,更偏重于技术层面的分析研究,容易出现保障范围大小和保障标准高低争议较大、举棋不定的现象。我们认为,相对贫困问题应上升到推进"共同富裕"的战略层面来考量,参考"脱贫攻坚战"国家战略的思路,研究解决问题的长效机制。尤其对于北京这样的超大城市而言,有很好的经济社会基础,更应聚焦促进共同富裕,率先解决好相对贫困问题。基于此,应确定以下思路。

一是坚持把促进共同富裕作为目标导向。从促进共同富裕的高度看待贫困问题,应当在兜底保障、保障生存发展的基础上,更好地满足他们对美好生活的向往。也就是说,不仅要让困难群体活下去、有尊严,更要坚持尽力而为、量力而行,使他们以适当灵活的方式共享"富裕"成果,这也是社会主义的本质要求。当然,困难群体的"富裕",不能仅靠政府"输血",要"扶志、扶智",激发他们的内生动力,提高他们自我"造血"的功能,还要让有能力的人员承担起相应的社会责任。

二是坚持把实施高位统筹作为根本保证。从当前兜底保障的角度来看,解决贫困问题重点是实施社会救助,包括最低生活保障和教育、住房等专项救助。但从促进共同富裕的角度来看,促进物质财富富足就能做大"蛋糕"、提供更多救助保障资源，促进公共服务均等就能更大程度提高贫困群体获得感、幸福感，促进收入分配公平就能扩大中等收入群体、缩减相对贫困群体，涉及的职能部门更多、更复杂，需要在现有社会救助统筹协调机制的基础上，建立健全高位统筹协调机制。否则，很难形成解决相对贫困的合力。

三是坚持把分段逐步解决作为实现路径。1949～2020年，从整个国家一贫如洗到全面消除绝对贫困，中国花了70多年时间。当前，全面建成了小康社会，但是要想实现共同富裕，还有很长的路需要走。在这一大背景下，要想解决相对贫困问题，不是一蹴而就的事，也有很长的路需要走。因此，急于求成、一步到位是不可能的，应该分阶段、分步骤实施，积沙成塔，积小胜为大胜。

四是坚持把稳定保障范围作为基本方式。随着经济社会的发展，中等收入群体理应逐步扩大，相对贫困群体理应逐步缩小。但是，由于相对贫困是一个"比较"的概念，在相当长的一个时期内，无论经济社会如何发展，相对贫困的人群始终存在，并且随着社会财富的积累、国家保障能力的提升，相对贫困的判定标准也将进一步"水涨船高"。因此，相对贫困将在相当长的一个时期内保持相对稳定的数量，必要时需要适度扩大、稳中有增，甚至还可能将一些中等收入群体中"吊车尾"的群体阶段性纳入其中。

五是坚持把调动多元参与作为有力支撑。在绝对贫困背景下，政府承担起扶贫济困的几乎全部责任。在相对贫困背景下，贫困对象的救助需求呈现多样化和个性化，需要国家、社会、家庭和志愿组织等主体共同参与，形成"政府主导、多元参与"的机制。政府应当了解贫困家庭的不同需要，提供个性化服务，或与专业社会组织合作，采取个案帮扶方式为救助对象提供"对症"服务，从而帮助贫困群体表达并实现他们的利益和诉求。而其他社会力量，可以根据专业特长为相对贫困群体提供多元化服务。条件充分时，允许贫困群体选择服务者，从而克服过去被动接受政府安排的弊端。

三 探索建立解决超大城市相对贫困问题的制度机制

解决相对贫困问题,是一项长期的、复杂的系统工程,与解决绝对贫困问题相比,需要统筹协调的单位更多、需要纳入保障范围的群体更多、需要提供服务保障的项目更多。我们认为,应当重点从组织领导、工作运行、内生动力等方面,探索解决相对贫困问题的制度机制。

(一)建立健全高位统筹的组织领导机制

一是完善党委领导机制。中国共产党领导是中国特色社会主义最本质的特征,是中国特色社会主义制度的最大优势。我国从站起来、富起来到强起来的伟大实践充分证明,中国共产党带领全国人民持续向贫困宣战,解决了温饱问题、实现了全面小康,特别是党的十八大以来书写了世界减贫史上的中国奇迹,成为世界上减贫人口最多的国家。应对未来挑战,解决相对贫困问题,我们仍然要始终坚持党的全面领导,发挥党总揽全局、协调各方的作用,切实落实基层党组织责任,增强政治担当、责任担当和行动自觉,做好政策制定、目标确定、项目下达、资金投放、组织动员、检查指导等工作,借助互联网技术和信息化手段创新工作方法,着力推进把解决相对贫困的方针政策落到实处。

二是完善政府主导机制。实践证明,在解决相对贫困的各类力量中,政府部门应继续发挥主导作用,有序引导各类力量形成合力、发挥效力。重点是,完善相对贫困治理中的政府购买服务制度,拓展政府购买服务内容,改进政府购买服务绩效评价机制,加大财政对政府购买服务的支持力度。应建立相对贫困治理中的个案帮扶制度,针对贫困群体的不同需求,建立贫困人口台账制度,基于多维贫困指数识别贫困人口,提升精准识别度;发挥社区专干、楼门院长、专业社工作用,建立困难群众摸排机制;基于基本生活保障数据库,开发开放性的社会登记系统,对贫困实行预警;设立社区民生顾

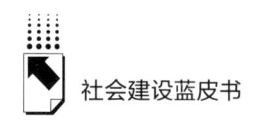

问岗位，做好资源匹配和转介服务。

三是健全多元参与机制。在相对贫困治理中，需要改变绝对贫困中政府单向主导的方式，建立贫困者及家庭、社会专业组织、志愿者等各方力量充分参与的贫困治理体系。完善"慈善+救助"的救助体系，完善慈善专项基金，实施精准有效的对接，对社会救助边缘群体实施相应救助。大力培育专业社会组织，拓展专业社会组织在相对贫困治理中的边界，在兜底保障中提供服务，为低收入家庭提供生计发展服务，让市场组织更好地发挥贫困预防作用。改进激励机制，引导企业在贫困治理中承担社会责任。

四是建立结果评价机制。鉴于相对贫困的复杂性，相对贫困治理的绩效评价机制需要化繁为简，建立基于结果导向的绩效评价机制，包括简化评价指标，增加结果评价指标权重；以人文主义为主导，赋予基层工作者更多自由裁量权和政策允许范围内的灵活处置权等，以此激发创新动力、挖掘工作潜力，更高质量达到预期目标。

（二）建立健全科学高效的工作运行机制

一是完善政策引领保障机制。完善社会救助地方立法，健全以最低生活保障为基础，医疗、教育、住房、就业、采暖等专项救助和临时救助相结合的社会救助制度体系。夯实兜底保障机制，将资格线与救助线分离，适度扩大低保覆盖面；基于家庭结构实施分类保障，让老弱病残群体更多地纳入低保；实施服务救助，满足赤贫家庭的服务需求；改革低保财政管理体制，推动市级财政承担更多支出责任。健全相对贫困人口就业促进制度，完善产业扶持手段，深化教育综合改革，提升相对贫困人口就业能力。创新多样化的政策保险保障方式，统筹城乡基本医疗和基本养老保险制度，防范贫困群体的人身、财产风险。

二是建立主动监测发现机制。建立长期监测机制，以收入水平为基准，以贫困成因为前提，根据各地的社会经济发展水平和生活水平，建立立体型、多维因素考量、具有地域差异性的相对贫困监测识别系统，依托大数据、人工智能、区块链等现代信息技术，精准监测和识别不同地区的相对贫困人口和家庭。整合社会救助对象、困境老人、困境儿童、残疾人等各类特殊群体以及相对贫困群体的数据库，完善覆盖全面、要素完备、信息联通的困难群众救助数据库，常态化开展分析比对、监测预警。延伸社会救助神经末梢，发挥社区（村）的职能，及时报送最新变化、更新相关数据，加强相对贫困人口数据和行业部门统计数据的衔接，实时动态跟踪监测相对贫困人口，主动发现救助对象，实施分层分类的精准救助。

三是建立物质服务双扶机制。对于相对贫困群众而言，除物质贫困外，还存在精神贫困、思想贫困、机会贫困、能力贫困等隐性多元贫困现象。提供资金或实物可以保障相对困难群众的基本生活，但无法解决根本性问题。应从关注生存权转变为关注发展权，在提供适当"物质"救助的基础上，综合考虑各类相对贫困群体的现实状况，健全"物质+服务"救助模式，引入社会工作专业力量，综合提供心理疏导、社会融入、能力培养等个案帮扶服务，更加充分地满足相对贫困群众的多元化需求。

四是健全基本公共服务均等保障机制。基本公共服务不均衡是相对贫困问题产生的重要因素，缩小城乡公共服务差距是相对贫困治理的重要途径。应该统筹城乡发展，补足农村基本公共服务短板，加大优质教育资源向农村和部分城区倾斜的力度，进一步均衡城乡社区医疗卫生保障条件，强化养老、育幼、助残等城乡公共基础设施均衡建设，以均等的基本公共服务为解决相对贫困问题提供更加有利的条件。

（三）建立健全实在管用的内生动力激发机制

一是完善生计发展机制。绝对贫困治理以保障基本生存为主，忽视家庭生计发展，再加上"福利捆绑"现象，容易形成福利依赖。相对贫困治理应树立积极的福利思想，加强相对贫困家庭的生计发展建设，综合采取注重人力资本开发，提高低收入群体持续自我发展能力；加强职业技能培训，提供持续性就业服务；完善健康保障体系，减轻家庭刚性支出负担等措施，持续提升相对贫困群体的自我发展能力，最终达到"助人自助"的目标。

二是筑牢贫困预防机制。绝对贫困治理以事后救助为主，忽视事前预防，难以从根源上防止贫困的发生。相对贫困人口扩展至中低收入人群，这些人群处于贫困边缘状态，抗风险能力弱，需要筑牢中低收入人群的贫困预防机制。可基于反贫困理念建立和完善选择性福利体系，夯实弱势群体的贫困预防机制。建立和完善以家庭为基础的社会支持体系，重视家庭资产建设，筑牢家庭贫困预防机制。提升贫困人群市场竞争能力，强化市场社会保护，缓解工作贫困。创新商业保险模式，发挥市场组织作用，提升市场竞争主体的贫困风险预防能力。

三是建立代际阻断机制。贫困的代际传递效应是多因素共同作用的结果，特别是资本因素、资源因素和文化因素在贫困的代际传递中起到决定性的作用。建立相对贫困代际传递的阻断机制，需要采取保障物资条件、均衡公共服务、提供教育培训等多种措施。应该针对贫困群体所处不同年龄段的特点，采取"父代救助、己代增收、子代教育"等减贫策略抑制贫困传递，减缓相对贫困的固化。对于丧失劳动能力或年纪较大的贫困群体，给予其"应保尽保"救济，使其老有所依，避免对子女形成过度负担。鼓励己代参与，就是通过政府提供的岗位、技术、资金等带贫资源的"乘数效应"，不断提高劳动参与的积极性与创收的自主性，抑制落入道德陷阱的逆向选择性行为。加强子代教育，就是通过财政补贴等系列政策吸引贫困家庭中的适龄青少年就学，降低贫困群体代际循环的可能性。

四是建立社会融合机制。绝对贫困治理将有限资源向贫困群体倾斜，虽然提升了贫困群体的保障水平，但是一定程度上强化了个体的贫困标签，容易造成社会隔离。相对贫困治理更应关注社会排斥问题，应在强化贫困群体保障的基础上，加强群体之间的社会融合。可以构建基于社区党建引领、邻里互助、志愿服务等的社会帮扶圈，改进服务方式，建立上门探访制度，开展丰富多彩的文体活动，让贫困群体融入社区生活。组织贫困群体开展志愿服务、开展力所能及的公益活动，树立贫困群体的责任观念。消除制度性障碍，促进机会平等，让贫困群体获得更多的社会流动机会。

参考文献

陈桂生、尚凯莉：《积极探索解决相对贫困的长效机制》，《学习时报》2020年4月1日。

郝聪聪、陈训波：《解决相对贫困长效机制的路径探析》，《现代农业科技》2020年第10期。

张赛群：《建立解决相对贫困的长效机制》，《光明日报》2019年11月15日。

章文光：《疫情下加快思考建立解决相对贫困的长效机制》，《光明日报》2020年3月11日。

B.9 公务员考试热背景下北京高校学生就业意愿的调查研究

赵丽琴 宋欣怡 赵雨晴*

摘　要： 自我国正式建立公务员招考制度以来，公务员考试逐年升温，高校学生成为参加公务员考试的主力军，由此引发的"考公热"现象成为社会热点话题。本研究通过问卷调查法和半结构式访谈法针对北京高校学生报考公务员的意愿与原因等展开调查，结果表明毕业后继续深造的人数比例最高，其次是考取公务员。公务员职业及其考试制度的优势是吸引高校学生的重要因素，而学生的择业价值观、从众心理、家庭影响以及社会就业环境的改变等也与公务员考试"热"具有相关性。"考公热"现象可能会对社会产生一系列影响。基于此，本文尝试从政府、学校、家庭和个人层面提出针对"考公热"现象合理降温的几点建议，以期引导高校学生理性选择多元化就业道路。

关键词： 公务员考试　高校学生　就业意愿

---

* 赵丽琴，北京工业大学文法学部社会工作系教授，研究方向为社会心理学、青少年社会工作；宋欣怡，北京工业大学文法学部社会学系2020级硕士研究生，研究方向为社会工作与社会建设；赵雨晴，北京工业大学文法学部社会工作系2020级硕士研究生，研究方向为青少年和学校社会工作。

一 问题的提出

自1994年中央以及国家公务员录用考试制度正式实施以来,每年报考公务员的人数不断上升,且竞争日趋激烈。人们普遍称公务员考试为高考和考研之后的"中国第三大热考",媒体也戏称公务员考试是"中国竞争最激烈的考试"。一些高考学生及其家长为了毕业时更容易通过公务员考试,在填报志愿时特意挑选在公务员考试中更占优势的专业,但可能并未深入思考该专业是否适合自己。

根据国内某教育机构的数据,在2021年国考中竞争最为激烈的职位竞争比达到3334∶1,而竞争最激烈的部门达到1542∶1。从该机构近几年国考招考统计数据和国家公务员局的统计数据（见表1）可以看出,2019年至2021年国考报考人数持续增长,2021年与2020年相比,报考人数和参考人数显著增加,但招录人数也在增加,所以竞争比（参考人数/招录人数）并没有明显改变。值得注意的是,2021年的弃考比例达到2016年以来的最高值,弃考人数增至55.9万。那么,弃考人数的增多是否意味着部分考生并非真正想要考取公务员,而是盲从"考公热潮"才报名参加公务员考试?究竟因何导致每年公务员考试的热度居高不下?高校毕业生为何对考取公务员趋之若鹜,甚至出现"不考上不罢休"的想法?尤其是新冠肺炎疫情发生以来,公务员考试报考人数和实际参加考试的人数不断上升,新冠肺炎疫情是否会影响更多高校毕业生的就业选择,是否会影响高校学生报考公务员的这一行为?

表1 近8年国考招考统计数据

年份	招考职位（个）	招录人数（人）	过审人数（万人）	实际参加考试人数（万人）	平均竞争比	弃考人数（万人）	弃考比例（%）
2021	13172	25726	157.6	101.7	39∶1	55.9	35.00
2020	13849	24128	143.7	96.5	40∶1	47.2	32.80
2019	9657	14537	137.93	92	63∶1	46	33.35
2018	16144	28533	165.97	113.4	40∶1	52	31.33

续表

年份	招考职位（个）	招录人数（人）	过审人数（万人）	实际参加考试人数(万人)	平均竞争比	弃考人数（万人）	弃考比例（%）
2017	15589	27061	148.6	98.4	36∶1	50	33.64
2016	15659	27817	139.46	93	33∶1	46	32.98
2015	13474	22248	129	105	47∶1	50	38.76
2014	11729	19738	152	111.95	57∶1	40	26.32

资料来源：中公教育网－国家公务员，https：//www.offcn.com/gjgwy/2020/1015/69391.html，经整理后所得。

因此，本研究通过问卷调查法与访谈法，旨在了解北京高校学生（包括研究生）经过新冠肺炎疫情之后的就业观念，尝试探讨北京市高校学生选择公务员考试以及"考公热"现象背后的原因，并提出一些有利于"考公热"合理降温的建议。

二 研究方法

（一）调查对象

本次调查选取北京高校的本科生、研究生作为调查对象，共发放问卷540份，收回有效问卷523份，有效率为96.85%。本研究首先通过问卷调查的方式对疫情发生后北京高校学生的就业观念进行调查，从性别、年级、家庭所在地、是否为独生子女以及所属专业大类等几个方面了解调查对象的基本情况（见表2）。

表2 调查对象的基本情况

单位：人，%

变量	选项	人数	占总人数的百分比
性别	男	246	47.0
	女	277	53.0

续表

变量	选项	人数	占总人数的百分比
年级	本科生	436	83.4
	研究生	87	16.6
家庭所在地	大城市	129	24.7
	小城市	169	32.3
	小城镇	130	24.9
	农村	95	18.2
是否为独生子女	是	317	60.6
	否	206	39.4
所属专业大类	理科类	84	16.1
	工科类	142	27.2
	文科类	140	26.8
	医科类	62	11.9
	艺术体育类	45	8.6
	其他	50	9.6

（二）调查方法

1. 问卷调查法

本研究采用的是自编问卷，问卷包含两方面内容，一是调查对象的基本信息和就业观念，以了解不同性别、年级、家庭所在地等的北京高校学生就业观念的现状；二是调查对象参加公务员考试的意愿以及对"考公热"现象的看法。

2. 半结构式访谈法

本研究选取了北京高校不同年级的学生作为访谈对象，并采取半结构式访谈法进行访谈，了解其个人基本情况和选择考公的原因，以深入探析北京市高校学生"考公热"背后的影响因素。本次访谈对象共7人，其中本科生4人、硕士研究生3人（见表3）。

表3 访谈对象基本情况

类目	性别	年龄	年级	是否为独生子女
个案1	女	23岁	硕士二年级	否
个案2	男	21岁	本科四年级	否
个案3	女	22岁	硕士一年级	是
个案4	女	22岁	硕士一年级	否
个案5	男	20岁	本科三年级	否
个案6	女	21岁	本科三年级	是
个案7	女	22岁	本科四年级	是

三 研究结果

（一）问卷调查结果

1. 学生的就业准备有待加强

通过调查北京高校学生关于当前就业形势的了解情况发现，被调查人群中有近一半的学生对就业形势不是十分了解，大多是从别人那里获得一些信息，主动获取信息的比例不足1/3，可以看出学生对就业的准备工作还有待加强。结果如表4所示。

表4 北京高校学生对就业形势的了解情况

单位：人，%

类目	人数	百分比
很了解，平时比较关注	151	28.9
一般，平时都是听别人说的，不太主动关注	245	46.8
不了解，和自己关系不大	127	24.3

从表4可以看出，被调查的北京高校学生中平时有意识关注就业形势的学生不足被调查总人数的1/3，占比仅为28.9%；对就业形势了解一般，主要通过他人介绍或网络资料进行了解，不太主动关注的学生占总人数的

46.8%；对就业形势不了解，认为和自己关系不大的学生占总人数的24.3%。以上数据一方面说明大部分北京高校学生对当前的就业形势有所了解，但其中更多是以被动的方式加以关注；另一方面有可能与很多学生选择考研有关。近年来高校学生毕业后选择考研的人数比例很高，有的班级在2/3以上，有的至少半数以上，因此学生对就业信息的关注程度不是很高。对于那些同时做考研与就业两手准备的学生来说，需要引导和鼓励学生结合自身实际状况，主动了解并选择适合自身的职业类型，而非"道听途说"、从众或者听从父母的"劝告"，轻易选择某种职业。

2. 高校学生择业价值观呈现多元化的理性特点

对学生择业价值观的调查发现，北京高校学生选择职业时首先考虑的因素如表5所示。

表5 北京高校学生选择职业的首要因素

单位：人，%

类目	人数	百分比
工作稳定性	83	15.9
专业对口	66	12.6
国家战略需求	84	16.1
自我兴趣	101	19.3
薪酬高低	54	10.3
工作环境	68	13.0
个人发展空间	65	12.4
其他	2	0.4

从表5可以看出，在选择职业时北京学生首先考虑的因素按比例高低依次为自我兴趣、国家战略需求和工作稳定性，分别占总人数的19.3%、16.1%和15.9%，在一定程度上说明北京高校学生在进行职业选择时会优先考虑个人兴趣，也看重国家发展战略需求以及职业的稳定性。工作环境、专业对口、薪酬高低也是学生会考虑的因素，但薪酬高低并非调查对象中选择比例最高的。可以看出，学生的择业价值观呈现多元化特点，同时也是比

较理性的。

但在经过新冠肺炎疫情之后,被调查的北京高校学生在选择职业的首要因素方面有所改变。结果见表6。

表6 疫情后北京高校学生选择职业的首要因素

单位:人,%

类目	人数	百分比
工作稳定性	213	40.7
专业对口	55	10.5
国家战略需求	41	7.8
自我兴趣	81	15.5
薪酬高低	60	11.5
工作环境	54	10.3
个人发展空间	19	3.6
其他	0	0.0

从表5与表6的数据对比可以看出,新冠肺炎疫情发生后高校学生择业因素中"工作稳定性"的选择人数最多,约占总人数的40.7%;其次是自我兴趣、薪酬高低和专业对口。考虑"工作稳定性"这一因素的人数增幅较大,而选择自我兴趣的人数有所降低。刘成斌等的研究表明,新冠肺炎疫情背景下,大学生就业观念呈现向体制内卷的现状,出于规避风险的目的,更倾向于关注较稳定的职业。[①]

3. 继续深造与考取公务员成为学生的主要选择

对学生毕业后就业去向的调查如表7所示。我们可以看出,被调查学生中,毕业后计划继续在国内深造(考硕、考博)的人数最多,占总人数的53.0%,其次就是选择考公务员的学生,占总人数的26.4%。有12.4%的学生选择进入企业就业。由此可见,在国内继续深造与参加公务员考试是大部分北京高校学生毕业后发展规划的优先选择。

---

① 刘成斌、张晏郡:《向体制内卷:疫情风险对大学生就业价值观的影响》,《江汉学术》2021年第4期。

表7　北京高校学生毕业后的就业打算

单位：人，%

类目	人数	百分比
进入企业就业	65	12.4
考事业编制	31	5.9
考公务员	138	26.4
国内继续深造（考硕、考博）	277	53.0
出国留学	2	0.4
自主创业	2	0.4
没想好	8	1.5

4. 工作稳定等是学生选择公务员的重要原因

对北京高校学生做出考公务员选择时最看重因素的调查结果如表8所示。

表8　北京高校学生选择考公务员的影响因素

单位：人，%

类目	人数	百分比
社会地位较高	88	16.8
竞争激烈别无选择	124	23.7
工作稳定	132	25.2
工资、福利待遇较好	80	15.3
从众心理	47	9.0

从表8可以看出，被调查学生在选择考公务员时最看重的因素是公务员的工作稳定，占总数的25.2%；有23.7%的被调查学生是因为目前就业竞争太过激烈，实在找不到其他理想工作。这一结果与前面提到的北京高校学生在疫情发生后更倾向于选择较稳定的工作来规避风险的调查结果一致。此外，社会地位、工资和福利待遇也是影响学生选择考公务员的重要因素。

5. 性别、生源地等在公务员的选择上没有显著差异

表9是不同性别、学历、生源地、独生子女与否、所学专业这几类变量在选择是否考公务员方面的人数及所占比例，从表9可以看出，被调查的北

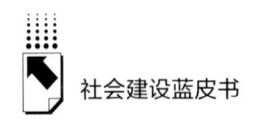

京高校学生考公务员的比例在性别、学历、生源地、独生子女与否、所学专业方面没有太大差异。

表9 不同变量选择公务员考试与否的人数及百分比

单位：人，%

变量	水平	考公务员人数	占对应水平的百分比	不考公务员人数	占对应水平的百分比
性别	男	61	24.8	185	75.2
	女	77	27.8	200	72.2
学历	本科生	116	26.6	320	73.4
	研究生	22	25.3	65	74.7
生源地	大城市	33	25.2	98	74.8
	小城市	41	24.3	128	75.7
	小城镇	41	31.5	89	68.5
	农村	23	24.2	72	75.8
独生子女	是	88	27.8	229	72.2
	否	50	24.3	156	75.7
专业	理科类	18	21.4	66	78.6
	工科类	38	26.8	104	73.2
	文科类	40	28.6	100	71.4
	医科类	14	22.6	48	77.4
	艺术体育类	28	29.5	67	70.5

对不同性别、生源地、是否为独生子女、学历以及所学专业这5个因素是否影响高校学生考公务员的意愿进行卡方检验，结果见表10。

表10 相关影响因素的卡方检验

相关因素	统计检验	
性别	$X^2 = 0.604$	$Sig = 0.437$
生源地	$X^2 = 2.444$	$Sig = 0.485$
是否为独生子女	$X^2 = 0.782$	$Sig = 0.376$
学历	$X^2 = 2.601$	$Sig = 0.627$
专业	$X^2 = 2.361$	$Sig = 0.797$

卡方检验结果表明，本次调查中不同性别、生源地、是否为独生子女、学历以及所学专业5个因素在北京高校学生考公务员意愿方面差异不显著（Sig = p > 0.05），即这5个因素对北京高校学生是否选择报考公务员的影响不显著。

（二）访谈情况及结果

问卷调查发现，大学毕业后继续深造是北京高校学生的首要选择，其次就是"考公务员"。近年来很多用人单位对学历的要求提高，同时就业压力加剧，考研成为很多毕业生的首选。与此同时，公务员考试也越来越受到学生的追捧，为何会出现这种现象呢？基于此，本研究选取7名有意向参加公务员考试的北京高校学生作为访谈对象进行半结构式访谈，以深入探析北京高校学生"考公务员"的主要动因。

根据7名受访者的表述，高校学生毕业后选择参加公务员考试的主要影响因素归纳如下。

1. 公务员职业的吸引力

公务员工作较稳定是吸引学生报考的重要因素。新冠肺炎疫情对许多行业都造成了严重影响，有些工作单位员工的工资无法足额发放，而一些原本受欢迎的民营企业受疫情影响也出现波动，公务员工作稳定性的优势更加被凸显。

> 国内的疫情控制比较稳定，但是也不能保证不会再发生，如果真的反扑，就会继续出现全封闭的状态，在这种不确定性很高的状况下，在就业方面不会选择非常冒险（被辞退）的岗位了。（个案2）

> 大家都在谋求一个生活保障，疫情之前可以去私企或者非营利机构，受疫情的影响，他们可能就会被迫失去工作，风险很高。但是体制内工作会更加有保障。（个案5）

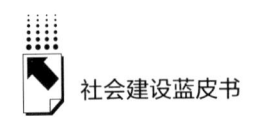

此外，公务员职业的福利待遇和社会地位受到人们的认可。当前，公务员职业已经成为大众眼中的"金饭碗"，人们对公务员职业普遍持认可态度。不少人认为公务员职业待遇不错，除了基本工资外，还包括津贴、奖金、补贴补助等，而且退休后待遇也有保障。

> 公务员"旱涝保收"，就像前段时间发生疫情，身边很多人都不是编制内的，要么就是被迫下岗，要么就是工资水平降低，但是公务员岗位工资和福利基本不变，疫情之后正常复工了。（个案4）
>
> 普通企业最多就是五险一金，但是公务员不仅有五险一金，还有基本工资、津贴和各种补贴奖金，享受住房、医疗补助等。尤其是对于女生，公务员岗位能够提供婚假、产假、年假等保障，也不用担心被辞退，有更多的职场安全感。（个案6）

2. 相对公平公正的准入制度

一般情况下，公务员招录中报考人员通过基本的资格审查后，即可参加笔试和面试考核，这种"逢入必考"的制度在一定程度上保证了人员选拔的公开透明。

> 比如我身为一个女生，像那种企业类型的工作，就会考虑我"会不会生孩子""在哪里定居""多久结婚"等问题，这非常影响我被录取的概率，但是如果进入编制内，我的待遇就能得到保障。（个案1）
>
> 我虽然读了大学，但是专业技术没怎么学好，本身专业技能素养基本没有，所以我就不选择考研或者找专业对口工作了。公务员以考试的形式进行考核，但是考试内容都是新的，对于所有人而言基本就是全新的学习内容，基本上不存在专业技术的要求。（个案5）
>
> 公务员和高考一样，比较公平、公正、公开。普通学校的本科学生，有无工作经验都可以报考，进入笔试环节。选择公务员考试，可以改变那些没有辉煌简历、学校一般、遭受职场性别歧视的人首轮被刷的

命运。大家可以站在一个较为公平的起点,进行笔试和面试。但毕竟是"千军万马过独木桥",能在公务员考试中上岸的,一定是集运气实力于一身的佼佼者。(个案7)

3. 应届生的身份优势

很多公务员岗位要求只有应届毕业生才具备报考资格,尤其是身处北京市,本科或研究生应届毕业生的身份为高校学生带来一些特殊的竞争优势。

  有些岗位只允许应届生报名,这样竞争就会减少,也意味着可选择岗位更多。另外,像我是外地户籍学生在北京读书,也只有应届生身份可以报考这里的公务员考试。(个案3)

4. 考研失败的补偿选择

高校毕业生在考研失败后,可能会选择改变发展方向,公务员考试则成为一些首选继续深造的毕业生们的替补选择。

  我本来的计划是考研,如果能进入理想院校,接下来我会留在那个城市,其间去我理想的企业实习。但是后来考研失败了,我整个人都非常沮丧,对考研有一种恐慌和抵触,想换个氛围学习,正好考公是个契机。(个案2)

5. 无所适从的从众心理

当身边的朋友或同学忙于准备公务员考试时,一部分学生并不清楚自己究竟想做什么,对自我缺乏明确的规划,也没有更多的职业探索,出于从众心理也选择加入公务员的考试行列。

  我不是一开始就想着考公务员的,身边同学说想准备考公务员,家里人也说公务员福利待遇好,稳定有保障,正好我也不是特别清楚我毕

业后想做什么,就打算也考考公务员,一方面想以这个借口避免面对找工作的压力,另一方面万一考上了呢?(个案6)

6. 实现自我价值的需求

有些学生基于对个人兴趣与性格特点的认识,以及对公务员职业的了解,认为成为公务员是实现自身价值和更好地服务社会的重要途径。

结合自己的兴趣爱好和性格特点,将自己的职业目标确定为公务员。作为国家公职人员,履行国家行政职能,是人民的公仆,在全心全意为人民服务中体现个人价值。再者,准备公务员考试的经历本身就是一笔财富。公务员考试的考查内容和题型已被广泛应用于各类选拔性考试中,准备公务员考试就是在积累知识和经验。(个案7)

7. 疫情影响造成的选择受限

在新冠肺炎疫情的影响下,高校学生毕业后可供选择的发展路径受到一定程度的影响,那些原本考虑出国深造或者有创业打算等其他发展路径的学生,也纷纷转变规划方向,投入公务员考试当中。

本来大家可以出国、找工作、考研和考公,但是这个疫情出现了,很多人没办法出国,就业压力也很大,毕竟好多岗位都裁员,那就全堆在考研和考公两条路上了。(个案2)

8. 家庭影响下的抉择

一些学生的父母会根据个人阅历、经验和想法,在日常生活中潜移默化地影响子女的职业选择,甚至直接为孩子的发展方向做出决定。

可能从小受父母的影响,说女孩子以后要不然就考公,或者考事业编,在编制内的话工作相对稳定,相当于大家说的是个"铁饭碗",所

以可能觉得压力没这么大。(个案1)

父母认为成为国家公务员，在政府机关工作，就是捧上了"铁饭碗"。子女能争取到一份较为稳定的工作和较完善的福利保障，他们也就满足了。除了家长鼓动报名参加国考，毕业季里不少高校也会动员学生报考公务员服务基层。(个案7)

四 分析与讨论

(一)"考公热"的原因分析

根据问卷调查和访谈结果，可以看出参加公务员考试是被调查的北京高校学生毕业后除继续深造之外的第二个热门选择，并且大部分学生对于公务员考试比较了解，对越来越多的学生报考公务员的社会现象所带来的影响也有一定的认识。那么，究竟是什么原因导致高校学生做出这种选择呢？

1. 公务员职业与选拔方式的优势

公务员职业在人们心目中具有众多的优越性。一方面，与其他职业相比，公务员相对而言比较稳定，竞争压力较小。虽然近些年人们开始意识到公务员职业并不像预期的那样轻松和稳定，但是相较于部分企业来说，公务员还是比较理想的职业选择之一。特别是在后疫情时期，毕业生在就业时会考虑到企业的经济状况和裁员制度。进入一些企业就业往往会面临激烈的人才竞争，意味着大量精力、时间的投入，却随时面临竞争失败而被淘汰的风险，但公务员职业较为稳定。另一方面，公务员职业的社会地位与社会威望较高，工资待遇、社会福利和保障方面都较为稳定，这是公务员职业吸引高校学生的突出优势。以上两点不仅能够满足高校学生在就业时的物质需求，也能够满足高校学生的心理需求。公务员职业的本质是在政府中为人民服务，对于怀揣热切理想且渴望为国为民做出奉献的高校学生来说，成为公务员能够满足他们对荣誉感、满足感的内心需要。

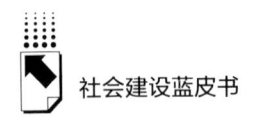

此外，公务员的选拔方式公开透明，是一种比较公平的人才选拔方式，为学生提供了平等的竞争机会。除了一些特殊职位外，公务员的招考职位没有外表、身高、性别、婚姻、院校等因素的限制，同时吸引应届毕业生积极报考，加大省级党政机关对具有基层经验人员的录用力度等措施都是为了促进更加公平的竞争，对报考者具有吸引力。

2. 学生就业心态的影响

首先，"考公热"现象与高校学生的价值观有密切关系。20世纪90年代，人们追求外企提供的更快实现个人价值的机会和高薪待遇，但现在很多高校学生选择职业时更看重职业的稳定性，所以会倾向于选择公务员职业。此外，越来越多的高校学生看到了创业、企业就业过程中存在的各种困难和风险，对比之下，主观地认为只要跨过公务员考试的门槛，就可以一次性解决终身的就业问题，这样的心理也是部分高校学生报考公务员的原因之一。高校学生对公务员职业看法的转变也是"考公热"现象形成的原因之一。曾经学生们更愿意进入企业中工作来创造财富，但现在学生们认为考上公务员是一件"有面子"且能够实现自我价值的事情，所以大量高校学生选择报考公务员。

其次，公务员考试热现象与学生的从众心理也有关系。被调查的部分北京高校学生因为身边的同学选择报考公务员而做出了同样的选择，比如个案6并不准备报考公务员，但是越来越多的同学选择报考公务员，而自己也没有明确的毕业打算，于是就选择参加公务员考试。除了从众心理之外，高校学生的逃避心理也可能使得他们选择报考公务员，"我不太会面试、不太想就业""现在直接就业太难了，不如再读两年书或者进入体制内工作"，存在类似想法的高校学生为了逃避当前严峻的就业形势而选择报考公务员。

最后，根据问卷调查与访谈结果，可以看出部分北京高校学生将公务员考试作为考研失败的补偿选择。他们往往按照考研、报考公务员、去企业中就业的顺序排列未来发展选择，一般会先着手准备考研，考研失利但又不想去竞争激烈的企业应聘时，就更倾向于选择参加公务员考考试。

3. 学生家庭的影响

高校学生选择报考公务员，还会受父母的影响。在访谈中，几个个案都提到父母的意见是他们选择参加公务员考试的主要原因之一。很多高校学生选择考公务员并非出于自己的真实意愿，而是父母认为公务员职业与其他职业选择相比具有一定的优越性，所以会要求子女参加公务员考试。

4. 就业环境的改变

一方面，新冠肺炎疫情对高校学生的就业环境产生了一定影响，进而让"考公热"现象继续升温。后疫情时期，一些企业因为疫情效益下降，员工收入受损；还有些企业经营管理不善，员工收入不太稳定，效益下降，这都增加了学生对于到企业就业的顾虑和不安全感。由于疫情的影响，一部分本来准备出国深造的学生只能留在国内继续深造或者就业，他们中的大多数人也并不想一毕业就进入竞争激烈的就业市场，所以选择继续在国内深造或者尝试报考公务员。

另一方面，目前国内的就业环境有所改变。尤其是对于首都北京这样的大都市，生活工作节奏快，竞争比较激烈，很多单位加班加点已是"家常便饭"，很多年轻员工抱怨工作累，付出与回报不成正比，甚至产生职业倦怠。部分企业内部激烈的竞争氛围使得高校学生不仅缺少职位晋升和向上流动的机会，而且面临淘汰的风险。在这种严峻的就业形势面前，高校学生更青睐公务员这一职业。

（二）"考公热"带来的社会影响

公务员考试制度的公平公正体现了社会的进步与发展，在一定程度上能够缓解学生的就业压力。但是，"考公热"也折射出一系列社会问题，并可能产生一些负面影响。

首先，"考公热"现象造成部分相关培训机构疯狂逐利，对于功利主义有推波助澜的作用，也可能会对学生的就业价值观产生负面影响。公务员报考人数居高不下,高校学生考公务员的意愿强烈,这带动了"考公经济"的发展,各种公务员考试辅导机构层出不穷,其中一系列短期速成班、定制班虽然帮助一些考生成功考取公务员,但是这种辅导机构的教师并没有真实的公务员工作经历,培训出来的学生仅仅掌握了应试技巧,却缺少公务员工作所需的综合素质和能力。"考上公务员才是成功的""考上公务员才是精英"这种"精英理念"宣传也让高校学生对"成功"产生了误解和非理性追求,容易使未考上公务员的学生出现焦虑情绪和自我否定心理。

其次,"考公热"现象凸显出高校在指导学生就业工作中的不足。尽管现在很多高校对学生的就业工作给予足够的重视,但是许多研究结果显示高校对于学生就业观和职业规划的引导并不充分[1],很多学生对未来的就业方向和职业生涯规划模糊不清,对就业形势知之甚少,实习经历匮乏,所以高校在引导学生做好职业发展规划方面需要做更多细致深入的工作。

再次,"考公热"现象造成了一定程度的人才浪费。正如全国人大代表、中纪委原副书记刘锡荣在浙江团小组审议会上的谈话,"现在为什么考公务员这么热?博士、硕士,学外语、学化学的,都在机关里做些收收发发的工作。600万大学生都去考公务员,都吃财政,不创造生产力,这意味着社会的倒退"。[2] 北京高校云集,作为中国的文化中心、科技创新中心,拥有得天独厚的教育资源,在社会转型期的大背景下,理应在科技革命、产业变革等方面培养更多具有创造力的高科技人才,引导学生将职业选择聚焦在地方实体经济、民生、科技创新等领域,而不仅仅是将目光停留在公务员职业。

最后,"考公热"现象导致了人才就业市场调控机制的失灵。人才市场以供求关系为基础,企业为学生提供了就业岗位,但是大量的高校学生

---

[1] 南丽军、王玉华:《大学生"考公务员热"透视出高校"应业"教育的缺失》,《思想政治教育研究》2007年第6期。

[2] 刘锡荣:《大学生都考公务员是社会倒退》,http://news.sina.com.cn/c/2009-03-11/030117379796.shtml,2009年3月11日。

以"考上公务员"为就业成功的标准,导致企业的工资和福利在高校学生招聘中的调节作用降低。即使企业提供较为可观的工资和福利,但高校学生仍可能出于工作稳定等原因选择公务员职业,长此以往企业就会因缺少人才而难以继续发展,并且这种发展乏力也会影响中国经济的长期稳定和增长。

综上所述,"考公热"现象背后的问题及其产生的一系列负面影响,需要引起国家及各级政府主管部门的重视,需要政府、社会、学校和家庭等积极探索引导"考公热"合理降温的方法,为高校学生就业提供更健康的市场以及社会环境。

五 "考公热"适当降温的几点建议

目前,"考公热"现象在全国都很普遍,而北京作为高校云集的大都市,中国的政治中心和文化中心,在引领社会各方面健康发展中需要起到表率作用。因此,深入探寻"考公热"背后的深层原因,采取多种举措引导高校毕业生理性选择多元化的就业道路,需要各级政府主管部门、学校、家庭与学生本人的思考和关注。

(一)政府层面

1. 发挥政府部门的统筹协调作用,加大对学生的就业支持力度

政府作为"看得见的手",在高校学生就业当中扮演着主导角色。在合理引导学生理性就业中,政府主管部门必须充分发挥调控作用,拓宽毕业生就业渠道,切实保障后疫情阶段高校毕业生的平稳就业。首先,支持高校毕业生依托各类平台在服务预订、技术开发等生产性、生活性服务业灵活就业,以积极适应新就业形势和高校毕业生的多元化就业需求[①]。其次,鼓励

[①] 《北京市人力资源和社会保障局 北京市教育委员会 北京市财政局印发〈关于应对新冠肺炎疫情影响促进高校毕业生就业工作的若干措施〉的通知》,《北京市人民政府公报》2020年第21期。

各类企业和事业单位开发更多适合高校毕业生的就业岗位，合理扩大招聘规模以及见习规模，并给予一定的社会保险补贴、以工代训补贴和就业见习补贴等，缓解毕业生就业压力。最后，基层治理是国家治理的基石，基层治理直接影响国家治理现代化水平，所以充分发挥高校人才在助推基层治理和城乡社区治理体系建设当中的作用也是重要手段之一。政府需要积极倡导扩大基层就业规模，鼓励城乡社区基层公共管理和社会服务岗位优先面向高校毕业生招聘，并加强对毕业生的培养，优先安排在能够发挥其专长的岗位中①。

除此以外，政府主管部门应当扩大对高校毕业生在就业方面的经济支持力度。一方面，持续推动高校学生创新创业，进一步落实工商登记、税费减免等措施，并对毕业两年内未就业的高校毕业生等群体提供个人创业担保贷款，在原则上取消反担保等，以支持学生的职业理想，理性分流参与公务员考试的人员数量；另一方面，为就业困难的学生提供一定程度的经济保障支撑，包括适当增加灵活就业社会保险补贴、毕业生求职创业补贴②等，并通过设立助困基金等形式，向家庭经济困难毕业生发放求职补贴，帮助毕业生实现就业，以减轻学生在求职过程中的生活压力和心理负担。

2. 完善公务员选拔管理制度，引导学生理性认知

公务员职业及福利待遇的稳定性因素使其成为社会上认可度较高的职业之一，但事实上人们对公务员职业的看法存在光环效应，即放大该职业的优势，并因为某些优势而忽略其是否真正适合自己。公务员的选拔和录用，需要着眼于吸纳那些有志于服务社会、推动国家发展的优秀公共管理人才，提高各级政府部门的管理效率，而不只是选拔具有处理一般性事务能力的人才。因此，政府部门需要在公务员选拔制度方面进一步加以完善，深入考察应聘学生的综合素质，同时也需要建立严格的绩效考核机制和科学的竞争淘汰机

---

① 范晓婷、张梦琦：《新政策推动毕业生稳就业》，http://www.jyb.cn/rmtzgjyb/202007/t20200722_347023.html，2020年7月22日。
② 《2021届毕业生求职创业可申请补贴》，《北京日报》2020年9月22日，http://www.beijing.gov.cn/fuwu/bmfw/shbz/ggts/202009/t20200922_2075496.html。

制,并强化监督问责机制,以促进公务员队伍合理流动。另外,政府部门及其下属机关单位可与学校建立合作机制,为具有从事公务员职业意愿的学生提供进入相关岗位实习的机会。通过实习实践,帮助学生了解并实际参与到相关部门的日常行政事务处理工作中,体验公务员的日常工作内容、工作状态以及办公环境。如此一来,不仅可以为公务员岗位储备力量,也可以引导高校学生形成对公务员职业的理性认知。

(二)学校层面

1. 提供切实有效的就业指导与服务,引导学生探索适合自己的职业方向

高校应当切实加强对学生的就业指导服务,除了开设职业生涯辅导课程外,各个院系学生主管部门和教学单位应从学生入学起引导学生进行目标规划,通过院系辅导员、班主任、任课教师、本科生导师等,帮助学生学会更加理性客观地认识自我,结合个人实际情况进行发展规划,通过让学生"走出去"以及将各行业专家"引进来"等各种途径增加学生对职业的认知,以探索更适合自己的职业发展方向。此外,针对不同年级学生的职业生涯辅导可以有所侧重,对低年级学生可以侧重加强自我认知,强化职业生涯发展规划意识;对于高年级学生可以进一步增加就业指导与创业教育等课程,系统培训其就业技巧,提升就业能力。

2. 加强实习实践实训课程建设,帮助学生提升就业能力

高校可以采取各种举措提升学生的实践能力,如加强学生实习基地的建设,为学生提供真正学以致用的实践场所,加强对实习工作的有效督导,提升实习成效;加强课外实训项目建设,提升学生的综合素质;拓宽实践渠道,鼓励学生积极利用寒暑假参加各类社会实践和实习工作,在实际工作中发现兴趣和特长,并弥补自身的不足。

(三)家庭层面

家庭是学生的重要支持系统,一些父母在子女职业选择方面提供参考建议和帮助无可厚非,但家长盲目要求子女选择公务员职业或给子女施加压力的做

法并不可取。作为家长，有必要合理引导和帮助子女探寻适合自身性格、兴趣和能力的职业道路。家长需要意识到并非每个孩子都适合从事公务员职业，孩子选择适合自己的职业才更可能有所作为，从工作中获得乐趣和成就感。作为父母，可以基于长期的观察和了解，将自己对于子女的性格、能力等方面的优势和不足加以反馈，帮助子女更加全面客观地进行自我认知。家庭成员也可以将自己所熟悉的职业类型、工作性质和特点等与孩子进行交流，帮助他们建立关于自己所熟悉的职业类型的认知。家长需要给予子女更多的自主选择空间，倾听其内心真实的职业选择想法，支持子女的职业决定。此外，父母也要避免将工作中的负面情绪和看法过多地带入家庭，让子女形成片面的职业印象。

（四）学生层面

1. 知己知彼，理性选择

高校学生在确立职业目标的过程中，一方面需要对自我有比较全面深入的认识和评价，充分了解自己的性格、兴趣、需求、能力以及价值观等，既可以通过自我反思来认识自己，也可以通过向朋友、老师以及家长等了解他人眼中的自己，并可尝试借助各种正规的心理测试量表来对自己进行分析，如常用的"霍兰德职业兴趣量表""MBTI职业性格测试"，分析个人职业兴趣和能力专长等特质，以形成比较全面的自我评估。另一方面，学生也需要将目光转移到外在的工作环境，尝试分析当前的就业形势以及各行业的现状与发展前景，了解不同职业所需具备的各种要求和工作内容等，将自我认知与职业认知加以匹配，再制定可行的发展目标并采取必要的行动，从而更好地发挥潜能。尤其是对于那些准备参加公务员考试的学生而言，需要全面考察个人特质与公务员职位间的契合度，而非盲目从众，这样才能为之后的职业发展奠定基础。

2. 学有所长，提升竞争实力

未来社会的发展对人才素质会提出更高的要求。作为高校学生，在打好专业知识基础的同时，需要不断提升个人的综合素质，增强个人的就业竞争能力。无论是专业知识还是通识教育，每个学生都需要对自己的学业做出合理规划。结合专业特点和个人兴趣，学有所长，培养自己在某一领域的突出优势，避免因公务员考核专业限制性较小的特点，将其视为职业规划中的"退路"。此外，学生需要有意识地锻炼并提升自身的就业能力，包括语言表达能力、人际交往能力、团队合作能力以及领导能力等方面，为求职和就业做好基本素养的准备工作。

B.10
北京市社会保障制度建设评析

杨桂宏　杨昊*

摘　要： 2021年是"十四五"时期的开局之年，也是全面建成小康社会后巩固脱贫攻坚成果的关键之年。社会保障是民生与脱贫的关键领域，北京市社会保障的现实水平，是维护社会公平、体现首都社会制度文明的重要指标。本文使用2015～2020年全国及各省份统计年鉴中的数据，从社会保险的覆盖率、社会救助的实际支出、社会福利覆盖人群等社会保障实施状况方面，考察与评估北京市社会保障制度的建设成果。研究发现，北京市社会养老保险的覆盖率高，基金运转和可持续性相对较好；城市与农村区域社会救助水平较高，但制度标准需要进一步调整；社会福利与发展系数稳步提高，在碎片化社会保障制度整合过程中体现了逐步追求制度公平性的过程。在社会保障制度建设的新时期，北京市需要加强底层社会安全网建设，平衡公平与效率的关系，健全多层次社会保障体系。

关键词： 北京　社会保障　社会救助　制度评析

2021年是"十四五"时期的开局之年，北京作为首都，社会保障发展与建设成效作为其社会建设与民生建设的重要指标，直接反映了首都经济社

---

* 杨桂宏，北京市社会管理研究基地研究人员，北京工业大学文法学部教授，硕士生导师；杨昊，北京工业大学硕士研究生。

会均衡发展成效。北京市从20世纪80年代开始进行社会保障制度的改革，90年代中后期以来，社会保险制度改革由综合保险变为分项保险，由单位保障转为社会统筹，保障对象也由过去只面向公有制经济部门职工，转为面向城镇各种经济类型的从业人员以及城乡居民。这种新型的社会保障制度，尤其是社会保险制度的整体框架解决了不同性质单位间社会负担不均衡问题，为企业创造公平的市场竞争环境，对于推进国有企业改革和促进其他所有制经济发展、促进劳动力流动、保障职工权益、维护社会稳定等都发挥了积极作用。但是由于社会保障制度的改革与建设并不是作为一项独立的社会制度确立起来的，因此改革的过程必然会出现一系列的问题和挑战。宏观上在国家加强社会保障制度顶层设计的基础上，北京市社会保障制度的改革要根据北京经济社会发展的现实，以及京津冀一体化的未来预期，秉持社会公正理念，完善制度体系，扩大制度覆盖面，逐步提高保障水平，增进制度的保障功能。

北京市作为首都，尽管有着和全国一样的社会保障制度建设历程，但在全国社会保障发展和推进过程中，其处于什么样的位置？怎么评析其社会保障制度建设？本文试图将北京市与全国和其他区域比较有代表性的省份进行比较，以期能够对其社会保障制度建设作出客观公正的评析。

一　北京市社会保障发展现状

北京市社会保障制度经历了碎片化的制度转型、不同群体与区域的社会保障制度整合过程，目前从制度规范层面来讲，已经形成了不同群体和不同区域一体化的社会保障制度。但是，从制度规范到制度实施仍然有着方方面面的问题和阻力。因此，如何评析北京社会保障制度建设，还必须从社会保险的覆盖率、社会救助的实际支出、社会福利覆盖人群等社会保障实施状况来进行分析，这些都直接反映了北京市社会保障的具体实施情况。同时，为了更好地对北京市社会保障进行评析，在这几项指标的考察中，将北京市与全国和不同区域的代表性省份进行了对比。

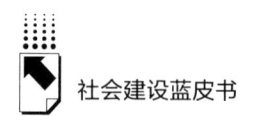

（一）社会保险覆盖率与参保结构

社会保险作为社会保障制度的核心主体制度，最能反映一个地区的社会保障覆盖水平。本研究中养老保险覆盖率的计算，采用了参保人员与常住人口的比例，这与企业统计的社会保险覆盖率（参保人员与应参保人员的比例）概念有所不同。为了更好地反映养老保险制度覆盖人群，在统计计算上，参保人群包括了城镇职工养老保险参保人数和城乡居民养老保险参保人数。与上海、广东、辽宁、重庆和陕西相比较，北京市的养老保险、职工医疗保险、失业保险、工伤保险和生育保险的覆盖率都居第一位，分别为90.66％、78.11％、60.11％、57.67％、54.06％（见表1）。在北京市社会保险覆盖率的计算上，包括了占常住人口34.6％的常住外来人口，即745.6万流动人口。由于常住外来人口参保率低，在一定程度上会降低社会保险的总体覆盖率。但即使如此，北京的养老保险覆盖率还是高达90.66％，这说明从覆盖率来看，北京市社会保险推进力度很大，成效明显，也说明社会保障水平较高。

表1 2019年北京与其他地区社会保险覆盖率比较

单位：%

地区	养老保险	职工医疗保险	失业保险	工伤保险	生育保险
全国	69.11	23.52	14.67	18.20	15.30
北京	90.66	78.11	60.11	57.67	54.06
上海	68.64	63.40	40.56	44.65	40.76
广东	63.19	37.98	30.37	33.12	31.85
辽宁	70.86	35.66	15.35	18.77	18.14
重庆	73.32	23.07	16.49	21.18	14.95
陕西	73.43	18.39	11.00	14.90	11.73

注：养老保险覆盖率=（城镇职工养老保险人数+城乡居民养老保险人数）/常住人口数，其他保险覆盖率都是城镇职工参保人数/常住人口数。

资料来源：《中国统计年鉴2020》。

在社会保险制度中，养老保险是其最核心部分。因此，我们进一步考察了养老保险的情况：已退人员占参保人员的比例反映了参保人员老龄化情况；已退人员人均结余基金反映了各地目前社会养老保险面临的压力。因此，从这两方面来看北京在养老上面临压力。从已退人员占参保人员的比例来看，2019年已退职工占参保人员的比例和已退居民占参保人员的比例分别为17.31%和44.36%。相比较而言，北京市已退职工占参保人员的比例并不高，在比较的省份中仅高于广东，但已退居民占参保人员的比例提升了1倍，从2015年的21.06%升至2019年的44.36%。具体原因是北京已退居民养老保险参保人数的增加，实际享受退休待遇人员从39.5万人升至90.8万人（增加51.3万人），而参保人数从187.6万人升至204.7万人（增加17.1万人）。由此可见，北京市户籍人口老龄化程度进一步加深，社会养老保险的支付压力增加。但从已退职工人均结余基金和已退居民人均结余基金来看，2019年分别为198892.9元和18226.9元，高于对比的全国其他地区（见表2）。总体来看，北京市不仅仅社会养老保险覆盖率高，而且在养老上的财政压力不大，基金运转和可持续性都相对较好。

表2 2019年北京与其他地区养老保险基金结余与参保人员结构情况比较

地区	职工养老保险参保人数（万人）	居民养老保险参保人数（万人）	职工养老保险基金累计结余（亿元）	居民养老保险基金累计结余（亿元）	已退职工人均结余基金（元）	已退居民人均结余基金（元）	已退职工占参保人员的比例（%）	已退居民占参保人员的比例（%）
全国	43487.9	53266.0	54623.3	8249.2	44371.7	5145.5	28.31	30.10
北京	1748.2	204.7	6018.5	165.5	198892.9	18226.9	17.31	44.36
上海	1589.6	77.1	2290.3	80.5	44741.2	15600.8	32.20	66.93
广东	4633.4	2646.2	12343.6	457.1	183903.5	5248.6	14.49	32.91
辽宁	2026.2	1057.7	303.7	80.1	3721.8	1931.5	40.27	39.21
重庆	1127.7	1162.7	1090.1	153.9	26810.1	4292.9	36.06	30.83
陕西	1080.7	1765.6	804.2	257.0	30450.6	4994.2	24.44	29.15

资料来源：《中国统计年鉴2020》。

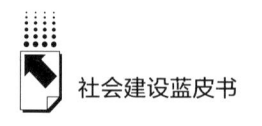

（二）北京市社会救助水平

社会救助作为社会保障最后一道安全网，其保障程度直接反映了社会的文明程度和对社会弱势群体的接纳、包容与融合程度。最低生活保障是社会救助最为重要的内容，其建立的目的是救助那些收入不能满足自身基本生活需要的家庭和个人，它与满足人们生活需求的物价水平和人均收入直接相关，而它与消费和收入之间的比例关系直接说明低保救助额度对低保人群的生活救助程度和低保的水平。因此，最低生活保障标准、实际补差大小，及其与当地的人均实际收入和人均消费之间的比例关系，都反映了社会救助的水平。通过对北京市城乡两个区域与全国和其他地区城乡低保救助水平分别进行比较，透视北京市社会救助水平及其在全国中的地位。

在城市最低生活保障方面，北京市2019年公布的标准是1100元/月，虽然在这几个地区中不是最高的，但是由于其实际补差要比公布标准高，所以，从被救助群体的实际受益程度来看，应是最好的地区。首先相对于地区人均收入和消费来讲，北京市低保标准与人均消费支出的比例为28.48%，高于全国平均水平（26.17%），但与一些地区还存在差距（如上海、陕西）。但是从实际补差来看，北京市实际补差与人均消费支出的比例为31.43%（全国平均水平为21.10%），处于最高水平。这说明北京市在最低生活保障方面政府财政支出的力度很大。其次，从最低生活保障制度与人均实际收入的比例来分析，可以看出：尽管北京市实际补差与人均实际收入的比例最高，然而从公布标准与人均实际收入的比例来看，北京市的比例最低，说明北京市城市最低生活保障标准偏低（见表3）。当然，北京市的高收入人群比例较大，可能拉高人均实际收入水平和人均消费支出水平，降低低保标准和实际补差与二者的比例，进而影响对北京市城市最低生活保障水平的评价。尽管如此，城镇低保人群的收入不可能为零，而北京市实际补差比低保标准更高，这体现了北京市对弱势群体的救助和关爱，体现了较高的社会救助水平。但是低保标准过低，容易漏掉一定比例的需要救助的城镇低收入群体。因此，建议相对提高低保标准。

表3 2019年北京与全国和其他省份城市低保水平比较

单位：元/月，%

地区	公布标准	实际补差	人均消费支出	人均实际收入	公布标准/人均消费支出	实际补差/人均消费支出	公布标准/人均实际收入	实际补差/人均实际收入
全国	624.0	503	2384	3530	26.17	21.10	17.68	14.25
北京	1100.0	1214	3863	6154	28.48	31.43	17.87	19.73
上海	1160.0	1080	4023	6135	28.83	26.85	18.91	17.60
广东	806.6	761	2869	4010	28.11	26.52	20.11	18.98
辽宁	635.8	556	228	3315	27.89	24.39	19.18	16.77
重庆	580.0	539	2149	3162	26.99	25.08	18.34	17.05
陕西	607.8	588	1960	3008	31.01	30.00	20.21	19.55

资料来源：《中国统计年鉴2020》，民政部2019年全国城市低保标准，《2019年民政事业发展统计公报》。

在农村最低生活保障方面，北京市公布的低保标准是13200元/年，低于上海市13920元/年的低保标准。但从公布标准与农村人均实际收入的比例来看，北京市是最高的。从公布标准与人均消费支出的比例来看，北京市达到60.33%，虽与上海市的62.01%差距不大，但与其他地区差距巨大，如广东、辽宁、重庆、陕西在40%~45%。总之，尽管北京市城市低保标准偏低，但农村的低保标准相对于其经济发展来讲并不低。这是由于北京市城乡低保制度统一，相对于其他地区城乡二元低保制度来讲，必然会带来这样的效果。从农村低保的实际补差来看，北京市是最高的，每年实际支付人均12283元。实际补差与人均消费支出和人均实际收入的比例，北京市也是最高的，分别为56.14%和42.46%，高于低保公布标准最高的上海，上海这两项比例分别为47.14%和31.88%，同时，这两项比例北京均为全国的2倍，说明北京市农村低保水平也很高（见表4）。

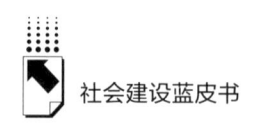

表4　2019年不同地区农村低保水平比较

单位：元/年，%

地区	公布标准	实际补差	人均消费支出	人均实际收入	公布标准/人均消费支出	实际补差/人均消费支出	公布标准/人均实际收入	实际补差/人均实际收入
全国	5336	3261	13328	16021	40.04	24.47	33.31	20.35
北京	13200	12283	21881	28928	60.33	56.14	45.63	42.46
上海	13920	10582	22449	33195	62.01	47.14	41.93	31.88
广东	7625	3826	16949	18818	44.99	22.57	40.52	20.33
辽宁	5082	3251	12030	16108	42.24	27.02	31.55	20.18
重庆	5337	4544	13112	15133	40.70	34.66	35.27	30.03
陕西	4665	4173	10935	12326	42.66	38.16	37.85	33.86

资料来源：《中国统计年鉴2020》，民政部2019年全国城市低保数据。

（三）北京市社会福利水平

社会福利作为社会保障的子系统，研究中采纳其狭义概念，主要指对社会弱势群体开展的社会照顾与服务，主要采用社会收养数据作为社会福利指标进行比较分析。在这几个地区中，北京市每万人社会服务机构数不是最多的，分别低于上海、辽宁和重庆，但是其每万人的救助人数和社会服务床位数位居前列。其中每万人救助人数这一指标是全国的3倍（见表5）。这说明北京市社会服务机构规模较大，其服务水平和规范化程度也相对较高。因此，从社会福利这一子系统来看，北京市的社会保障水平也很高。

表5　2019年不同地区社会福利情况比较

城市	社会服务机构数（家）	社会服务床位数（张）	生活无着救助人数（人）	常住人口（万人）	每万人机构数（家）	每万人床位数（张）	每万人救助人数（人）
全国	36700	4577016	1293150	140005	0.26	32.69	9.24
北京	585	114153	63612	2154	0.27	53.00	29.53
上海	708	143935	62543	2428	0.29	59.28	25.76
广东	1897	249392	85341	11521	0.16	21.65	7.41

续表

城市	社会服务机构数（家）	社会服务床位数（张）	生活无着救助人数（人）	常住人口（万人）	每万人机构数（家）	每万人床位数（张）	每万人救助人数（人）
辽宁	1947	174730	140274	4352	0.45	40.15	32.23
重庆	961	105306	24933	3124	0.31	33.71	7.98
陕西	787	106320	58046	3876	0.20	27.43	14.98

资料来源：民政部网站2019年第4季度统计数据。

二 北京市社会保障水平分析

社会保障水平与经济发展水平密切相关，其保障水平要和经济发展水平相适应，既要保障公民基本生活，又要促进国民经济持续协调健康发展。社会保障水平是指一个国家或一个地区的社会保障支出占当年国内生产总值或地区生产总值的百分比，它表示一定时期内一个国家或地区在该年度生产的最终产品和劳务中有多少用于社会保障。如何判断北京市社会保障水平，是影响其改革发展的关键问题。因此，为了客观评价北京市社会保障水平，本研究对北京市与全国的情况进行了比较，相对科学地对北京市的社会保障水平作出判断，为进一步的对策建议寻找事实依据。

社会保障水平是衡量社会发展水平的重要指标之一，合理的社会保障水平不仅是社会文明进步的标志，同时也促进了社会经济的良性发展。因此构建社会主义和谐社会，首要任务是建设与经济发展水平相适应的社会保障体系。2019年，北京市实现地区生产总值29379.1亿元，按常住人口计算，当年人均GDP达到154892元（折合23805美元），三次产业结构为0.3∶16.2∶83.5。从经济结构和人均GDP来看，北京的经济发展水平并不低，实现了现代化的产业结构。但是相对于同等经济发展水平的国家来讲，其社会保障与就业占其GDP的比例较低，仅为2.75%。[①] 其他国家不

---

① 2019年其他国家这一数据是：美国18.7%，英国20.6%，瑞典25.5%，德国25.9%，意大利28.2%，法国31.0%。资料来源于OCED数据库。

论是何种类型的社会保障体制，其比例都在10%以上。当然，北京市作为中国的一个直辖市，不可能与国内其他地区的社会保障水平相差太大。下面将北京市与全国的情况进行比较，分析北京市的社会保障水平。

2015～2019年，北京市的社会保障与就业财政支出增长了38.9%，同期GDP增长42.63%。由此可见，北京市社会保障与就业的财政支出增长和经济增长基本同步。与全国相比较，同期全国社会保障与就业的财政支出和GDP增长率分别为54.47%和44.05%（见表6）。在这5年中，北京市的社会保障支出水平略低于全国社会保障支出水平，这可能是由于在2020年全面建成小康社会的目标下，国家着力推进脱贫攻坚和乡村振兴，坚持农业农村优先发展，使得一些省份增加较多的社会保障支出[1]，无形中提高了全国的社会保障水平。

表6　北京市与全国社会保障支出水平比较

单位：亿元，%

年份	社会保障与就业		国内/地区生产总值		社会保障支出水平	
	全国	北京	全国	北京	全国	北京
2015	19018.7	700.5	686255.7	24799.1	2.77	2.82
2016	21591.5	716.2	743408.3	27041.2	2.90	2.65
2017	24611.7	795.4	831381.2	29883.0	2.96	2.66
2018	27012.1	835.7	914327.1	33106.0	2.95	2.52
2019	29379.1	973.0	988528.9	35371.3	2.97	2.75

资料来源：《北京统计年鉴》，《中国统计年鉴》，中华人民共和国财政部网站历年财政决算数据。

社会保障水平发展系数[2]是衡量社会保障发展与经济发展关系的一个指标，因此从这一系数可以观察社会保障水平发展情况。从北京市社会保障水平发展情况来看，目前正处于社会保障水平发展倒U形曲线的左侧，即社

---

[1] 如2015～2019年，在社会保障与就业支出方面，辽宁增长了44.84%，河南增长了54.06%，四川增长了58.52%。
[2] 社会保障水平发展系数=社会保障与就业增长率除以国内/地区生产总值增长率。

会保障水平逐步上升时期。2015～2019年，北京市社会保障水平发展系数呈现间隔年提升的特征，主要是因为2015～2019年，北京市社会保障与就业的财政支出在奇数年增加力度大，呈现动态调整的特点。2019年，北京市社会保障水平发展系数是全国的2倍（见表7）。由此可见，尽管北京市的社会保障水平处于低水平保障阶段，但是仍以较快的速度逐渐增长。因此，可以说北京市近年的社会保障水平处于低水平和动态调整下的高增长阶段，仍然处于社会保障水平的逐步上升阶段。

表7 北京市与全国社会保障水平发展系数比较

单位：%

年份	社会保障与就业增长率		国内/地区生产总值增长率		社会保障水平发展系数	
	全国	北京	全国	北京	全国	北京
2015	19.10	37.62	7.04	12.92	2.71	2.91
2016	13.53	2.25	8.35	9.13	1.62	0.25
2017	13.99	11.05	11.47	10.51	1.22	1.05
2018	9.75	5.06	10.49	10.79	0.93	0.47
2019	8.76	16.43	7.79	6.84	1.13	2.40

从北京市社会保险覆盖率、养老基金的可持续性、社会救助与社会福利水平，以及社会保障总体水平与全国和其他地区的比较来看，北京市的社会保障水平都较高。这不仅得益于北京市经济发展和地方财政实力的保障，更与地方政府的执政理念分不开。近年来，北京市在重视经济发展的同时，加大对社会建设与民生领域的投入，践行经济发展共享的理念。北京市社会保障水平的不断提高，不仅体现了首都现代社会文明发展与进步，也为全国其他地区加快社会保障建设提供了示范。

三 北京市社会保障制度功能分析

社会保障制度是人类社会进入工业化以后，伴随着工业化生产、现代社会风险增加、社会成员个体化等社会结构转型而设计的增强社会自我保障的

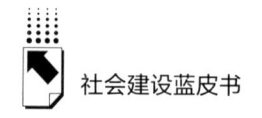

一种制度文明。除了规避现代社会风险的基本功能以外，其更为重要的另一项功能就是弥合市场化带来的社会分化，缩小贫富差距，促进社会整合。而社会秩序的稳定和有序，也为经济发展提供了良好的社会环境，进而促进经济发展。因此，维持社会公平与公正是社会保障制度的一项基本功能，也是社会可持续发展必不可少的理念基础。但是在经济全球化的过程中，社会保障制度如何设计才能既增进社会公平公正，又提升经济增长效率，是各国社会保障制度改革首要思考的问题。北京作为首都，社会保障制度如何既起到维护社会公平公正的作用，又发挥促进经济发展、提高经济效益的功能，成为新时期北京市社会保障建设和改革过程中首要思考的问题。

首先，我们从社会保障制度体系建设过程来分析。在社会保障制度体系中，作为保障弱势群体的社会救助制度和社会福利制度，近年来北京市建设速度和力度都在快速加大。以最低生活保障为例，统一城乡低保制度，不仅仅体现了社会保障制度的底线公平，而且从实际补差力度来看，北京市财政支出也是值得称赞的。在老年福利建设方面，北京市近年来针对加大社区养老公共设施建设力度和提升养老服务质量，出台了一系列关于养老服务的相关文件，提升了老年社会福利水平。从养老公共服务角度来讲，实现了不同群体的老年福利公平。在社会福利与社会救助方面，北京市近年社会保障制度的建设和推进，弥补了多年来以权利义务对等为原则的社会保险制度的负福利倾向，一定程度上调整了社会保障制度维护社会公平公正的功能。

其次，在社会保险制度建设过程中，也在追求制度的公平与公正。以本地城镇职工与外来农民工的社会保险制度一体化为例，在社会体制转轨的过程中，由于劳动力市场分割，北京市非农就业职工分为体制内和体制外、城镇工和农民工、本地工和外来工等不同群体。在相当长一段时间里，社会保险制度是覆盖不到外来农民工群体的。当时的一些单位，甚至是体制内的一些单位，为了降低用人成本，在没有法律强制约束的情况下，都会存在对农民工群体社会保险少缴或不缴问题。随着《社会保险法》和《劳动合同法》的推进，农民工社会保险覆盖面明显扩大。北京市在推进外来人口社会保险制度覆盖方面，取得了很好的效果。这一点从前面北京市社会保险覆盖面的分析中可以看出。因此，应该对其给予肯定。但即便如此，北京市的外来流动人口，尤其是农民工的社会保险参保率依然要明显低于本地城镇职工，这两个群体实际上所能享受的社会保障权益仍有所不同。应该说北京市社会保险制度建设是追求制度公平性的过程，但改革的渐进性和制度惯性所带来的不公平性还没有从根本上得到改变。

最后，在城镇企事业单位职工养老保险制度改革上，追求社会保障制度对于维护社会公平公正的功能也有所体现。为了回应多年来社会上对企事业单位养老保险双轨制的不公平感受，2015年北京市进行了机关事业单位养老保险制度的改革，在制度模式上统一了城镇企业职工与机关事业单位职工的养老保险。从形式上看，企事业单位养老保险制度改革维护了社会公平，促进了就业人口的社会流动，促进了制度整合。但是，为了照顾社会保障制度的刚性特点和减少制度改革的阻力，在机关事业单位的养老保险制度体系里对职业年金进行了强制性的缴费，而对与之对应的企业年金并没有强制性要求。因此，未来的企业职工与机关事业单位职工的养老金水平必然还会存在差异。而对于百姓来讲，大家对这两个群体养老不公平感的最直接来源不单是制度双规，还有养老金水平的差异。因为在企业养老保险制度刚开始改革时，两种不同性质单位的养老保障不公平感并不强，而随着时间的推移，两种养老保障制度的保障水平差异扩大，才形成了强烈的不公平感。目前从形式上看，两种不同性质单位的养老保险制度模式统一，形式上的不公平不存在，但是未来养老保障水平依然会有所不同。因此，民众对并轨后的制度公平感依然不会有大的改善。

但从社会保障制度体系改革发展的趋势来看，随着经济全球化，福利国家的社会福利制度改革，社会保障在促进经济发展效率方面的功能在逐步增强。我国社会保障制度在改革和建构的过程中，重视社会保障制度的经济效率功能，尤其是在社会保险制度中个人账户制度的半积累制对现收现付制的嵌入，是明确带有这种功能性的设计。2020年《中共中央关于制定国民经济和社会发展第十四个五年规划和二〇三五年远景目标的建议》指出，为健全覆盖全民、统筹城乡、公平统一、可持续的多层次社会保障体系，要

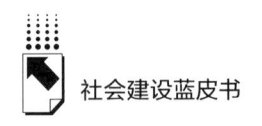

"推进社保转移接续,健全基本养老、基本医疗保险筹资和待遇调整机制;实现基本养老保险全国统筹,实施渐进式延迟法定退休年龄;发展多层次、多支柱养老保险体系"。从趋势上来看,第一支柱的基础养老金在未来养老金中的比例会降低,而第二支柱和第三支柱养老金的发展会加快。多支柱养老金的建构和实施势必加大未来不同人群养老金的差距。在公平与效率这一对天平上,社会养老保险制度设计似乎有偏向增进效率的趋势。

由此可见,在经济全球化的今天,社会保障制度的民族国家化必然也会受到其他国家社会保障制度的影响。北京市作为世界性大都市,一方面要体现首都的社会制度文明,另一方面也要在吸引世界一流人才方面提供制度保障。因此,北京市社会保障制度改革与发展,一方面加强底层社会安全网建设,维护社会公平公正。如最低生活保障制度、老年福利服务的推进等都明显地走在全国前列。另一方面,北京市也在社会保险制度改革中增进经济发展的效率目标。如失业保险改革,加强就业培训,以及提升人力资本等改革。同时从未来发展趋势上看,养老保险制度改革会逐步增强第二支柱和第三支柱建设,缩小政府对市场的干预。

总之,北京市社会保障制度在改革过程中逐步实现了社会功能性目标,即在一定程度上维护了社会公平,也在促进经济发展效率的目标上进行着调整。北京市作为首都,一方面要实现社会公平与公正,另一方面要适应劳动力的流动,适度控制外来人口的规模与速度。在市场经济体制和劳动力自由流动政策下,北京市如何做到在这两方面的共赢,着实考验着政策制定者的智慧。

B.11
离城不返乡：再迁流动儿童家庭教育抉择的动因及其教育期望

——基于再迁流动儿童家庭的实证调研

魏爽 刘伊*

摘　要： 父母进京务工，子女随迁周边，其入学、高考等教育问题引起社会关注。本研究通过对6户再迁流动儿童家庭的实证调研，发现再迁流动儿童家庭教育抉择的动因主要包含6个方面：家乡社会资本缺失、城市社会资本累积、难舍亲子分离、倚重环京教育资源、父代学历崇拜和子代深造意愿。在诸多因素中，子代深造意愿的强弱和父代社会资本的高低是导致家庭教育期望高低的关键因素。

关键词： 再迁流动儿童家庭　教育抉择　教育期望

一　研究背景

在绝大多数中国家庭中，孩子的教育问题被摆在优先考虑的重要地位。尤其是对于广大的外来务工人员来讲，他们背井离乡出外打拼，多半是为了给孩子奔一个好前程，使孩子能够在大城市接受好的教育，摆脱贫困的境

---

* 魏爽，北京工业大学文法学部副教授，主要研究方向为儿童与青少年社会工作；刘伊，北京工业大学文法学部研究生。

遇。因北京落户条件限制,北京周边的河北、天津两地成为众多流动儿童再迁的首选之地。

"再迁流动儿童家庭"是一个建立在社会流动与个体追求市民化、坚守家庭本位思想基础上而新生成的群体,也是城乡二元户籍制度与我国特大城市人口收缩政策合力的产物。

为了承接特大城市的外溢人口、加强人才引进成效,一些特大城市周边的中小城市出台了较为宽松的落户政策。如河北廊坊在《关于进一步深化户籍制度改革的意见(试行)》中规定,落户临近北京的"北三县"(三河市、大厂回族自治县、香河县),需要具有合法稳定住所和合法稳定职业,且参加3年以上城镇社会保险或依法纳税3年以上,其配偶、子女、夫妻双方父母,可以进行"投靠落户",对于非首都周边城镇则全面放开落户[1];毗邻北京的天津市通过较为宽松的积分落户与人才引进机制吸引北京转移的优质劳动力,并逐年降低积分落户要求,目前已由2014年的140分降低至2020年的110分(《天津市居住证管理办法》2020年修订版),且落户申报门槛、指标分类均有所减少[2],在申请与审批流程方面,天津采取了全程线上办理的方式,提升了落户办理效率,优化了行政流程,降低了申请人的申请难度。

二 文献回顾

新一代外来务工人员缺乏农村生活经验,参与村庄社会竞争的动力以及与村庄的关联性减弱[3],对城市生活更加熟悉,市民化需求更加强烈,期望通过自己的努力留在城市,实现社会阶层的跃迁。此外,由于缺少了来自乡

---

[1] 廊坊市人民政府:《关于进一步深化户籍制度改革的意见(试行)》(冀公办发〔2019〕38号),2020年4月16日。
[2] 《天津市居住证管理办法》(修订版)。
[3] 李辉、韩东、温馨:《新生代农民工城市归属感研究》,《吉林大学社会科学学报》2019年第3期。

离城不返乡：再迁流动儿童家庭教育抉择的动因及其教育期望

土的交往，新生代务工群体更多关注自身核心家庭，形成"家庭本位"。①出于自我实现、使下一代可以更好地接受教育等原因，相当一部分外来务工家庭更倾向于留在城市。但在国内特大城市人口疏解、周边城市人才引进政策利好的背景下，部分不想或不能返乡的家庭选择转入大城市周边的中小城市成为再迁流动家庭，最大限度地接近北京等大城市的教育资源和发展机会。

教育抉择作为理解教育分层的动机和现实的一个理想切入点②，对研究再迁流动儿童家庭教育期望和其行为动因具有重要意义，也是理解庞大的外来务工群体社会心理的重要角度。

流动儿童早期也被称为农民工子女、随迁子女等，从诸多称呼中可以发现，此时儿童是跟随父母的脚步进行迁移的，其家庭以团聚、父母发展等为主要原因进行"城-乡"或"城-城"之间的流动，儿童处于家庭中的从属位置。随着国内经济的发展、社会观念的开放，流动儿童出现了新的教育机遇。与此同时，国务院2001年在《关于基础教育改革与发展的决定》文件中明确提出要"以流入地政府管理为主，以全日制公办中小学为主，依法保障流动人口子女接受义务教育的权利"（简称"两为主"政策），在政策上为流动儿童接受教育提供了支持。在多种因素的共同推动下，国内开始出现了一批为教育而流动的儿童，越来越多的父母也在流动中加入了对下一代教育因素的考量。③2014年《国务院关于进一步推进户籍制度改革的意见》出台，从事劳动密集型产业工作的流动人口成为主要的被疏解人群，也是因此，再迁流动儿童家庭数量攀升，并逐渐引起了学界的关注。韩嘉玲和余家庆认为这是一种不同于流动家庭子女在城乡间钟摆式流动的新现象，认为这种流动也会在当前新生代农民工家庭的子女教育抉择中有所体现。④

---

① 杜旻：《农民工随迁子女教育压力及群体差异》，《河北学刊》2020年第5期。
② 候玉娜、张鼎权、范栖银：《代际传递与社会融入视角下农民工随迁子女的教育期望研究——基于"中国教育追踪调查"初中生数据的实证分析》，《教育发展研究》2020年第6期。
③ 韩嘉玲：《中国流动儿童教育发展报告（2019~2020）》，社会科学文献出版社，2020。
④ 韩嘉玲、余家庆：《离城不回乡与回流不返乡——新型城镇化背景下新生代农民工家庭的子女教育抉择》，《北京社会科学》2020年第6期。

教育期望属于意识以及认知层面的准备，一定的教育期望会推动家庭以及个体做出相应的教育抉择，将认知转化为行为。家庭背景深刻地影响着教育抉择。作为家庭抉择中的主导者，父辈的意愿往往在教育等相关抉择中起到重要甚至决定性作用。学界对子代自身对教育抉择的影响程度尚不清晰，特别是在他们是否自行决定参与课后影子教育的问题上，Steve R. Entrich 认为，家长对于补习班的投资主要源于他们对教育的不安全感，学生在抉择过程中扮演着积极主导的角色，他们的选择也会对教育抉择和成果产生影响。[1] 类似的，李弘祺将教育期望分为知识人和庶人两种类型，认为学生的社会流动志向影响着教育期望与行为。[2] 周秀平认为，教育期望可以影响务工人员在流动意愿、流动时长和流动地点等方面的选择。[3] 也有研究将教育期望视为一种文化现象并加以讨论，强调从再迁流动儿童家庭的主位角度去认真倾听教育主体对教育期望的叙述。父辈教育期望是对子代未来教育成就和行为表现的期望，是家长将自我期许、子女发展、社会需求等联结起来，建立起对孩子未来发展的一种预期或判断。[4]

综合来看，既有研究已经关注再迁流动儿童家庭所遇到的诸多问题，但并未将教育抉择的相关因素纳入对该群体的研究中，对于其家庭教育抉择的原因分析尚缺乏实证研究。目前学界对教育抉择的探索仍停留在将其视为一种文化现象并加以讨论，低估了教育期望对于个体发展和宏观教育政策的深远影响。本文认为，通过对再迁流动儿童家庭教育抉择动因与教育期望的探究，可以更好地追溯该群体对于"发展需要"的定位，以研究新生代务工群体的发展观、教育观，全方位地对再迁流动儿童家庭进行把握。

本研究在北京市及周边再迁流动儿童较为集中的沙城、廊坊、天津等城市开展实地调研，通过对再迁流动儿童及其家长进行深度访谈收集资料，分

---

[1] Steve R. Entrich：《日本"影子教育"决策：学生的选择还是家长的压力？》，《教育科学研究》2017年第5期。
[2] 李弘祺：《学以为己：传统中国的教育》，香港中文大学出版社，2012。
[3] 周秀平：《异地高考期待的群体差异》，《高等教育研究》2015年第4期。
[4] 单宁波：《浅谈如何建立合理的家庭教育期待》，《家教世界》2016年第10期。

析再迁流动儿童家庭教育抉择的动因，进而了解其家庭教育期望。运用熟人介绍的"滚雪球"的方法，走访了6个再迁流动儿童家庭，对家庭中的父辈与子代进行了访谈，共访谈12人（见表1）。

表1 被访者基本信息

单位：年，岁

个案编码	姓名(化名)	性别	籍贯	在京年限	年龄	职业	现住址
01	老王	男	湖南	24	45	企业经理	天津
02	小王	女	湖南	8	15	高一学生	天津
03	英妈	女	山西	15	54	个体户	北京延庆
04	小英	女	山西	10	18	高三学生	河北沙城
05	石妈	女	山西	18	44	建筑材料供应商	河北廊坊
06	小石	男	山西	5	16	学生	河北廊坊
07	宇妈	女	贵州	12	39	培训机构负责人	河北
08	小宇	男	贵州	10	16	高二学生	天津
09	隆妈	女	安徽	24	46	企业销售	北京
10	小隆	男	安徽	4	16	高二学生	北京
11	飞妈	女	安徽	14	55	个体户	河北
12	小飞	女	安徽	6	19	大一学生	河北

三 再迁流动儿童家庭教育抉择的动因分析

再迁流动儿童家庭境遇与社会环境、国家政策等息息相关。"再迁"的经历使其家庭长期游离在城市与乡村关系体系之外，而"流动"又大大增加了其家庭发展的不确定性。再迁流动儿童家庭每次迁移，去到的都是一个需要重新适应环境的陌生城市。在莫大的城市中，再迁流动家庭所熟悉的只有彼此，所能依靠的也只有核心家庭成员，这种游离于外部环境的"隔离感"无疑会使再迁家庭内部团结更加紧密，情感归属与联结更加牢固，也要求家庭成员间的"共性"要大于"特性"。当遇到问题时，家庭会作为一个整体去面对，这必然需要某些意见不同的家庭成员进行妥协、牺牲自己的部分"特性"。当这种冲突较为激烈的时候,再迁流动儿童家庭由于其紧密的联结性,受到的伤害往往要大于同类问题下其他类型家庭受到的伤害。这也是在分析再迁流动儿童家庭时必须要考虑的群体的特殊性。

通过对6个再迁流动儿童家庭的访问发现,并非所有流动家庭再迁都是为了子女上大学。他们的再迁教育抉择主要受到家乡社会资本缺失、城市社会资本累积、难舍亲子分离、倚重环京教育资源、父代学历崇拜、子代深造意愿6种因素的影响(见表2)。

表2 "离城不返乡"教育抉择的动因分类及其家庭数量

单位:个

再迁教育抉择的原因	家乡社会资本缺失	城市社会资本累积	难舍亲子分离	倚重环京教育资源	父代学历崇拜	子代深造意愿
家庭数量	2	6	2	3	4	5

(一)家乡社会资本缺失

家乡作为进城务工人员的"根",蕴含着由亲属、朋辈、熟人等构成的社会关系与支持网络。区别于第一代农民工的村庄本位思想,新生代务工群体更青睐到城市中谋求发展,因此参与村庄社会竞争的动力减弱,乡村生活经验缺乏。伴随着新生代务工群体纷纷定居城市,乡土仅存的支持就是年迈的父母和久不联系的亲戚。长期异地生活的空间阻隔以及城乡生活质量的巨大差异,使家乡对务工群体的社会支持式微。

老王(个案01),男,45岁,湖南人,已婚并育有一女。女儿目前15岁,就读于天津某高中的高一年级。24年前,老王孤身一人来到北京学习,并通过自己的努力在北京找到心仪的工作,目前已经是建筑公司的高级经理。8年前,由于老家的父母年纪渐长,已经没有精力对孙女进行生活和学习的照料,老王夫妻将女儿接到北京抚养。随着女儿年级的升高,高考问题被提上家庭的议事日程。老王夫妇的经济实力较高,为了让女儿可以顺利步入大学校园,老王夫妇选择落户天津,并给女儿办理了到天津的转学手续。

平日里，老王时常往返于北京、天津两地。对于这次再迁经历，老王表示：

> 老家那边其实没什么亲戚了，孩子送回去也不现实。我爸妈年纪大了，身体也不是很好，孩子的学习啊，生活啊，老人都照顾不了。村里年轻人大多天南海北地去闯荡了，联系慢慢也少了，长辈们年纪也都大了，没什么人能帮忙拉扯孩子。

老王表示，自己与老家亲友的联系渐弱，能调动的资源有限，实际上老家已无人能帮助照顾女儿。因老家无人依靠，女儿又需要接受较高水准的教育而选择再迁到天津落户。随着社会的发展，家庭生产方式逐渐由集体互助的家族制转变为小作坊式的核心家庭生产，并逐渐衍生成当下的拆分型家庭模式。来自宗族的支持网络逐渐衰败，新生代农民工在家乡能调动的社会资源十分有限。对于老王的家庭来讲，选择再迁天津让孩子继续读书可以说是一种无奈之举。

（二）城市社会资本累积

调研发现，被访的 6 户再迁流动儿童家庭存在共性特征，即父代在京生活年限长（平均年限达到 18 年），在北京积累了较为深厚的社会资本，属于事业较为成功的人士。他们经济基础雄厚、人脉广、头脑活，对教育政策较为熟悉，在子女教育问题上能够提供全方位支持。

石妈（个案 05），女，44 岁，山西人，已婚并育有一子。儿子小石目前在河北廊坊读高二。18 年前石妈来京工作，和石爸白手起家，目前已经成为颇具规模的建筑材料供应商，在业内占有一席之地。在小石读书的问题上也是颇费心思：

> 也想过让孩子回老家，但觉得不是很现实。孩子回老家我们得跟着照顾吧，但是北京这边还有很多工作，今年形势本来就不好，工作放下的话影响还是很大的。爷爷奶奶照顾他的话，一个是老人年纪大了，再

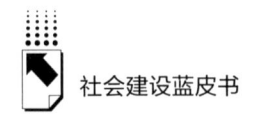

一个是孩子一直跟着我们,这种关键的时候离开我们身边回到老家,他也不习惯,反而影响更不好,而且老人管得肯定没有父母管得严,高中时候不管的话,可能他一放松就废了。就都不太现实,所以就想在这边落户吧。一方面是能一直带着孩子,另一方面工作也不耽误,无非就是通勤时间长一点。

再三斟酌之下,石妈选择了举家落户廊坊。对于这个迁移历程,石妈表示:

现在我们的生活条件很好,可以负担孩子的生活、学习以及兴趣支出,这么多年我们辛苦打拼不容易,朋友、工作都在这边,如果孩子回老家,我们肯定不会让他一个人生活,必定会过去陪他、照顾他,这样工作其实就耽误了。所以我们选择到廊坊居住,这样北京的工作我们也能处理,孩子也能照顾。

可以说,小石一家选择再迁廊坊是父辈与子代双方的一种相互成全。石妈已经在北京打拼 18 年,地缘、业缘与北京这座城市深深捆绑,一旦返乡将面临"竹篮打水一场空"的局面。因此,他们不愿也无法离开北京。再迁北京周边的二三线城市是他们精于算计后的抉择。

(三)难舍亲子分离

有研究表明,越来越多的进城务工群体倾向于把年幼的孩子带在身边进行举家迁移。在子女的成长过程中,父代没有缺席,他们更愿意参与到子代成长的历程中,期望一家人在城市团聚、扎根。在子代面临教育抉择时,他们会毫不犹豫地将"一家人在一起"作为首选,想尽一切办法将子代留在身边,照顾生活,监督学习。部分流动家庭选择将子代或全家人的户口迁移到北京周边符合落户条件的城市,使子女可以顺利进入北京周边城市的高中读书,进而参加高考。

离城不返乡：再迁流动儿童家庭教育抉择的动因及其教育期望

英妈（个案03），女，54岁，山西人，已婚并育有两女。英妈和英爸在北京做些小生意，符合"缴纳五年社保"的要求，在北京延庆有一处住房，但家境并不富裕。他们的大女儿目前在职校学习，小女儿小英18岁，目前在河北沙城读高三。15年前，英妈英爸来京工作，一段时间后，将大女儿接到北京一起生活，10年前，将二女儿小英接到身边，至此，一家人终于团聚：

> 她姐姐我们接过来的比较早，但是后来没有户口，就去了职高上学了。到小英上学的时候我们就有经验了，知道得先弄户口以后才能在这边考试。

小英逐渐长大后，英妈意识到，想要女儿继续在北京生活，就需要给女儿落实户口：

> 家里这边有人跟我们说，可以去沙城那边上，我们就托人给她弄到沙城去了。她现在就节假日回来延庆这边。

在多次努力后，英妈通过投靠落户的方式，将小英的户口落在了河北沙城，并将女儿转入寄宿制高中读书。每个周末，小英都会被接回家里享受难得的亲子时光。对于多次的迁移经历，英妈表示：

> 我们老家那边属于山区，家里边没有通信的那种，去哪儿也不方便。在老家的话，就是得去镇上读初中、县里读高中，但是后来还是想说一家人在一起，不去老家，以后也能在这边上班。感觉孩子放在老家那边还是不如在自己身边靠谱，两个孩子自小都是我们夫妻俩拉扯大的，突然分开，尤其还是在读高中这种时间分开，我们肯定受不了，也担心孩子情绪变化会影响学习。

对于流动儿童家庭来讲，父母与子女一同生活的时间越久、情感越深就

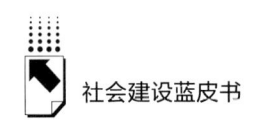

越难做出让子女独自返乡读书的抉择。与孩子一同成长的父母，一方面出于骨肉亲情，另一方面也担心孩子回到老家生活上无法得到合理照顾、情感上缺少精神慰藉，因此难以割舍孩子独自返乡。对于这样"情浓于水"的家庭而言，为孩子办理北京周边城市落户就成为头等大事。

（四）倚重环京教育资源

新生代务工群体相比上一代农民工而言，拥有更高的文化素养和更先进的育儿观念，对子代教育也更加关注。他们中的大部分人认为当今社会需要的是高学历、高知识储备的人才，认为教育是打破阶层壁垒的关键。因此，国内开始出现了一批为教育而流动的儿童，越来越多的父母也在流动中加入了对下一代教育因素的考量。[1]

宇妈（个案07），女，39岁，贵州人，已婚并育有一子。儿子小宇目前16岁，在天津读高二。由于从事的是教育行业，宇妈对教育的理解较之其他家长也更加深刻透彻，她认为教育观念以及教育环境对人的全面发展有着重要影响：

> 我和他爸还是喜欢北京这边的教育风格吧。现在北京包括天津这边，比较注重全方位发展，虽然学习也紧张，但是一些娱乐还是会有的，老家的话，很多人都想考到北京、上海这边的好学校里，但是这些学校在贵州的招生有限，所以竞争还是很激烈的，基本上时间都是用来学习的，节奏更紧张吧。相比于老家，北京拥有相当丰富的教育资源，我也经常带小宇出去走走看看的，能让他了解一些知识，也锻炼锻炼为人处世什么的。北京天津这边博物馆啊、各种活动啊什么的都挺多的，他多出去溜达总比在家里窝着强。而且他自己也挺喜欢的，感觉成长了很多。

---

[1] 韩嘉玲：《中国流动儿童教育发展报告（2019~2020）》，社会科学文献出版社，2020。

宇妈认为，不应该把孩子束缚在课本中"死读书"，而是应该让孩子多与外界接触，拓展孩子的视野。因此，小宇被接到北京后，宇妈充分利用北京丰富的教育资源，带小宇参观博物馆，参加志愿服务，报名参加各种夏令营及兴趣班，还经常带小宇到北京的大学里参观，使小宇获得了全方位发展。为了让小宇可以继续接受优质教育，宇妈选择了再迁天津。很大一部分因教育而选择再迁的家长认为，教育（尤其是高考）是孩子成长过程中的头等大事，期望孩子未来可以通过教育达成一定的成就，实现自我价值。这些家长会在孩子学习生涯发展的每一站做到"未雨绸缪"，尽量提供相对优质的教育资源与环境。

（五）父代学历崇拜

"父母之爱子，则为之计深远。"父母会竭力向子代传授自身文化和认知，期望可以帮助子代"赢在起跑线上"。自身人生经历作为"文化和认知"的一部分，也会被父辈传授给子代，尤其这种经验是经过父辈实践验证的。在父辈看来，家长所传授的经验无论是教育意义还是现实可操作性都较其他经验更为重要。

隆妈（个案09），女，46岁，安徽人，已婚并育有一子。24年前，隆妈从安徽老家奔赴北京打拼，目前负责某企业的销售工作。其子小隆16岁，即将转入天津市某高中二年级学习。隆妈是"70后"，在她接受教育的时代，读中专是普遍的选择，但也有些同学成功进入大学学习，并在毕业后经国家分配进入福利待遇较好的单位工作，端着"铁饭碗"，享福了几十年：

> 当时看不出来什么，现在觉得上不上大学影响还是很大的。我跑单子得出去应酬、投标，没个保障。但是我同学当时复读好几年，考上大学之后，国家给分配工作，现在工作轻松，挣的也不少，没我这么累。

当年由于家庭经济压力较大，被迫读中专的隆妈则需要抱着没有上大学的遗憾"风里来雨里去"的奋斗。

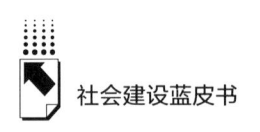

要是能回头，我肯定会去读大学。现在想这些也不可能了，希望小隆别走我的老路就好。

经历过与上过大学同学的对比后，隆妈认为自己的工作较为辛苦，生活中缺少了那种悠闲富裕的状态。因此，隆妈格外重视小隆的学习，希望小隆以后不会被学历限制发展。隆妈始终认为，自己是吃了没学历的苦，希望小隆可以摆脱自己的命运，获得更好的发展，也因此对小隆抱有极高的教育期望。访谈中隆妈多次提到学历应该是越高越好，只要孩子有能力，家里愿意在经济等方面支持他读到博士。在谈到孩子的学历问题时，绝大多数被访的家长都认为学历在个人发展中的重要性。在遇到户口问题可能会影响小隆发展时，隆妈会在第一时间为小隆寻找解决办法，将小隆落户并转学到天津，使其可以在天津参加高考。调研中了解到，有些家长通过自身的实际经历或所见所闻，意识到学历的重要性，由此期望子女可以在较好的环境中生活发展，帮助子女避免自己曾经走过的弯路，期望子女在未来可以衣食无忧，有能力选择自己想要的生活。而这一切的前提就是孩子要通过上大学获得学历，从而在社会中立足。

（六）子代深造意愿

传统经验来看，父辈往往是家庭中的权力核心，决定家庭的大小事务，这其中自然也包括了对再迁这一重大家庭事件的决定权。在调研中发现，多数家庭将再迁的决定权交到了子女的手中，子代的深造意愿成为是否再迁、前往何处的关键因素。

飞妈（个案11），女，55岁，安徽人，已婚并育有一女。小飞目前19岁，在河北某高校的大一年级就读。飞妈仅有小学学历，早年来京后开始做个体生意，9年前将小飞接到身边生活。小飞从小就看到父母工作的辛苦，认为想摆脱父母的命运就必须有一个体面的工作。而这类工作的前提就是有一个好的学历与较强的知识储备：

我们家主要是靠她自觉。我跟她爸就上过小学，对现在这些一本二本呀，择校呀什么的不是太懂，有事儿一般都是问老师或者问其他人什么的，要么就是她弄差不多之后看她怎么想的。她跟我们也说了，觉得北京这边还是比老家轻松一点，自己也想继续念书，以后有个好学历什么的。我们也觉得她说的有道理，所以就给孩子使使劲儿，送到河北读书了。这样平时也能见到，她也开心我们也开心。

小飞（个案12）期望进入高等学府深造，但飞妈对于教育、学历等的认知感受并没有那么强烈，加上对相关政策和信息的不了解，因此学习全凭小飞自己的规划：

我们落户得满足这边人才引进的要求，还有社保什么的，我爸妈其实挺早就做了这方面的打算，所以就有一个比较长时间的准备吧。然后还托人考察这边的情况什么的，之前他们自己也来过几次。我父母受教育水平不是小学吗，他们没有受过很多教育，所以对升学这些不是很了解，对我需要的知识支持什么的也帮不了很多。因此在教育方面，我们家主要靠我的自我约束。父母只能尽量满足我上学的物质需求，我累的时候给点鼓励吧。我父母还是很想帮我的，但是他们是真的不知道该怎么帮我。这一点我感受特别强烈。我之后如果想继续读的话，他们也没说过拒绝，就说想读到哪里都会培养我，然后还是靠自己。除了物质需求我爸妈会尽量给我最好的之外，别的感觉不怎么有。我这个学校其实都是自己考进来的，如果分数低的话可能还比较困难。之前还有那种分数不够买分进来的。而且我是我们家最大的孩子，之前也没有什么经验借鉴，只能我自己去找经验什么的，托熟人这个也是别人提醒我爸妈，然后才有的，他们也不是很懂。当时我身边也有几个类似情况的同学，我算是爸妈比较好一点的，可以培养的，其他的就已经上班、上技校了。

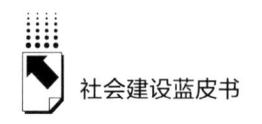

在了解到小飞的意愿后,飞妈飞爸认为,小飞比他们的知识更丰富,对教育更加了解,因此愿意听从小飞的意见,通过再迁使小飞参加高考并成功"上岸"。小飞的家庭教育抉择在我们调研的6个家庭中不在少数,子代强烈的深造意愿是家庭选择再迁的"底气"。一方面子代自身具有一定的期望,父辈也想尽量帮助子代达成目标,但由于自身学识、眼界等条件的限制,无法快速跟进日益发展的社会形势,导致心有余而力不足;另一方面又对教育相关政策不了解,在家庭的教育活动中,无法承担起自己期望承担的角色。依据子代意愿而进行再迁行为,表现出对子代知识与规划的认同,是子代向父辈的一种文化反哺。

四 再迁流动儿童家庭的教育期望

促使流动家庭做出再迁抉择的动因有多种,究其根本,背后无不折射着再迁流动儿童家庭的教育期望。通过深度访谈发现,再迁流动儿童家庭教育期望主要受到父代社会资本和子代深造意愿的影响,呈现一些共性的特征。社会资本最早被用于劳动力迁移相关研究。我国学者将社会资本划分为农民工进入城市之前既有的社会资本和进入城市后形成的社会资本,对于理解农村流动人口的工作、生活及生存状况就非常重要。在有关中国流动劳动力的研究中,赵延东、王奋宇最早使用"原始社会资本"和"新型社会资本"这两个概念指称两种不同的社会资本。[1] 在此基础上,叶静怡和周晔馨的研究则进一步将这两个概念明确界定为:"原始社会资本"指农民工在进城前形成的社会关系网络,血缘基础和狭小的地缘基础是其显著特点;"新型社会资本"则是农民工进城后形成的社会关系网络,其特点是业缘和较大范围的地域基础。[2] 社会资本的

---

[1] 赵延东、王奋宇:《城乡流动人口的经济地位获得及决定因素》,《中国人口科学》2002年第4期。
[2] 叶静怡、周晔馨:《社会资本转换与农民工收入——来自北京农民工调查的证据》,《管理世界》2010年第10期。

地域基础对于本文的研究主题具有非常重要的意义。

流动儿童在城乡间流动首先表现出来的特征就是空间迁移，而空间迁移会带来环境的改变。社会资本依赖于一定的空间场域与时间积累，无法随着流动儿童的流动而发生空间迁移。对于流动儿童家庭而言，父母在城市工作时间越长，社会资本内聚特征越强。因此，流动儿童家庭在城乡间的流动对社会资本会产生两方面的影响：第一，在城乡间流动发生的空间迁移极有可能会中断在当地的社会积累过程，对流动儿童家庭的社会资本集聚产生冲击，降低社会资本的密度和规模。第二，空间迁移后，在新的城市中流动儿童的父母面临创业环境的改变，更容易遭受本地社会关系网络的排斥，甚至陷入发展困境。在正式社会支持缺失的情况下，稳定的乡缘关系能在一定程度上满足创业的需求。流动频率的提高不利于形成稳定的乡缘关系网，会降低创业的社会资本支持，提高流动创业的机会成本，抑制创业行为的发生。

本研究表明，家庭教育的低期望主要由子代弱深造意愿和父代低社会资本的双重因素决定，只要在子代深造意愿和父代社会资本两个维度上有一方面是属于"高"或者"强"的情形出现，那么，家庭教育期望的表现都是"高期望"。具体如图1所示。

（一）子代深造意愿强且父代社会资本高的家庭会持有高教育期望

对于一些重视教育的父辈来说，上大学满足的不仅是其对子代的期待，也是其实现自我价值、满足父辈付出心理的途径。在经济条件较为优越的家庭中，石妈对孩子的教育期望比较具有代表性：

> 学历肯定是越高一点越好，每个家长都会这样期待。具体的学业吧，你说具体的分数，现在这些孩子也不完全用分数来衡量，我们还是比较开明一些，不是说必须年级前10、前20。他现在还是高一，我们就是觉得尽最大努力就行。没有具体说多少名多少分，我觉得以后工作并不是以分数来衡量的，其他方面也得考虑，但是得尽一个人所有努力

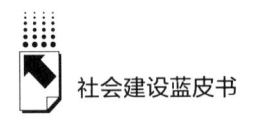

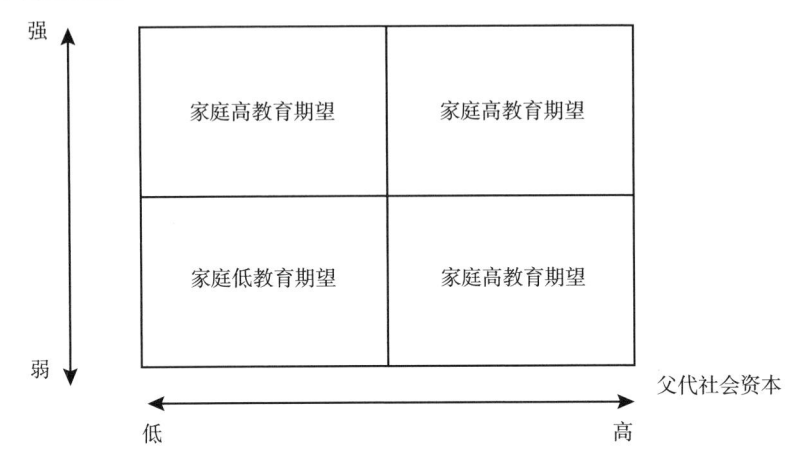

```
子代深造意愿
   强
        ┌─────────────┬─────────────┐
        │             │             │
        │  家庭高教育期望 │  家庭高教育期望 │
        │             │             │
        ├─────────────┼─────────────┤
        │             │             │
        │  家庭低教育期望 │  家庭高教育期望 │
        │             │             │
   弱    └─────────────┴─────────────┘              父代社会资本
          低                        高
```

图1　再迁流动儿童家庭教育期望示意

去学习，而不是说你就是玩就行了。文凭的话，本科就不用说了，他要是有读研究生的打算，那肯定是让他去上，因为现在研究生也很普及，等到他那个时候，本科找工作的话，就更没有那么大的竞争力了。这个应该叫什么"内卷"？

对于家长在子代读书问题上的付出，子女多数处于"懵懂"的状态，但是家长对他们学习的支持和教育期望，子代深深地理解，并努力让家长满意：

> 经济上和人际上是有的吧？我之前听过一句好像托人来着，但是不是特别了解。其他的可能就是精力上吧，我爸妈之前都在北京工作，现在我妈经常会往这边跑，工作应该会有一点放松吧？我也不是很清楚。我知道爸妈是为了我好，所以也在拼命学。（小石，个案06）
>
> 我现在想毕业之后考一个北京有编制的教师岗位，这个工作比较稳定，也简单点，能养活自己就行。但是外地户口必须要求研究生学历才可以，所以之后肯定会读研。而且我觉得这条路挺好的。社会地位也

高，各方面也都还行，家里啊，外面啊，（看到我）应该都觉得还不错。其实如果我以后能发展成这样就好了，感觉会比老家的同龄人好一点，跟北京这里孩子未来也差不多。（小飞，个案12）

（二）子代深造意愿强而父代社会资本低的家庭依旧持有高教育期望

部分文化程度较低的再迁流动儿童家长日常所接触到的群体与其同质性较强，工作内容对知识要求不高，因此对于自己并不熟悉的"教育"领域，这部分家长在有意无意中选择了忽视，而更多地依赖子代的自觉。同时，他们较少思考对子女未来的教育期望以及成绩或学历的现实意义。如个案2中的英妈曾表示，自己在西点技校的大女儿目前发展较好，可以缓解家庭目前的经济窘境。在谈到两个孩子发展的时候，英妈表示：

我们俩平时工作都忙，的确对孩子比较忽视，主要靠她自己，但好在她自己争气，我们挺省心的。

但实际上，英妈缺少了对子代未来职业发展的筹划，在子女的未来发展方向上关注度较低，能够给予的支持十分有限。在家庭中，小英更多是和姐姐一起商议未来的规划，对于继续接受教育，小英认为：

现在和爸爸妈妈成长的年代不一样了，还是觉得自己能上学就上学，未来的工作要求会越来越高，还是要靠学历给自己找出路。而且接触的人群不一样，思想也就不一样了。

在家庭中，大家都认为小英是一个很有想法、很独立的女孩。对此小英表示：

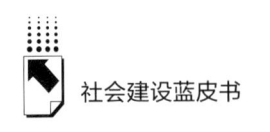

> 没办法，我爸爸妈妈对我们散养，很多事情得自己拿主意。（小英，个案04）

在父辈忽视教育重要性的家庭中，子代往往会表现出较强的自主性与对自身事务较高的主导性，以弥补父母建议与指导方面的缺失。从小英家的情况可以发现，父代由于学历低，缺少大学的学习体验，对高等教育极为陌生。从这个方面来看，缺乏良好的模式来构建希望，使得受教育程度低的家长在教育期望上容易遇到阻碍。① 父辈往往期待对子代的教育提供一定的帮助指导，但出于种种原因在家庭的教育活动中发挥作用有限（尤其是父辈在认知层面远远落后于子代的家庭），而逐渐在精神上趋于弱势、在家庭地位与抉择中边缘化，呈现出父辈心有余而力不足的状态，此时教育更多依赖于子代的意愿与行动，父母仅提供子代要求的资源。在此家庭权力体系下，子代的深造意愿则会对家庭教育抉择起到较大的决定作用，父辈仅在能力范围内提供物质或精神支持，以尽量为子代提供帮助。

父辈向子代学习属于前喻文化模式，即反向代际影响。在这种模式下，子代用新生代的思维与行动反过来影响父辈的思想与行为。② 随着子代的成长，其思维逐渐理性，对待教育以及其他问题的思考会给父辈传递出积极信号，从而促使父辈在抉择中更多地考虑子代的意愿。在这种家庭中，父代很难为子代提供有价值的意见，因而更倾向于尊重子女自己的意见，也因此在涉及教育相关的话题中处于家庭中的"弱势"地位，而子代不仅是教育的主体，还具有知识、思维方面的先进性，因此在家庭教育话题中处于强势地位。在遇到问题时，父代主要承担资源提供或生活保障作用。在子代思想加快成熟的社会环境下，子代自主意识增强，期待家庭中的平等机会，父辈也越来越多地将子女作为有理智思想的个体去看待。在瞬息万

---

① 张瑞瑞：《低收入农民工家长对学前子女教育期望的研究》，《北京教育学院学报》2015年第6期。
② 杨坤、高天野：《代际影响视角下家庭体育锻炼行为的特征与机制研究》，《南京体育学院学报》2021年第3期。

变的现代社会，青年一代对新知识、新观念、新事物有更强的适应力和接受力，在他们心目中，家长已不再是绝对的权威，并且已经出现了文化反哺的现象。①

（三）子代深造意愿弱而父代社会资本高的家庭也会呈现高教育期望

对于一些重视教育的父辈来说，上大学满足的不仅是其对子代的期待，也是其实现自我价值、满足父辈付出心理的途径，在这一观点的推动下，父辈会对子代有一定的要求。隆妈从现实需要以及自身经历两方面考虑，期待儿子小隆可以获得更高的学历。

> 学历高的话，未来考个公务员多稳定呀。得是个重点大学，好单位才招你，一般的大学学历的话，你连进去面试的机会都没有。

隆妈对小隆教育的期待与重视不仅体现在学历方面，还精细到了具体的专业方面。隆妈表示，自己曾经多次参加相关宣讲会、开放日等活动：

> 专业的话，就计算机、会计这种，以后去哪里都能就业，我觉得就挺好，最好还是进政府机关，这是我最理想的想法。

重视教育的父辈不仅对子代的教育有一定的期待，也会为了达成"升学"这一家庭目标而加强对自己的要求，其对于教育结果的不同期待也会催生出不同的行为与投入。最为直观的就是父辈在家庭氛围的营造、课后拓展的投入等方面的差异，进而逐渐影响子代的认知及行为，最终导致教育结果的不同。

---

① 王处辉、余晓静：《从填报高考志愿看城市家庭的代际关系和教育问题——2003年高考考生/家长填报志愿情况调查报告》，《高等教育研究》2004年第1期。

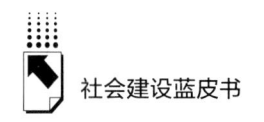

孩子如果有能力，自己愿意支持他读到博士。学历肯定是越高越好，他要是真能读到硕士、博士，他能到什么程度我就支持到哪个阶段。北京这边条件还是好，我们工作虽然累，但是发展肯定是比老家好太多的，所以我们也尽力让他留在这边，现在不是正在办转学什么的吗，还是期待他能在这边好好发展。（隆妈，个案01）

相较于母亲的高教育期望，小隆对自己的学业和未来发展则并不上心，过着"做一天和尚撞一天钟的生活"。为此，隆妈对自己的儿子颇有微词：

学习就那样吧。我说让他写完作业之后多做点题，上个辅导班什么的，但是他就在屋里玩电脑，和他说话也不理我，一天说不了两句话，他不听。他的想法和你的不一样，他可能心里有想法吧。你说的他也知道，具体做不做，那就是他的事儿了。我觉得他做的肯定是没有那么尽全力吧，其实他就是不努力。他心里也明白，你跟他说多了也不行，他也急，但实际行动又没看他表现出有多努力，这就有点儿让我抓狂。不是说一分一操场的人吗，而且他现在的学习、学校也不是很好，那只有比重点学校的人更努力才有可能追得上人家，我是真担心他来不及。可他自己没压力，我反正看着他自己挺会调节放松的，越考试他越放松，你要说他，他就说有什么可复习的呀。

父辈除了拥有经济资源外，还倾向于在其他优势领域为再迁流动儿童的教育保驾护航，提供全方位保障。即使工作繁忙，隆妈也坚持亲自接送小隆上补习班，在时间允许的情况下，也会和老师交流孩子近阶段表现。虽然小隆当下不涉及择校问题，但隆妈依旧抽出时间参与到大学开放的活动中对大学进行考察，为小隆分析规划各高校的专业实力。此外，隆妈还投入大量精力进行落户、转学以及升学信息的收集汇总。作为新一代务工人员，这类家长有能力、有财力在周边地区进行落户，也在物质条件上竭力满足孩子的一切需求，使其不用担心生计，放心追求更高的学历层次。同时，作为家庭中资源的拥有者和权力、知识中心，这类家庭中的父辈较子代来说，往往具有较为突出的优势，尤其是作为两代人中具有资源优势的一方，父辈可以向子代传递资源和思想，即子代向父辈学习的后喻文化模式。在这种以父辈为主导的代际影响模式下，子代从父辈的经验和引导中汲取养分，学习知识与技能，这种"学习性"也导致子代很难在社会特征中完全摆脱父辈的某些特质，甚至成为父辈在社会文化、行为模式、价值取向方面的"衍生品"，从而实现价值观的代际传递。

五　结论

相比于其他家庭，再迁流动儿童家庭一方面出于对大城市奋斗成果和教育资源等的留恋，另一方面也由于长时间远离故乡，和家乡的关系较为疏远，缺少来自家乡的社会支持，而无法回归故乡。又因为多次漂泊和频繁变换生活场景而与熟悉的关系、亲近的朋友联系逐渐减少，使其在城市中的支持网络多次受到破坏，愈发显现出再迁流动儿童家庭在陌生地方的孤单和缺少支持。这些主观和客观的原因导致再迁流动儿童家庭的社会支持网络薄弱，熟悉且固定的环境、对象较为局限，甚至仅限于核心家庭成员，这也促使其家庭成员间相互依赖性强，情感联结密切，将彼此视为生命中相当重要甚至最重要的角色，愿意尽力满足对方需求，同时也不愿意对方受到伤害，因此会互相让步，当问题或困难出现时，家庭成员的选择往往趋于统一。但当家庭遇到分歧时，所受到的伤害也更强，对家庭成员的影响也随之上升。一旦问题无法解决，则很大程度上会陷入僵局，直至一方牺牲自己的利益或调整自己的想法进行妥协。

因此，再迁流动儿童家庭的特殊性会营造出特殊的家庭氛围，并作用于家庭每个成员的观点及行动中，在无形之中影响家庭做出教育抉择。通过实证研究发现，再迁流动儿童家庭的教育抉择主要受到家乡社会资本缺失、城市社会资本累积等客观因素，以及难舍亲子分离、倚重环京教育资源、父代

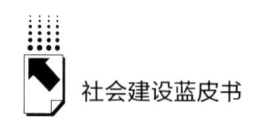

学历崇拜、子代深造意愿等主观因素影响而选择再迁。一些社会地位较高的父辈会将子代的学历、成绩、表现等作为优越的社会资本的象征，将城市的文化符号逐步附加到自己和子代的身上。这类父辈明确地将城市里特定的社会设置、行动与相应社会资本、社会分层对接。[①] 不同的社会出身影响了家长的教育观念以及对成绩、学历的认知，进而影响了家长的教育期望。在他们的思维体系中，"升学""学校品牌"是与"未来地位""发展前景"相匹配的文化符号，假若孩子不能步入大学或无法进入具有品牌效应的大学，那么在未来的竞争和阶层流动中，子代可能无法取得优势地位或突破。父辈基于此类认知，会对子代预设较高的教育期望，在教育前期进行大量投入。在投入的背后，实际包含着"你要取得好成绩""力争上游"等隐性要求，客观上造成子代学业上的巨大压力。

---

① 刘谦：《迟疑的"大学梦"——对北京随迁子女教育愿望的人类学分析》，《教育研究》2015年第1期。

社会治理篇

Social Governance

B.12
北京市"接诉即办"改革的基层实践分析报告[*]

陈锋 宋佳琳[**]

摘　要： 本报告立足于"接诉即办"改革实践的基本情况，通过对多个街道和社区的参与观察与深入访谈，以及相关统计数据的收集，分析了"接诉即办"对于推动基层治理转型的积极效果，包括提升基层治理的积极性、规范化程度，并增强干群之间的联系，群众的获得感与幸福感大大提升。但调研也发现，出现部分弱公共性需求，治理主体权责模糊，主动治理意识不足等问题。研究认为，居民诉求成本过低、基层权责不平衡、常规主动性治理能力较弱是问题出现的主要原因，

---

[*] 本报告是课题组集体智慧的结晶，感谢一同参与调研与讨论的课题组成员安永军、郭施宏、邢宇宙、韩秀记、王泽林等。

[**] 陈锋，北京工业大学文法学部副主任、教授、博士研究生导师，北京社会管理研究基地研究人员；宋佳琳，北京工业大学北京社会管理研究基地研究人员。

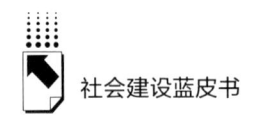

进而提出深化基层治理中党建引领"接诉即办"改革的对策和建议。

关键词： 接诉即办　12345热线　社区治理

党的十八届五中全会强调，必须坚持以人民为中心的发展思想，把增进人民福祉、促进人的全面发展作为发展的出发点和落脚点，发展人民民主，维护社会公平正义，保障人民平等参与、平等发展权利，充分调动人民积极性、主动性、创造性。习近平总书记在总结改革开放40年积累的宝贵经验时也指出，需要顺应民心、尊重民意、关注民情、致力民生；提出扎根基层，依靠人民群众，回应人民群众需求，是社会主义民主政治的出发点，也是发展的动力源泉。

北京市以习近平新时代中国特色社会主义思想为指导，积极践行"以人民为中心的发展思想"，不断推进党建引领"接诉即办"基层治理改革，主动回应群众关切，办好群众身边的操心事、烦心事、揪心事，破解基层治理难题。2018年北京市委、市政府在全市推广了"街乡吹哨，部门报到"工作机制，给全市300多个街乡镇赋权，促使治理重心下移，提升属地管理能力。2019年1月，北京市以12345热线为主要依托，在"街乡吹哨，部门报到"的基础上向前一步，推进党建引领"接诉即办"改革，力求快速响应群众诉求，把"吹哨报到"工作落到实处。

12345市民服务热线发端于1987年的"市长电话"，经历"接诉即办"改革后，转换成现今较为成熟的"非紧急救助服务系统"，将以往分散在各个部门的几十个热线电话，整合成全新的"12345市民服务热线"。从基层回应与解决诉求的方式看，各街道从过去仅工作日接单，转变为每天24小时随时接单，能够自行解决的，及时就地解决；需要跨部门解决的复杂问题，由街乡镇召集相关部门，现场共同研究解决；其他需要市级部门推动的，及时上报。每月，市里都要对337个街乡镇接诉即办工作中的"响应率、解决率和满意率"进行综合排名,并在区委书记月度点评会上通报。

民有所呼,我有所应。"接诉即办"这种闻风而动、快速响应、精细化考评的治理方式不仅大大降低了民众反映诉求的成本,也大大转变了基层干部的作风,提高了基层工作者的反应速度与处理效率,规范了基层治理的方式与态度,群众满意度显著提升,形成了首都"以人民为中心"发展思想的生动实践。但调研发现,伴随着12345"接诉即办"机制的深入人心,市民拨打12345市民服务热线的需求被不断激发,诉求量不断攀升,"接诉即办"已经成为基层治理的中心工作,但也在基层治理中出现新的问题,需要深化基层治理中的党建引领"接诉即办"改革,采取针对性措施加以解决。本报告基于课题组于2020年9月至2021年6月在北京市4个区、6个街道、12个社区的观察与访谈,并收集了市级以及部分街道与社区12345诉求案件相关统计数据,总结北京市"接诉即办"运作的实践成效,分析当前依然存在的主要问题及原因,进而提出针对性的对策和建议。

一 北京市"接诉即办"的运作流程与基层治理实践成效

(一)基层治理中"接诉即办"的运作流程

在基层治理中,"接诉即办"改革运行以来,12345市民服务热线将街道(乡镇)管辖权属清晰的群众诉求,直接派给街乡镇,街乡镇迅速回应和办理,区政府同时接到派单,负责督办。工作流程具体分为5个板块,接听受理、分拣派发、签收响应、办理回复、回访考核(见图1)。主要将市民来电划分成资讯类和诉求类,资讯类可当场解答,诉求类记录整理形成工单后根据职能职责、问题归属派发到具体承办单位,值守员发现派单并上报党政一把手签阅,根据工单的重要程度再选择进行现场处理或者直接答复,最后还会每月对市民进行回访形成基于响应率、解决率、满意率的排名考核机制。

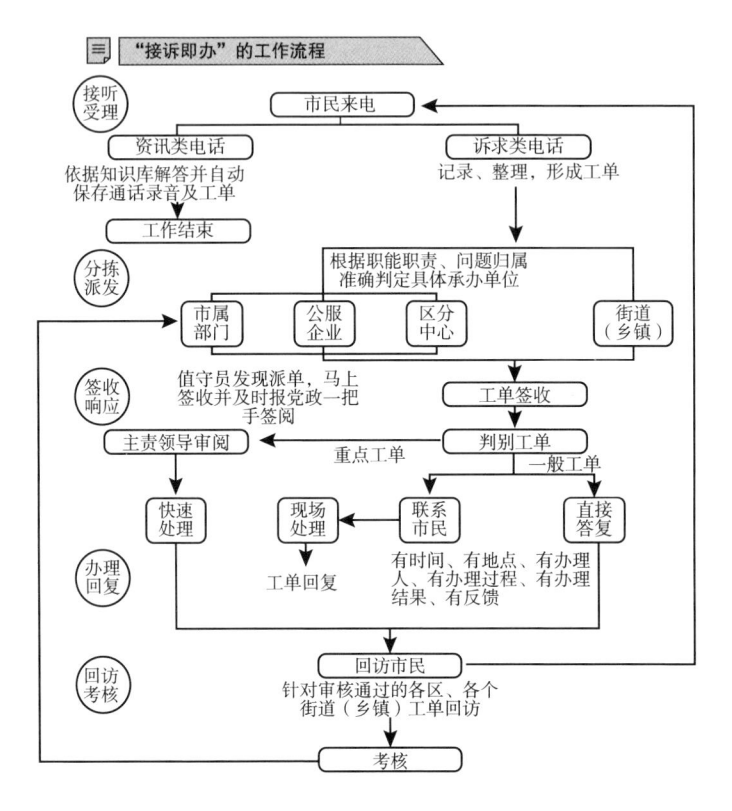

图 1　"接诉即办"的工作流程

（二）"接诉即办"下的基层治理实践成效

12345 热线整合了 16 个区 36 个部门共计 52 条热线，开通了 15 个网络渠道。截至 2021 年 6 月底，北京市 12345 服务热线共计受理群众反映问题 2500 余万件，日均 2.7 万件，其中约 60% 直接解答，主要咨询疫情防控政策、市场管理与劳动社会保障等问题，约 40% 派单办理，主要是群众"急难愁盼"问题；解决率从 2019 年 1 月的 53% 提升到 87%，满意率从 65% 提升到 91%；收获群众表扬 3.1 万件，上升 76.89%。[①] 从

---

① 数据来源于笔者 2021 年 7 月在北京市 12345 市民热线服务中心的调研统计资料。

时间变迁来看，12345 服务热线愈加深入人心，2019 年 12345 热线全年共接听来电 696.36 万件，比 2018 年增长 27.51%；共受理诉求 251.97 万件，比 2018 年增长 46.07%。[①] 2020 年全年受理量突破 1103.94 万件，环比增长 55.24%，解决了 304 万件民生痛点问题。[②] 面对突如其来的新冠肺炎疫情，12345 也成为"抗疫前哨"。从整体的变化上来看，基层工作人员服务意识普遍提升，群众诉求解决率、满意率也不断提高，"接诉即办"成为北京城市运行的"晴雨表"、市民诉求的"呼叫哨"、政府与企业群众的"连心桥"。在基层治理中，具体成效表现为以下几个方面。

第一，群众获得感显著提高。12345 市民服务热线整合了多条热线、开通了微信公众号，受理渠道变多变广，且市民对物业管理、垃圾分类、疫情防控等事件的关注度持续居于高位，案件总量保持上涨趋势。大多数居民都反映"接诉即办"切实解决了不少实事，此系统基本覆盖了各类民生问题，体现了 12345 服务热线为人民服务的初心（见图 2）。得益于"闻风而动、快速响应"的机制，更多民生需求浮现出来，能够从整体上反映出一个街道或区域的基本情况，便于利用此机制作为抓手，摸清不同街道和区域的重难点问题。

第二，基层工作的规范化水平提升。"接诉即办"机制加大了街道和社区对问题的重视程度，促进基层工作者及时响应问题且与负责部门沟通，按照流程查清问题源头，及时将居民诉求归类后准确对接到相关处理人员，诉求处理手段的规范化水平大大提高。尤其体现在其速度和方式得到较大改善，减少责任模糊和办事拖延状况。另外，还能够利用网格化管理信息平台的辅助作用，依托网格主动发现并解决问题，通过片区负责人常规性地巡逻小区，及时发现公共区域明显的问题与隐患，上报需要解决的事件，努力向

---

① 数据来源于北京市人民政府网站首都之窗，http://www.beijing.gov.cn/gongkai/shuju/shudu/202001/t20200119_1838347.html。
② 数据来源于北京市人民政府网站首都之窗，http://www.beijing.gov.cn/ywdt/gzdt/202101/t20210111_2210645.html。

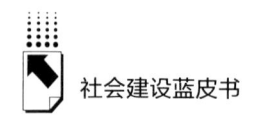

05 解答和办理群众关注的各类问题

解答咨询比例最高的问题是 **卫生健康类** 81.76% 咨询占比

办理诉求比例最高的问题是 **物业管理类** 71.83% 诉求占比

图2 "接诉即办"12345热线解答和办理群众最关注的问题

资料来源：北京市人民政府网站首都之窗，http://www.beijing.gov.cn/gongkai/shuju/shudu/202001/t20200119_1838347.html。

未诉先办的方向靠拢，同时对12345市民服务热线所反映的高频问题区域进行重点关注，加强主动治理。

第三，干群关系的紧密性加强。为了回应群众诉求，基层干部采取入户、包楼等措施，社区工作者与居民的联系紧密度显著提升，除了对居民表面资料的了解，社区工作者还能掌握各类人员信息，例如行动不便的老人、困难户、低保户，积极性高、愿意参加活动、做志愿者、参与其他组织选举的居民等。社工包楼包片，日常巡视，把居民当家人，了解熟悉楼内居民的情况，久而久之居民有诉求可通过楼门微信群等渠道提前反映，提升了解决效率；以往经常发泄怨气的群体现在转变为"冲情面可退让一步"，缓解了社区与居民的关系,减轻了社区工作者的负担。例如东城某社区一位居民,因 2017 年其一楼的违建被拆除而感到不平衡,持续投诉他人噪声干扰、水管漏水、小区绿化等多种问题,居委会多次上门做工作、熟悉居民,通过真诚的服务打动了该户居民,不仅停止非理性投诉,而且还成为社区积极分子。同时,社区也在慢慢加强对居委会联系方式与办公地点的宣传,努力改善以往居民"不知道还有居委会""不清楚居委会在哪、能帮我们干什么"的隔阂状态。

二 北京市"接诉即办"改革基层实践存在的主要问题

(一)投诉门槛较低,出现部分弱公共性的诉求[①]

12345 市民服务热线能够帮助群众直通政府快速有效地解决生活问题,也能帮助政府快速掌握民生动态,一定程度上成为城市治理的"大脑神经"。从 12345 市民服务热线的居民诉求内容来看,绝大多数都是关于民众自身权益的合理诉求,但同时出现了一些弱公共性的需求。部分弱公共性诉求如下:低保户投诉政府发的大米里有虫子,实际原因是储存地过于潮湿并且存放太久;垃圾桶站的摆放位置离楼门远时被投诉不方便,近时被投诉异味大。部分个人需要,如猫丢了、家里的门锁坏了等也通过 12345 市民服务热线寻求解决方案。

以 F 区 S 社区 7~10 月诉求件为例[②],此社区一共处理了 195 起诉求件,就解决与满意的情况来看,其中未解决、不满意这类"双否"案件占 34%,达到了总案件量的 1/3,未解决但满意的"单否"案件占 12%,"未解决"

[①] 本研究的案例和数据均来自课题组成员的实地调研,少数案例的详细分析已载于陈锋、宋佳琳的论文《技术引入基层与社区治理逻辑的重塑——基于 A 市 12345 政府服务热线的案例分析》,《学习与实践》2021 年第 4 期。

[②] 数据来源于北京市 S 社区 12345 工作台账。

的案件总和接近总量的一半,这表明有较大比例的诉求案件是无法解决的(见图3)。

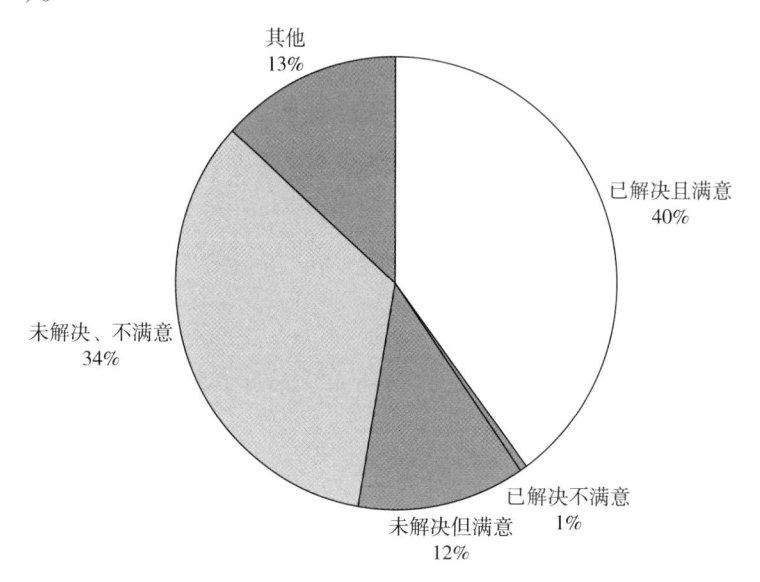

图3 S社区2020年7~10月12345诉求件的解决与满意情况

注:"其他"包括"无人接听""微博案件""关机""回复内容无法进行回访""联系方式保密""挂断"等情况。

街居的职责范围有限,诉求件的解决率与满意率又紧密关联。历史遗留问题、私人问题、弱公共性问题压在既有的职责之上必然会导致解决率的下降,可能同时导致"双率"不达标,这类诉求的不断增加一直困扰着基层干部。

案例1 北京市T社区在垃圾处理方面遇到过较多无法解决的诉求。垃圾清运方面,每栋楼前面都放置了垃圾桶,有的投诉承接垃圾运输的环卫公司早上6点来拉垃圾时发出的声响较大,打扰居民睡觉;夏天时又投诉垃圾车来得晚了,因天气太热会受到垃圾桶异味的影响。桶站位置方面,垃圾分类政策实行以后,基层开始撤桶并站,从原先的19个站点合并为10个,进入"接诉即办"系统的居民诉求不断上涨,因为并站导致有的楼前没有站点，而有的楼前站点的桶变大变多。一方面，一些居民认为自家楼前没有桶变得不方便；另一方面，一些居民质问为什么垃圾桶都放在自家楼门口。其次，垃圾站点分全时站点和分时站点，即24小时开放的与分时间段开放的。目前唯一一个24小时全天开放的站点为了避免视觉和嗅觉上打扰到居民，协调过众多居民的利益，最后安排在小区北门门边，相对来说离居民楼较远，但仍然接到投诉，有住户反映站自家阳台上能看到全时站点的一排垃圾桶，称很不美观。①

案例1中，垃圾清运和桶站的摆放，是公共空间中的环境治理问题，也依赖于社区的"公共性"。但是现实条件下，居民更多以个人利益为主，无法兼顾"公"的需求，致使很多诉求之间也形成了悖论，还造成了同一问题的多元诉求案件，工作人员必须逐一上门了解情况与做思想工作，不仅耗费基层人员大量的工作精力，而且仍然难以真正解决以及达到满意率的指标。进入12345渠道的诉求件要求"有求必应"，但此过程中没有过滤掉弱公共性以及高度个体化的诉求，比如恶意投诉、私人恩怨，或者仅仅是为了发泄怨气和寻求倾诉等。

弱公共性诉求大量涌现的主要原因是居民投诉成本较低。居民反映问题的时间和范围没有清晰的限制，于居民而言12345服务平台可以向上投诉任何问题，由于居民的过度表达与诉求识别机制的缺位，这些诉求因为信息的不对称便会不断上涌。"居民打一个电话只需要几分钟，社区解决一个诉求可能要几天或几个月。"

（二）基层兜底责任加重，各方权责边界区分模糊

12345市民服务热线的快速性、及时性减少了民众反映问题和得到回应的时间，但相比信访等渠道，12345市民服务热线投诉门槛较低，在快速响

---

① 信息来源于2020年T社区12345诉求工单及与社区居委会C书记的访谈。

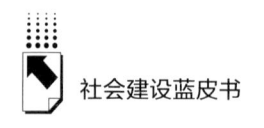

应解决问题的过程中，较难细致区分诉求处理主体，使得政府与市场、民众的权责边界模糊。

权责边界模糊主要表现为两个问题：一是"什么诉求应该处理"的问题，二是"谁来处理诉求"的问题。第一个问题是由于自上而下的信息不对称，无法对民众的诉求做出精准区分，这就使得基层干部接到所有派单诉求件都要去联系投诉人处理，一些弱公共性与高度私人化的需求已明显超出基层干部的权责范围；第二个问题，典型表现在12345投诉率最高的物业管理问题上。像房顶漏水、小区门禁、硬件维修、电梯安装等，需要物业解决的案件占多数，但基层社区干部却承担了原本应该由物业承担的一些责任。

> 案例2 北京市X社区北街1~4号院频频有居民通过热线反映自来水水压低，5、6层楼水上不去，尤其在夏天用水高峰期时，一天就有四五个12345诉求案件。此老旧小区均为国资委下属，楼底比较老，加上积压的东西多，管道的质量逐年变差，产权单位负责为院外更换了管道，认为楼里的归物业公司管所以不予更换。居委会与自来水公司沟通后公司进入社区测压，但是涉及检测时间点的问题，非用水高峰期时压力符合正常标准，后街居自行跟进测水压的事，并多次与部门协商，现未解决。而物业方面表示更换楼体主管道的项目要求业主和物业共同出资，还可能需要政府的资金支持，解决问题的难度加大。①

案例2中，老旧小区自来水管问题涉及产权单位、自来水公司、物业等多个主体，类似这种要求专业技术人员处理、不在基层人员主责范围之内的诉求，街道和社区在其中应更多起协调和监督作用。但由于各方权责边界模糊，各主体大多选择对自己有利的行动策略，规避风险，彼此寻求"减压"

---

① 信息来源于2020年X社区12345诉求工单及与社区居委会L书记的访谈。

的方式。在"属地管理、三率考核"等要求的压力下，基层不可避免地成为权责博弈的承担者，最后的动员工作与资金规划落在了基层层面。因此，基层需要利用有限的服务资源去解决所有诉求，基层治理的空间受到一定的挤压。

基层权责边界模糊的主要原因是街居成为所有诉求的兜底责任方，居民以及本应履行职责的物业等市场组织形成对街道社区的责任转移，街道社区的负担日益加重。一些超出街道社区权力职责范围的问题，一旦无法解决，居民也容易将对未解决问题的不满转移到基层干部身上，增大基层干部的工作压力，基层治理的难度不断上升。

（三）形式化工作增多，主动治理意识不足

"接诉即办"工作通过强化考核有效倒逼基层干部转变工作作风，提升服务群众的能力，但调研发现，有不少工作人员反映精力花在填报表单和开会上，致使基层增加新的负担，促进了形式主义的再生产。相反，对于较为长远的年度社区建设或者更为长远的基层治理规划，主动治理意识不足。

在与一位区级12345"接诉即办"案件数据分析人员的访谈中了解到，没有重大突发事件的情况下，区级层面每月仍增加万余件诉求，数量并没有降低，从案件内容发现，除了未解决问题的连带性案件，还有部分可能是充当分母以降低未解决比例的"形式"凑数案件。一些街道本想采取"未诉先办"的工作机制主动作为，为此也解决了很多居民的日常问题，使得12345投诉量有所下降，但是一些难点问题、历史遗留问题依然无法解决或者需要长时间解决，导致当月的12345案件解决率与满意率下降，直接后果是该街道的当月排名不升反降，进而挫伤基层干部的积极性。

在一些无法解决的诉求以及上级政府任务指标的压力之下，可能导致基层产生"目标替代"。这种悖论在于部分社会事实是无法标准化的，规范且数字化的工作手段可以保证形式上的准确性，但无法有效判断内容的

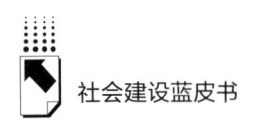

真实准确。程序正义本应是实现实质正义的基础保障和底线标准,而如今异化为形式主义[①],进而掩盖了实质合理性,也破坏了基层治权的公信力。

为了平衡服务热线考核的"满意率"而规避责任的基层工作更能说明形式化工作增多的问题。"满意率"是带有较强主观色彩的,容易导致一些属地通过"添凑"诉求工单,以保证解决率、满意率达标。另外,12345"接诉即办"考核标准中设置了一定的剔除率,尤其是针对"双否"案件,目前的要求是不超过总量的13%。于是基层为了"用好"这13%的剔除率,即使社区没有回访的要求,也会不遗余力地以电话覆盖到所有投诉过的居民,期望能够把真正的"双否"诉求件剔除,为考核所需的解决率和满意率留出空间。如此一来,除了基层工作量继续增大、办事风格机械化形式化,也使得街居倾向于处理简单容易的事件,削弱基层治理的创新探索性和问题导向性,混淆不合理的诉求与公共需求之间的关系。

此外,办事留痕、文字美化等也进一步增加基层的工作量。在12345市民服务热线中,街道、乡镇一级普遍需要几个专门填写文字表单的工作人员。处理诉求时,有精准定位、证据留存的工作,处理完成时,则有表单填写的工作。对于"双否"案件,市级相关部门尤其重视,要求每个诉求单提供对回应与解决过程的详细记录,并会对其进行审核,因此基层人员便把重心放在文字的斟酌上。

主动治理意识不足的主要原因是基层完全陷入在回应细碎且具体的居民诉求中,缺乏举一反三的主动治理意识,以及在应对诉求的过程中未能提升干部的群众工作能力与社会动员能力,未能打造"人人有责、人人尽责、人人共享"的社会治理共同体。

---

① 陈锋、朱梦圆:《技术治理下农村低保政策的实践异化——基于H市M区农村的实地调查》,《西南大学学报》(社会科学版)2019年第1期。

三 深化基层治理中党建引领"接诉即办"改革的对策建议

（一）建立诉求人信息透明化机制与诚信体系，有效降低弱公共性诉求

"接诉即办"机制的高效运行有赖于居民诉求的合理性和可解决程度。因此应当尽可能将公共性较强的诉求筛选出来，如果直接对居民诉求进行甄别，筛选成本太高而难以实现，因此，需要适当增加居民投诉的成本，通过增加成本来抑制弱公共性诉求。

首先，推动诉求人信息进一步透明化。目前大多数诉求件主要呈现诉求人的姓名和电话信息，另外还有一些社区和街道无法识别投诉者身份的匿名案件，导致无法与诉求者沟通相关事宜，基层解决问题的效率降低。建议诉求人投诉拨打电话时先输入身份证号码信息，增强对方的身份意识与公共意识，保证诉求的可追溯性，避免基层无法精准捕捉投诉人的真正诉求，以及低成本弱公共性诉求的涌入。其次，推进社会诚信体系的建立。对于重点信访人、恶意投诉、反复拨打扰乱秩序的投诉者，在诚信系统上进行记录，纳入黑名单，到达一定次数以后限制其一定的权利，以此对其产生相应的制约。

（二）完善诉求筛选和纠错机制，明确基层责任的分配与落实

技术手段并非万能，既要看到技术治理对基层管理的支持，也要合理界定技术的功能及边界，明确其应用的限度，应该让更多"真正"的民生问题进入技术系统，因此需要对私利化诉求、情绪化案件、历史遗留问题进行筛选和识别。

首先，12345市民服务热线可在自身层面实现"初步筛选"，比如加入前期语音提示，若反映的是一些社区治理的常规问题，可以提醒居民是否直接转入社区居委会或者物业寻求解决途径，减少案件诉求循环往复的成本；另外遵循市民自身意愿，例如避免部分在阐述诉求过程中已经明确告知接线

员派给委办局，最终仍依照属地责任派给社区的情况。其次，还应建立"接诉即办"的纠错机制，即对诉求响应进行细化考核，将社区联系举报人的过程也纳入响应模块。目前的模式是所有的案件情况均以居民的口径为准，无法甄别部分居民为了自己利益夸大事实、歪曲事实的现象，所以社区联系居民和了解事实时的过程录音应该得到重视，针对一些明显错报的诉求件、上报和回访完全不一致的诉求件，可以协调退回或者不纳入考核，保证社区工作者将更多精力用在真正需要解决的案件上。

（三）弱化量化考核，建立专项激励机制，增强基层常规自主治理能力

12345市民服务热线等技术手段和现有的"接诉即办"机制作为过渡状态，对改变基层干部的作风和改善基层治理发挥重要作用，但从长远上看，技术作为工具是以辅助性的外在力量来提高治理效能，基层治理还是需要以基层为中心的内生性力量为主。在一些重难点、历史遗留问题上，囿于月度排名的压力，基层干部主动担当的积极性很低。所以要推进"接诉即办"向"未诉先办"转变，保证基层工作的主动性，促使强考核的外力监督向提升内生常规治理能力转变。

首先，继续将12345市民服务热线相关诉求数据作为区域和基层治理的重要参照，形成区域与基层治理系统规划，解决群众关心的重点难点问题。其次，延长考核周期并弱化12345"接诉即办"的考核比重，由每月一考核逐步过渡到每季度、每半年一考核；适当降低"接诉即办"工作在基层工作综合考核中的比重，推动基层工作从应急状态向常规状态转变。另外，建议在全市推动"每月一题"的基础上，建立主动治理、未诉先办的基层考核专项激励机制。一是将街道12345市民服务热线诉求量降低比例纳入考核，避免增加形式主义案件，造成治理资源的浪费和基层治理的空转。二是实行主动治理事项加分考核制度，将季度、半年或年度12345市民服务热线所反映的市民关注的重难点问题，作为街道主动治理事项的重要参照，并在一定限期内推进解决。

总之，在基层治理中，深化党建引领"接诉即办"改革需要提升基层自主意识，增强基层的常规治理能力，处理好常规治理与应急管理的关系，做好基层治理的系统规划和常规工作，从着力提升基层干部群众工作能力、基层社会动员与社会服务能力着手，提高群众诉求的回应能力。

B.13 深化北京市居民垃圾分类动员的对策建议*

郭施宏　帖明　陆健**

摘　要： 垃圾分类是推进首都治理体系和治理能力现代化的关键"小事",也是实现"美丽中国"目标的重要举措。随着北京市进入垃圾分类的"强制时代",北京市"十四五"主要目标要求"垃圾分类成为全市人民自觉行动"。在强制分类政策实施1周年之际,北京市垃圾分类取得初步成效,但在动员居民形成自觉行动的过程中存在一定偏误,包括优先目标有待明晰、动员模式有待优化和动员方式有待改进。为促进垃圾分类成效的维系和居民自觉分类行动的养成,北京市在垃圾分类动员中应落实垃圾处理的优先次序,明确源头减量和资源循环的分类目标;发挥市场机制的引导作用,完善生产者责任延伸制度;引导社会公众的投放行为,将正向激励转变为负向激励。

关键词： 垃圾分类　社会动员　环境治理　资源循环　美丽中国

---

* 北京市教育委员会社科计划一般项目"基于源头分类和资源利用的北京市生活垃圾多元共治格局构建研究"（SM202111232004）、中国博士后科学基金资助项目"中国社会组织政策倡导影响因素与共治机制研究"（2021M690275）、湖北省高校人文社科研究基地"湖北省道德与文明研究中心"建设项目"环境正义视角下美丽乡村建设研究"。
感谢深圳市零废弃环保公益事业发展中心的毛达博士和万科公益基金会对本研究提供的帮助与支持。

** 郭施宏,博士,北京工业大学文法学部讲师,主要研究方向为环境社会学;帖明,博士,北京信息科技大学公共管理与传媒学院讲师,主要研究方向为环境管理学;陆健,博士,中国政法大学政治与公共管理学院讲师,主要研究方向为环境社会学。

深化北京市居民垃圾分类动员的对策建议

"垃圾分类"已经成为北京市居民生活中的热词。习近平总书记多次对垃圾分类工作作出重要指示，要求"普遍推行垃圾分类制度"。2017年，国务院发布的《生活垃圾分类制度实施方案》要求实施垃圾强制分类，这标志着中国城市生活垃圾分类从"倡导时代"进入"强制时代"。2020年5月1日，新版《北京市生活垃圾管理条例》（以下简称《条例》）正式实施，标志着北京市进入生活垃圾强制分类的时代。北京经济社会发展"十四五"主要目标要求"垃圾分类成为全市人民自觉行动"。社区垃圾分类动员和居民自觉垃圾分类行动是首都基层治理水平、市民素质和城市文明程度的重要体现，是推进首都治理体系和治理能力现代化的关键"小事"，对于构建现代环境治理体系和实现"美丽中国"目标具有重要意义。

2019~2021年，课题组在对北京市街道社区垃圾分类开展情况深入调研的基础上，对上海、成都、广州、福州等国内城市，以及韩国、马来西亚、意大利、比利时等国家也进行了垃圾分类和无废城市建设调研，并总结了中国垃圾分类工作的"四大教训与十大表征"（见表1）。北京市作为国内较早进入垃圾分类"强制时代"的城市，垃圾分类初见成效，但调研发现，在政府大范围高强度的动员下，居民的垃圾分类行为存在很大程度的被动性，尚未形成持续的自觉分类习惯。部分街道社区甚至出现了"官动民不动"的窘境。课题组也发现当前北京市垃圾分类动员方式存在一定误区，成本高、持续难的问题愈发突出。因此，在分析北京市垃圾分类动员误区的表现和原因的基础上，课题组结合发达国家在无废城市建设上的经验，为北京市垃圾分类的有效动员提供对策建议。

表1 垃圾分类工作的"四大教训与十大表征"

教训	误区表征	具体说明
不相信公众能够改变	人工分拣替代居民垃圾分类	垃圾分类总是做着做着，就有人开始帮居民分，或者是物业保洁员，或者是志愿者，甚至是专门设岗的垃圾分拣员。但是，无论是在资源投入，还是在效果产出方面，先混后拣的方式都未能有效达到垃圾分类的核心目标和要求

续表

教训	误区表征	具体说明
不相信公众能够改变	智能机器替代居民分类投放	人工智能或自动化技术虽然在垃圾分类领域的应用让我们眼前一亮,但是迄今为止,还没有让人满意的设备或者技术能很好地替代人们通过脑、手、脚的简单配合就可以完成的垃圾分类投放任务
把改变看得太简单	宣教形式僵化,流于浮表	宣教活动是促使居民行为改变不可或缺的一环,但又不必然能带来行为改变,原因之一是宣教的方式和质量有差异。这些做法背后的假设过于简单,认为公众感受到垃圾分类的氛围,受到垃圾分类科普,社区具备了垃圾分类的硬件设施,公众就会自发地进行分类投放。然而,这些举措虽然投入了大量人力物力,但现实成效却不大,而且逐渐沦为形式
	分类投放设施越方便,居民越好分类	垃圾分类投放设施方便程度与居民分类行为效果并无必然联系,更方便的设施设置反而增加了投放过程的监督成本。"撤桶并站"是开展垃圾分类的一个标准动作,这既可实现投放过程的监督,又可把监管成本控制在一定范围,但这个过程实际上遭遇了居民的一些不理解和阻力。需要在方便和有效之间取得平衡——方便不仅是居民的方便,也要顾及其他主体的方便;有效不仅是分类效果,同时要考虑成本的投入
急于求成	"花钱买垃圾",过度使用经济激励	虽然通过积分制、绿色账户等经济奖励形式可以在一定程度上促使居民参与和分类投放,但是物质奖励通常超过了废弃物本身的经济价值,这违背经济规律且难以维系。而且,在强制垃圾分类政策普遍推行的背景下,各地立法明确了垃圾分类是公民的责任义务,过度使用物质激励手段有悖于这一政策目标。经济激励需要其他行为干预措施配合,以保持分类投放行为的持续性
	追逐厨余处理捷径	厨余垃圾是垃圾分类中的一大难点,而正常的处理过程也需要较长的管理周期。正因如此,很早以前企业就趁机推出各种厨余处理"神器",如所谓的24小时"堆肥机",以及安装在家庭厨房水池的厨余粉碎机。实际上快速堆肥机产物并非真正的有机肥料,而是烧焦和脱水的有机废料,这一做法可能会对土壤形成危害。而把厨余打碎并直排下水道只是满足了公众求便利的需求,但本质上只是一种废物的转移
	后端未准备好就推前端	以上海市厨余垃圾处理为例,截至2020年6月,上海居民每天分出的厨余垃圾达到9600吨以上,而生化处理能力估计只有约5000吨。也就是说,分出来的厨余中约有一半得不到合适方式的处理利用。上海况且如此,其他一些地方的"超前问题"就更严重。如果这种缺口长期延续,很可能会影响居民垃圾分类意愿和行为的持续。从长远计,政府应该把处理设施的建设或规划放在前面,要求居民分类投放放在后面,让公众对行为改变的结果有清楚预期

续表

教训	误区表征	具体说明
要角缺位	政府做"甩手掌柜",盲目依赖第三方	部分区县级政府,倾向把辖区内的垃圾分类整体外包给第三方公司。作为甲方的政府仅进行走过场式的考核,而拿到政府外包合同的往往是打着"互联网+"旗号的企业,这种模式存在巨大的风险。一方面是企业经营情况存在较大的不确定性,一旦企业经营出现状况,其提供的服务将随之中断,这将严重影响公众对公共服务的信任;另一方面是企业的首要目的是盈利,其无法代替政府对垃圾议题有公共性和长远性的考量和规划
	政府对回收成本"无限兜底",忽视生产者责任	在一些回收有困难的垃圾类别上,比如低价值回收物、有害垃圾、电子废物等,政府一直扮演着积极的角色,一种常见做法是直接经济补贴,但这却忽视了生产者责任。具有成功经验的国家或地区的实践表明:由生产者直接履行资源循环再生责任、承担回收的费用,一方面可以提升低价值回收物的回收率,另一方面可以促使生产者革新产品以及减量化设计,从而促进垃圾从源头减量。这一行政干预形式的转变,并非排斥政府的转移支付和财政补贴,而是将它置于更加高效的地方
	政府系统中非住建环卫部门的参与有限	垃圾分类领域存在行政多头管理的"九龙治水"现象,涉及住房和城乡建设、城市管理、发展改革、生态环境、工商管理、市场监督、交通运输、民政、教育、卫生健康等多个部门。"九龙治水"背后更直接的问题是作为垃圾分类工作中最大的一条"龙",住建部门一直无法很好地承担起垃圾分类整体推动和协调的重任,而其他相关部门的参与非常有限,协作也不顺畅

注:内容根据课题组成员参与的万科公益基金会项目《通向无废城市:生活垃圾分类历史教训与全球经验研究》报告和"无毒先锋"微信公众号推文整理而成。

一 北京市垃圾分类现状

北京市城市生活垃圾分类的试点工作早在20世纪90年代就开始推行,但当前"强制时代"垃圾分类的迫切性远高于此前。这种迫切性主要来自空前的垃圾产生量和垃圾处理方式带来的生态安全和生命健康威胁。2018年,全国城市生活垃圾处理方式有51.9%为填埋,45.1%为焚烧。[①] 垃圾填埋不仅占用了大量的土地资源,而且容易形成土壤污染和地下水污染等问题。垃圾焚烧则会产生二噁英、一氧化碳、含苯化合物、重金属灰渣等有毒

---

① 数据来源于《中国社会统计年鉴2019》。

有害物质。有调查表明，仅2018年当年，北京市就有8座新建的焚烧厂投入运营。经计算，这些新建的焚烧项目在提高了全市二噁英浓度的同时，可能会导致每年1157人因为垃圾焚烧致癌，以及可能造成81.85亿元的社会健康损失，即每吨垃圾导致的健康成本约为1370元。[1] 由此，垃圾分类的主要目的在于降低生活垃圾填埋和焚烧的比例，避免垃圾填埋和焚烧形成的自然污染，减少垃圾处置成本以及促进废弃物的循环再生。有研究指出，垃圾分类将显著提升废弃物循环再生产生的价值，以及大幅降低北京市生活垃圾的清运成本和末端处置成本，由此，垃圾处理的全过程成本将减少约2/3。[2]

2020年5月，北京市在实施《北京市生活垃圾管理条例》后，全市1.3万余个小区和3000余个村积极动员居民参与垃圾分类。北京市统计局2020年1月和11~12月在全市16个区开展的城市居民垃圾分类意识及现状调查结果显示，81.1%的社区采取了桶前值守指导的方法，75.4%的社区悬挂宣传条幅或张贴宣传画等，73.6%的社区入户宣传指导，59.1%的社区组织了主题宣讲活动，部分社区还采取了积分奖励或礼品兑换、户分类村统一收集、设立"红黑榜"等方式动员居民垃圾分类（见图1）。在社区的积极动员下，被调查的3210名居民中，90.7%的受访居民对所在小区（村）垃圾分类工作表示满意，比《条例》实施前的2020年1月上升了33.3个百分点。[3]

与此同时，在2021年4月《条例》实施1周年之际，北京市家庭厨余分出量达到3878吨/天，较实施前增长了11.6倍；可回收物分出量达到4382吨/日，较实施前增长了46.1%。家庭厨余垃圾分出率从《条例》实施前的1.41%提升并稳定于20%左右，生活垃圾回收利用率为37.5%。垃圾减量成效也较为显著，2020年全市生活垃圾清运量较2019年下降了

---

[1] 梅家伟：《北京市垃圾分类的现状、问题及建议》，社会科学文献出版社，2019。
[2] 梅家伟：《北京市垃圾分类的现状、问题及建议》，社会科学文献出版社，2019。
[3] 资料来源于北京市统计局，http://www.beijing.gov.cn/gongkai/shuju/sjjd/202105/t20210514_2389272.html。

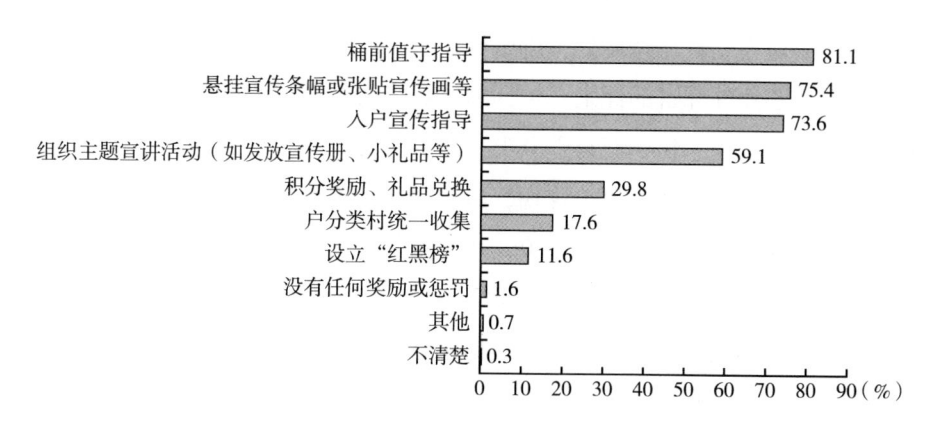

```
桶前值守指导                               81.1
悬挂宣传条幅或张贴宣传画等                   75.4
入户宣传指导                               73.6
组织主题宣讲活动（如发放宣传册、小礼品等）     59.1
积分奖励、礼品兑换          29.8
户分类统一收集        17.6
设立"红黑榜"        11.6
没有任何奖励或惩罚   1.6
其他                0.7
不清楚              0.3
        0  10  20  30  40  50  60  70  80  90(%)
```

图1　北京市社区垃圾分类动员方式

20.42%，2021年前4个月日均清运量较2019年下降了25.6%，较2020年进一步下降6.36%。①

二　垃圾分类动员中存在的问题及原因

相比空气污染、水污染、土壤污染等生态环境问题，垃圾分类具有全天候、长时间的特点，需要全民的集体行动和持续参与。而且，集体的规模越大，集体行动的难度也越大。② 面对超大城市的垃圾分类集体行动，如何开展有效的动员尤为重要。进入"强制时代"后，尽管北京市在垃圾分类上取得了初步成效，但在垃圾分类动员中存在一定的偏误，这将影响垃圾分类成效的维系。

1. 优先目标有待明晰

20世纪90年代以来，北京市已开展了20余年的垃圾分类实践，但公众仍难以形成自觉的垃圾分类行动。一项调查显示，2018年，约70%的受访北京市居民认为其所在社区遵守垃圾分类的人不多或无人遵守；只有

---

① 资料来源于人民政协网，http://www.rmzxb.com.cn/c/2021-05-02/2845111.shtml。
② 〔美〕曼瑟尔·奥尔森：《集体行动的逻辑》，陈郁、郭宇峰、李崇新译，上海人民出版社，2011。

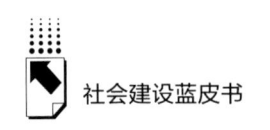

14%的公众认为北京市垃圾分类成效好。① 一个核心原因在于，全社会对于垃圾分类的必要性和目的性未产生共鸣。居民对于个人的垃圾分类行为缺乏足够的认同和责任意识，而自觉分类投放的个人在这一环境下很容易产生挫败感。在北京市社区的调研中发现，诸多居民认为其垃圾分类的直接目的是配合街道社区开展的强制分类政策，核心目的是废弃物循环再生。居民普遍未意识到"垃圾围城"的紧迫性，也不了解推行强制垃圾分类的真正意义是什么。这与当前垃圾治理的优先目标不够清晰有着密切的关系。

在"垃圾分类的主要目的是什么，不同的垃圾流向何处"等根本性问题上，政府在全社会并没有传递明确的答案。尽管2017年发布的《生活垃圾分类制度实施方案》提出垃圾分类要实现减量化、资源化和无害化的目的。但现实中，北京市街道和社区对于垃圾分类核心目的的认识仍十分模糊。目前，在居民投放端，北京市的主要做法是动员居民将厨余垃圾从生活垃圾中分离出来，并将此作为考核垃圾分类成效的主要指标之一。因此，各个街道采取了诸多手段提高厨余垃圾的分出率。

但是，由于北京市的生活垃圾主要以就近原则，被送往填埋场或焚烧厂进行末端处置，这一举措的主要目的是降低生活垃圾当中的含水量，提高垃圾焚烧的效率，以达到末端减量化的目的。这种以更好地焚烧为目的的垃圾分类与居民普遍认为的以资源回收再利用为目的的垃圾分类存在差距，这将导致社会公众的困惑和被动。而且，一旦公众认为垃圾分类的目的是更高效率地焚烧，将导致公众产生"反正垃圾不在我家后院"的冷漠以及焚烧厂周边居民的邻避矛盾长期持续存在。于是，已经形成的垃圾分类集体行动将逐步瓦解。

分类目的不明确直接导致了另一个影响动员效果的问题，即垃圾分类宣传的模糊性。从北京市垃圾分类众多的宣传标语——"践行垃圾分类，倡导绿色生活""垃圾分类让城市更文明""垃圾分类处理，助力低碳生活""垃圾分类，从我做起"等可以发现，目前社区垃圾分类的宣传主题多为

---

① 梅家伟：《北京市垃圾分类的现状、问题及建议》，社会科学文献出版社，2019。

"绿色""低碳""文明""卫生""幸福"等较为模糊的概念，居民既难以明晰垃圾分类的实际目的，也很难在情感上对这一行动产生共鸣。在调研中发现，北京市居民多认为垃圾分类的核心目的是循环利用，然而现实是，目前废弃物循环再利用的比例极低，大部分的城市生活垃圾最终流向了垃圾填埋场或焚烧厂。这一现实极易挫伤城市居民的垃圾分类习惯，垃圾分类的持续性也极易被破坏。

2. 动员模式有待优化

作为北京市的两件关键"小事"之一，垃圾分类被给予了高度的政府注意力分配，行政主导的政策工具被广泛运用于垃圾分类的执行过程当中。从高层级的行政部门到基层街道单位，再到社区自治组织，北京市掀起了全民垃圾分类的"热潮"，基层干部、志愿者和居民被广泛地调动参与到垃圾分类的诸多环节当中。但是，当这一行动成为政府考核的约束性目标后，基层政府为了在限期内完成考核要求，争取绩效或者避免处罚，出现了一定程度的行政动员偏差现象，行政主导动员模式虽然快速提高了北京市垃圾分类的绩效，但是，例如政府聘请桶站值守员对居民垃圾进行二次分拣等做法，不仅对政府财政造成了极大的负担，也抑制了居民自觉垃圾分类的内生动力的形成。而且，由于垃圾分类关系到全民的持续行动，街道和社区的工作人员又身兼数职，存在超负荷工作的问题，无法长期对全民进行动员和监督。[①]

行政动员模式对垃圾分类成效的维系不具优势，而且过度的行政干预将压缩其他主体参与垃圾分类治理的空间。一个典型的表现是，市场机制的作用受到的关注不足，未能有效引导居民垃圾分类。实际上，居民不是垃圾产生的实际主体，生活垃圾来自产品消费后的废弃物；政府也不是垃圾处置的实际主体，废弃物回收和资源再生行业是垃圾回收处理的主体。在这一层面上，居民仅是垃圾的源头投放者，政府只是起到垃圾治理的政策引导作用，

---

① 杜春林、黄涛珍：《从政府主导到多元共治：城市生活垃圾分类的治理困境与创新路径》，《行政论坛》2019年第4期。

实际参与垃圾产生和处理环节的是市场中的生产者和经营者。但是，目前从北京市的实际情况看，部分街道对市场机制的运用多为简单地通过外包第三方垃圾处理企业，"帮助"居民进行垃圾分类和清运。这一举措虽然有助于垃圾分类绩效的达成，但未能对居民投放行为产生实质影响，甚至不利于居民自发意识和行为的培育。

作为对居民垃圾分类行为更具根本性影响的市场机制——生产者责任延伸制度（Extended Producer Responsibility，EPR）有效性不足，中国的产品生产者未承担起引导居民进行垃圾减量和分类回收的责任。生产者责任延伸制度是一种将产品的责任从消费者转移到生产者，用以提升生态环境质量的制度安排。它强调生产者应承担的责任不仅在产品的生产环节，而且还要延伸到产品的研发设计、流通消费、回收利用、废物处置等整个生命周期，尤其是产品废弃后的回收和处理。[①] 这一制度被诸多发达国家的实践证明是进行垃圾源头减量和分类回收再生的重要举措。2016年，国务院办公厅印发《生产者责任延伸制度推行方案》，要求政府推动，市场主导，充分发挥市场在资源配置中的决定性作用，推动生产企业切实落实资源环境责任。但是，中国的生产者责任延伸制度普及度低、实施难度大，缺乏有效且细化的落实机制，在产品的绿色包装、减量轻便、节能降耗、循环再生、废弃物回收处置等方面缺乏足够约束力，所以尚未有效督促生产者承担起垃圾分类回收的责任。

3. 动员方式有待改进

当前，北京市部分街道的垃圾分类动员方式存在一定偏误。首先表现为激励偏误。选择性激励是社会动员的关键，既包括正向激励，也包括负向激励。为鼓励居民自觉分类行为的养成，北京市许多街道社区通过多种正向经济激励的手段奖励居民的垃圾分类行为，典型的如北京市通州区推出的"双向积分"政策，社区居民可以通过垃圾分类获得积分，以此兑换相应的

---

① 刘晓、钱名宇：《生产者责任延伸制在生活垃圾管理中的应用——欧盟实践经验介绍》，《世界环境》2020年第3期。

奖品或服务。然而，正向激励的方式对于居民自觉分类行为的形成效果十分有限，一是由于财政支持难以长期维系，二是小额的经济激励难以动员持续大范围的公众参与，对于动员年轻人的效果更不佳。① 上海的经验表明，虽然 2018 年上海"绿色账户"覆盖 664.7 万户，发卡 524.7 万张，积分 447934.4 万分，但是居民参与兑换的比例仅约三成。② 纵观全球，没有一个国家的居民自觉垃圾分类行为依靠正向经济激励形成，也几乎没有什么公众行为能够通过小额的物质奖励进行规范。即使在公民素质较高的发达国家，国民垃圾分类行为也是通过完备的惩处机制和负向激励约束形成的。但是，当前北京市部分地区既在全力推行强制分类政策，也在奖励居民的垃圾分类行为。在这一过程中，居民容易陷入误区。

其次是监督失灵。当前，北京市社区动员居民垃圾分类的思路和"创新"做法包括招募志愿者值守垃圾桶站，聘请专职人员监督居民投放和进行垃圾二次分拣，发动物业环卫人员管理社区垃圾桶站，委托第三方环卫公司对垃圾分类工作进行服务外包等。其核心思路在于通过社会资本或财政的持续输出，监督和教育居民进行垃圾分类，以及对居民混投的垃圾进行二次分拣。但是，持续性、大范围的垃圾分类让大多数街道和社区都面临桶站值守志愿者招募和资金投入的困境。原先通过志愿者宣教促进居民自觉分类行为养成的举措，逐渐转换为发动志愿者和专职人员参与垃圾桶站值守和二次分拣。部分街道和社区甚至把"垃圾桶站值守率"作为评价社区垃圾分类成效的指标。但是，由于社区对桶站值守者或二次分拣员并无实质考核要求，或以垃圾分类结果为考核，部分志愿者或专职人员难以发挥督促和教育社区居民垃圾分类的作用，反而成为"帮助"和替代社区居民进行分类的角色。在这样的情况下，一旦社区的垃圾桶站缺少人员值守和督促，居民又将恢复垃圾混丢的行为，而已经养成分类习惯的居

---

① 张莉萍、张中华：《城市生活垃圾源头分类中居民集体行动的困境及克服》，《武汉大学学报》（哲学社会科学版）2016 年第 6 期。
② 杜欢政、刘飞仁：《我国城市生活垃圾分类收集的难点及对策》，《新疆师范大学学报》（哲学社会科学版）2020 年第 1 期。

民看到混投的垃圾也将逐渐失去分类的意愿。长此往复，桶站值守和监督取得的成效也将逐步瓦解。因此，一直依靠行政力量和财政补贴推动的垃圾分类难以促进居民自觉分类行为的养成，居民长期处于被动动员的状态。随着政府注意力分配从垃圾分类议题转移，行政干预的力量和财政的支持力度下降，被动形成的分类成效也将难以持续。

最后是技术依赖。"互联网+垃圾分类回收"技术逐步在北京市众多社区推广。在前端投放阶段，手机App、微信公众号等互联网程序被应用于动员社区居民参与垃圾分类。社区居民利用互联网程序预约上门回收服务，将分类好的纸箱、塑料瓶等可回收垃圾交给废品回收人员，居民节约了时间成本的同时也能得到一定的物质奖励。诸多社区也安装了相关企业研发的智能垃圾箱。居民通过建立个人账号，将垃圾分类后投放到相应的智能垃圾箱中，并获得积分以兑换奖励。但在这一过程中，政府存在过度依赖技术的现象。虽然通过服务外包有机结合了社会资本和技术创新，降低了政府垃圾分类政策推行的行政成本，并在一定程度上有助于解决垃圾分类回收的难题。但是，现阶段大多所谓的智能垃圾分类平台运行水平参差不齐，运营能力较弱，无法实现垃圾分类的持续组织和管理。目前，北京市许多街道社区投入大量财政引进智能垃圾箱，但后续管理方式并不完善，智能垃圾箱使用效率不高，居民依然按照传统的方式进行垃圾投放。

三 垃圾分类动员的国际经验与对策建议

1. 落实垃圾处理的优先次序

垃圾从产生、投放、回收到再利用或销毁的全过程紧密衔接，任何一个环节都会对居民的垃圾投放行为产生影响。尽管北京市在垃圾治理前端积极动员居民开展分类，但垃圾处理的中端运输环节和后端处理环节与前端积极实施的分类政策匹配性不足，这导致政府不得不依靠行政力量进行干预，而居民持续性、自发性进行垃圾分类投放的行为面临挑战。因此，对于北京市而言，在强制开展垃圾分类的同时，垃圾减量、回收、再利用和处理的全过程需均匀发力,不能仅仅着力于垃圾源头分类。更重要的是,要落实垃圾处理的优先次序,明确减量化的意涵是垃圾的源头减量而不是末端减量,并通过法律的形式将源头减量、重复使用、回收利用的垃圾处理优先次序固化为指导各行业生产经营的标准,从而为前端的垃圾分类动员提供支持和保障。

发达国家的经验表明,落实明确的垃圾优先处理次序是成功应对垃圾危机和垃圾分类动员的关键。欧洲、韩国、印度尼西亚等国家和地区的政府将源头减量作为垃圾治理的最优先等级,在这一等级指导下,首先要做到的是预防废弃物的产生;其次是废弃物的重复使用、循环再生以及资源提取;最后才是垃圾填埋、焚烧等末端处理方式。而且,这些国家和地区通过高位立法将这种优先治理的原则不断明确和巩固,并渗透影响到行业生产和居民的日常生活之中,逐步推动全社会在资源利用和废弃物处置模式上的改变。例如,意大利米兰市于2002年通过了市政条例(Municipal Ordinance),明确了家庭、企业、收集者等利益相关主体的权利、职责,以及废弃物分类的种类、垃圾桶/袋放置的地点、执法和罚款等内容。印度尼西亚于2008年通过了以垃圾管理为核心议题的纲领性法律《垃圾管理法》(Waste Management Law),明确了集"回收、分类、循环、处理"于一体的垃圾治理体系,并提出了减量(reduction)和处理(handling)两项基本原则,前者强调源头治理,后者强调对产生的垃圾的最大限度利用与无害化处理。

2. 发挥市场机制的引导作用

"强制时代"垃圾分类政策的执行强调政府的主导地位,但目前政府主导的动员思路存在一定的误区。政府主导并不表示政府包揽垃圾治理各个环节的责任,政府应重点承担引领功能、保障功能、培育功能和兜底功能。鼓励多元主体发挥各自优势,持续稳定参与垃圾分类动员和资源回收再利用。尤其是要发挥市场机制对于居民垃圾分类行为的引导作用,强调垃圾分类回收的生产者责任,增强EPR制度的可操作性。以韩国为例,通过EPR制度的实施,韩国把分类回收责任分摊到生产商,政府则负责相关的监管工作。

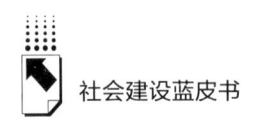

未履行回收责任的企业将受到高额的处罚,这也促使绝大部分韩国生产者承担起引导公众进行垃圾分类回收的责任。

尽管当前中国初步推行了生产者责任延伸制度,但相较于日韩、欧盟等生产者责任延伸制度实施较为成熟的国家和地区,中国的生产者责任延伸制度在可操作性上尚有不足。因此,一方面,需建立动态税费调节机制,结合生产方产品的废弃量和资源回收市场行情,对生产者所需缴纳的资源环境税费进行动态调节,推动生产者通过产品设计和生产的绿色化、轻量化和易回收化,减少消费品的废弃物产生量以及引导消费者进行回收再利用。另一方面,需建立失责惩处机制,逐步推进各行业由实行自愿生产者责任延伸制向强制生产者责任延伸制转变,并加强对生产者责任延伸制度执行效果的评价和监督力度。适当利用市场机制,对于没有承担资源回收责任的企业处以数倍,甚至数十倍于承担责任税费的处罚,采取多种举措支持企业积极承担生态责任。

3. 引导社会公众的投放行为

在强制分类时代,居民的垃圾投放行为应该从"鼓励"转变为"规范"。正向激励难以有效激发居民垃圾分类的自发行为,居民自觉分类行为的形成需要通过强制举措和负向激励。禁令、强制措施、收费等方式(多为法律形式)被诸多发达国家的成功经验证明是实现垃圾分类目标的重要手段。[1] 例如,在马来西亚,未进行垃圾分类的公众将被罚款约合人民币400元,若持续不遵守该政策、多次被开出罚单,公众将会面临约合人民币3200元以下的罚款,或有期徒刑1年以下的处罚,或两者并罚。在日本,公众混丢垃圾将被处以5年以下有期徒刑,并处以罚金约合人民币64万元。韩国规定公众投放的垃圾需按照品类、重量、体积进行收费,未正确进行垃圾分类的公众将面临处罚,并被计入征信系统。

垃圾计量收费制度是另一项规范公众垃圾投放行为的重要制度。垃圾计量收费制度,又称垃圾从量制,是根据垃圾种类的重量或体积进行收费的一种制度,强调了"生产者付费"的原则。1995年韩国在实行垃圾从量制后,

---

[1] 蒙天宇、周国梅、汪万发:《国际无废城市建设研究》,中国环境出版社,2019。

其生活垃圾的源头投放量，以及生活垃圾的填埋和焚烧量均大幅减少。全国生活垃圾投放量从1994年的49218吨/日减少至2016年的21519吨/日，下降了56.3%；相应的，资源再利用率从1994年的15.3%上涨至2016年的59.1%。实际上，包括北京在内的中国城市居民同样缴纳了垃圾处理费用，这部分费用包含在物业费或城市管理费中。但是，对于绝大多数居民而言，这一费用是固定且"隐形"的，居民对为垃圾付费的认知不足。而且，这一费用是按户或按人固定收取的，无法让居民认识到为生态保护付费的代价，也难以约束居民的源头减量和垃圾分类行为，反而会导致居民误以为交了垃圾处理费，就应由物业企业或城市管理者承担垃圾分类的责任。因此，北京市应率先将静态的垃圾按户或按人收费制度转变为动态的按量分类收费的制度，促进居民尽快形成"多排放多付费、少排放少付费，混合垃圾多付费、分类垃圾少付费"的观念。

其次，加强物业对居民垃圾分类的监督与管理。落实物业在社区垃圾分类管理上的主体责任，将垃圾分类成效和居民自觉垃圾分类行为作为考核物业的重要指标，尤其强调居民的自发分类行为，而非物业人员代替居民进行二次分类，从而督促物业企业履行监督和教育居民的责任。同时，结合12345市民热线关于垃圾分类的投诉信息、政府检查结果、第三方暗访评价、"蔚蓝地图"中的垃圾分类随手拍等信息，设立"红黑榜"对物业企业进行专项排名监督。在此基础上，制定和落实物业的奖惩办法，对于位于红榜的物业企业进行物质奖励、税费减免、典型宣传等，对于位于黑榜的物业企业采取加大惩处、通报批评等措施。

最后，增强技术应用的"接地性"，切实推进智能设备服务于居民日常生活。"互联网+分类回收"模式并非简单地将互联网技术与垃圾分类回收行动组合起来，而是要强调以互联网和物联网为技术载体，将垃圾的分类投放、收集清运、分拣处置、回收利用等环节纳入互联网和物联网公开、透明的操作过程之中。同时，注重智能垃圾分类设施的可持续管理与运营，允许物业从智能化分类回收设施的建设和运营中获得一定收益，由物业负责社区智能垃圾分类设施的维护与管理。

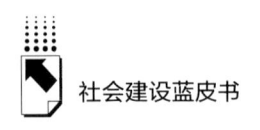

参考文献

毕学成：《城市生活垃圾分类困境与摆脱：基于居民社区参与视角》，《宁夏社会科学》2020年第4期。

郭施宏、陆健：《城市环境治理共治机制构建——以垃圾分类为例》，《中国特色社会主义研究》2020年第5/6期。

郭施宏：《垃圾分类应重视源头减量》，《中国环境报》2021年2月25日。

陆健：《从自愿到强制：中国垃圾分类政策的回顾与反思》，《世界环境》2019年第5期。

钱坤：《从激励性到强制性：城市社区垃圾分类的实践模式、逻辑转换与实现路径》，《华东理工大学学报》（社会科学版）2019年第5期。

齐晔、朱梦曳、刘天乐、蔡琴：《落实"无废社会"战略 推进美丽中国建设》，《环境保护》2020年第19期。

宋国君、代兴良：《基于源头分类和资源回收的城市生活垃圾管理政策框架设计》，《新疆师范大学学报》（哲学社会科学版）2020年第4期。

钟锦文、钟昕：《日本垃圾处理：政策演进、影响因素与成功经验》，《现代日本经济》2020年第1期。

B.14
2020年度北京市社会组织发展状况分析与展望*

邢宇宙 黄春敏**

摘　要： "十三五"时期北京市社会组织获得了较快发展，不仅社会组织规模有所扩大，制度环境也得到优化，尤其是通过加强党的建设，逐步构建起契合首都经济社会发展需求的现代社会组织管理体制。2020年因为新冠肺炎疫情的持续影响，社会组织一方面面临着项目运行和资金筹措等方面的困难和挑战；另一方面在参与疫情防控、脱贫攻坚、垃圾分类和社区治理等方面发挥着积极而重要的作用。这为"十四五"时期北京社会组织发展奠定了坚实的基础，也有助于通过进一步完善社会组织体制，推动北京社会组织迈入高质量发展的新阶段。

关键词： 北京　社会组织　制度环境

2020年是"十三五"规划的收官之年，也是"十四五"规划的谋划之年。年初新冠肺炎疫情突袭而至，使得疫情防控成为各级党政部门、社会各界共同

---

* 本文系2018年度北京市社会科学基金研究基地项目"社会组织参与北京社区垃圾分类治理的机制研究"（18JDSRB008）的阶段性成果。
** 邢宇宙，北京工业大学文法学部副教授、北京社会管理研究基地研究人员，主要研究方向为社会组织与社会治理；黄春敏，北京工业大学文法学部研究生，主要研究方向为社会组织。

参与的中心工作。随着复工复产的推进、疫情防控的常态化，社会组织积极参与抗击疫情、脱贫攻坚、垃圾分类和社区治理等，发挥着不可或缺的作用。当然，由于全球疫情的持续影响，以及经济社会形势变化，社会组织也面临着资源紧张、服务项目实施困难等挑战。本报告在简要回顾北京市社会组织发展基本情况的基础上，结合全面深化改革探讨了社会组织制度环境的优化，以及在响应国家重大战略和城市发展关键小事等方面社会组织发挥的重要作用。随着党的十九届五中全会的召开，国家和北京市的"十四五"规划建议相继出台，有待进一步完善社会组织管理体制，推动社会组织迈向高质量发展的新阶段。

一 北京市社会组织发展基本情况

"十三五"期间首都社会组织发展较快，是推动经济社会发展的重要力量之一。根据北京市民政统计数据，全市社会组织总资产达748.43亿元，共吸纳从业人员20.8万人，活跃在教育、科技、文化、卫生、体育、社会建设等民生领域的各个方面，成为社会力量参与的重要中介。

（一）社会组织规模扩大，尤其是民办非企业单位、基金会稳步增长

截至2020年底，北京社会组织总数13016家，其中社会团体4572家、民办非企业单位7648家、基金会796家，分别占总数的35.13%、58.76%和6.11%。[①] 同年12月底，上海市则有社会组织16483家，其中社会团体4000家、民办非企业单位12000家、基金会483家[②]，总量上上海超过北京，尤其是民办非企业单位的数量，但是北京基金会的数量超过了上海。

---

① 《2020年民政事业统计报表（12月）》，上海市民政局网站，https：//mzj.sh.gov.cn/MZ_zhuzhan1539_0-2-8-1459/20210223/79ec95ea803b43fc80b401b2710fb08b.html，2021年7月9日。
② 《2020年北京市社会建设和民政事业发展统计公报》，北京市民政局网站，http：//mzj.Beijing.gov.cn/art/2021/7/21/art_659_608658.html，2021年10月20日。

以北京市昌平区回天地区为例，通过社会组织示范区创建，该地区社会组织总量从 476 家（含社区社会组织 289 家）增至目前的 1842 家（含社区社会组织 1633 家），占全区总量的 40%，疫情防控、物业管理、垃圾分类等工作的参与率超 70%。[①]

从过去 10 年的发展趋势来看，社会组织数量由"十二五"时期的快速增长，到"十三五"时期逐渐转为平稳发展，进入了数量增长相对稳定的阶段，其中基金会数量增幅最大，但是总体上社会团体和民办非企业单位仍然占据大头（见图 1）。尽管如此，制度调整也面临争议。根据 2018 年 8 月 3 日民政部发布的《社会组织登记管理条例（草案征求意见稿）》，如果注册资金从过去的 200 万~400 万元调高至 800 万元，基金会登记注册的门槛或将进一步提高。如近年来各地正在积极探索的社区公益基金会，北京市 2015 年成立了首家社区基金会——思诚社区公益基金会，截至 2020 年共有 5 家社区基金会，门槛提高显然更加不利于该类基金会的发展。

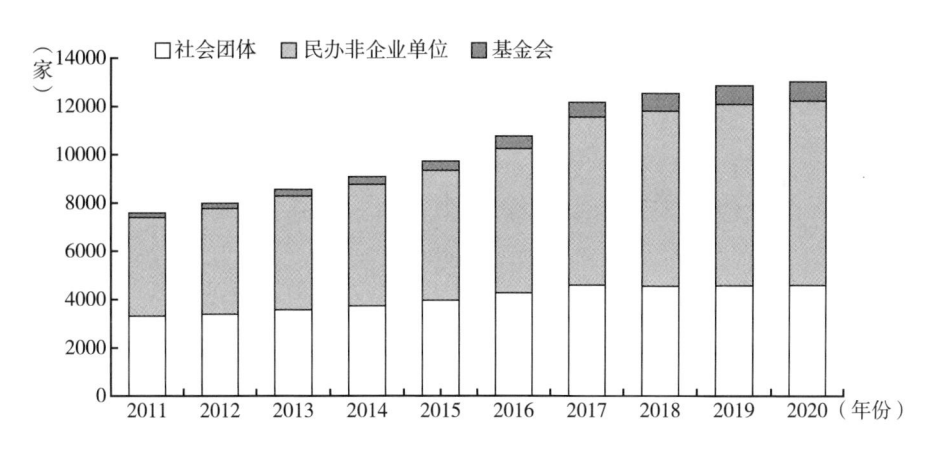

图 1　2011~2020 年北京市社会组织数量分布

资料来源：《2020 年北京市社会建设和民政事业发展统计公报》，北京市民政局网站，http：//mzj.Beijing.gov.cn/art/2021/7/21/art_659_608658.html，2021 年 10 月 20 日。

[①]《回天地区三年基层社会治理，我们交出这份答卷》，北京市民政局网站，http://mzj.beijing.gov.cn/art/2021/1/20/art_281_577144.html，2021 年 7 月 9 日。

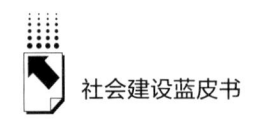

（二）开展慈善组织认定工作，慈善和志愿活动规模不断扩大

随着2016年9月1日《中华人民共和国慈善法》（以下简称《慈善法》）的颁布实施，北京市提出了全民慈善、效能慈善、惠民慈善、诚信慈善、创新慈善的"五个慈善"建设。2020年1月1日北京市人民政府施行《北京市促进慈善事业若干规定》，以优化慈善事业发展环境，健全慈善活动监督管理体系，进一步为慈善事业发展提供有利条件。这些法律法规的出台和完善是慈善事业迸发活力的重要保障。

截至2020年底，全市登记认定的市级慈善组织达到820家，41单慈善信托财产总规模为15121.7486万元，其中2020年新备案的11单慈善信托财产规模达2796.5296万元[①]，慈善信托备案呈稳步发展态势（见图2）。相比之下，截至2020年8月底上海认定的慈善组织只有443家，其中基金会418家、社会服务机构（民办非企业单位）24家、社会团体1家。2020年底上海已经备案的慈善信托有17单，信托财产金额总数为11446.379万元，信托财产总规模达到18917.379万元[②]，大大超过北京。

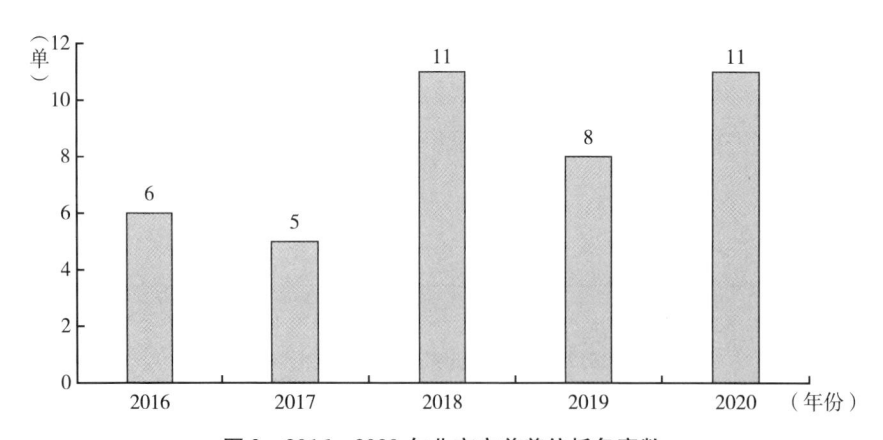

图2 2016~2020年北京市慈善信托备案数

---

① 数据根据2019年北京市慈善信托报告和2020年北京市慈善信托备案公示统计得来。
② 《上海市慈善信托2020年度报告公示》，上海市民政局网站，https：//mzj. sh. gov. cn/MZ_zhuzhan23_ 0 - 2 - 8/20210329/72c1ded784fe452dbc02d572bd61669f. html，2021年7月9日。

与此同时，慈善专项基金规模进一步扩大。根据北京市民政局统计，截至2020年5月，全市设立慈善专项救助基金260个，基金规模为14177.65万元，仅2020年上半年累计救助30445人次，救助金额达4096.73万元。[①]

《慈善法》也规范了公开募捐行为，其中明确要求慈善组织开展公开募捐，需要事先取得公开募捐资格。2021年民政局公布的统计数据中，比往年多了一项"具有公开募捐资格的慈善组织"。截至2021年3月，12967家社会组织中登记或被认定为慈善组织的社会组织为826家，仅占总量的6.37%，其中具有公开募捐资格的慈善组织只有49家，占慈善组织总数的5.93%[②]，因此慈善组织还有很大的发展空间。

此外，志愿服务参与人数不断增加，且进一步组织化。以回天地区为例，该地区已动员注册实名志愿者8.65万人，组建志愿服务团队2035支，开展系列志愿服务活动3800余场，为区域社会稳定和社区服务提供了有力的保障。

（三）社会组织监管趋严，其中打击非法社会组织是重点工作

2020年全年行政处罚308起（见图3），主要指证章作废、撤销登记和取缔等。在民政部等多个部门联合推动下，打击非法社会组织是近年来营造社会组织良好发展环境的重要举措。[③]

2018年开始民政部、公安部联合开展整治专项行动，并陆续通过官方渠道公布了"涉嫌非法社会组织名单"。2018年北京市以打击涉政涉军涉宗教涉意识形态等非法组织为重点，查办案件153件，综合运用取缔、劝散、转化等手段，加强了制度建设、执法队伍建设、重大案件的联动机制建设

---

① 《中华慈善日将至 打开不一样的"慈善北京"——"慈善北京"成果展将首次线上办展》，《北京社区报》2020年9月4日。
② 《2021年社会服务统计3月报表》，北京市民政局网站，http://mzj.beijing.gov.cn/art/2021/4/19/art_667_602152.html，2021年7月9日。
③ 早在2000年4月，民政部就出台了《取缔非法民间组织暂行办法》，成为社会组织登记管理中的重要方面之一，但是实际上到2010年，时为国家民间组织管理局执法监察办公室工作人员曾撰文指出"当前这项工作的开展并不乐观"。

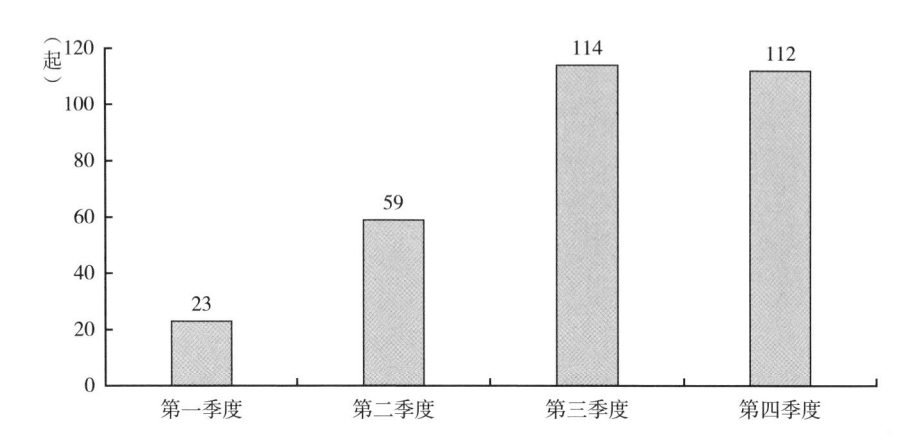

图3 2020年社会组织行政处罚数量分布

等。① 从北京市民政局取缔非法社会组织的数量来看，整治行动保持高压态势。2020年1月至2021年4月累计取缔92家（取缔时间以通知发布时间为参考），相比之下，2018～2020年总共才取缔97家，取缔时间集中在2020年以后（见图4）。

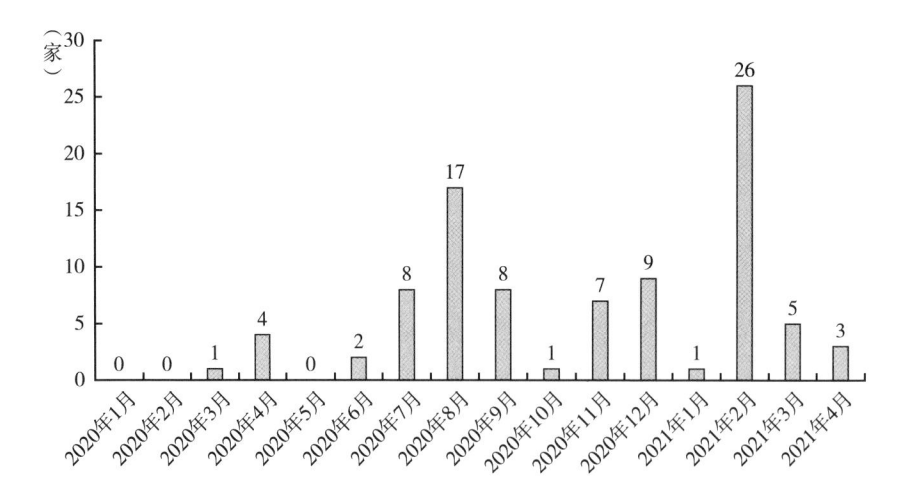

图4 2020年1月至2021年4月北京市取缔非法组织数量分布

---

① 卢建：《北京：坚决防范化解非法社会组织风险》，《中国社会组织》2019年第4期。

从非法社会组织取缔原因来看，主要包含3种类型：①未经民政部门登记，擅自以社会组织名义开展活动的组织；②社会组织被撤销登记或吊销登记证书后，继续以社会组织名义活动的组织；③在筹备期间开展筹备以外活动的社会组织，其中最常见的类型是未经登记，擅自以社会团体或民办非企业单位的名义开展活动，而被取缔的组织中又以社会团体居多。

2021年4月在民政部、北京市统一部署下，北京市开展打击整治专项行动，其中重点打击5类非法社会组织①，探索对非法社会组织责任人的信用约束机制，推进实施信用监管和惩戒，研究制定对非法社会组织责任人在投融资、进出口、出入境、招投标、获得荣誉、生产经营许可、从业任职资格等方面的严格措施②，预计此次全国范围的专项整治行动还将持续一段时间。

（四）继续开展社会组织评估，5A级社会组织占比相比2019年下降5个百分点

北京市早在2010年11月12日就制定了《北京市社会组织评估管理暂行办法》。2020年北京市民政局委托专业评估机构对247家社会组织从基础条件、内部治理、工作绩效、社会评价（社会意义与社会影响）和诚信建设（社会责任与诚信建设）5个方面进行了评估。经过现场评估、评估审核委员会评审、公示、复核等一系列程序，最终确定247家市级社会组织的评估等级，其中5A级社会组织（18家）、4A级社会组织

---

① 此次专项行动针对的5类组织分别为①利用国家战略名义，在经济、文化、慈善等领域活动的非法社会组织；②冠以"中国""中华""国家"等字样，或打着国家机关、事业单位的下属机构等名义，进行骗钱敛财等活动的非法社会组织；③与合法登记的社会组织勾连开展活动、鱼目混珠的非法社会组织；④借庆祝中国共产党建党100周年活动开展评选评奖活动的非法社会组织；⑤开展伪健康类、伪国学类和神秘主义类活动，以及假借宗教旗号活动的非法社会组织。

② 《北京持续重拳打击非法社会组织，对关联单位和个人也要追责》，北京市民政局网站，http://mzj.beijing.gov.cn/art/2021/4/13/art_ 281_ 601842.html，2021年7月21日。

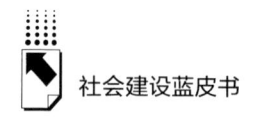

(71家)、3A级社会组织（128家）、2A级社会组织（23家）、1A级社会组织（7家）。① 而2019年评估的307家组织中5A级为38家。其中，4A和3A级仍然占据大头②，两者相加占评估总数的近8成。

二 优化社会组织发展的制度环境

2016年8月中共中央办公厅、国务院办公厅印发《关于改革社会组织管理制度促进社会组织健康有序发展的意见》，提出加快社会组织发展，构建现代社会组织管理体制的要求。北京市也积极贯彻落实，2017年9月15日中共北京市委办公厅、北京市人民政府办公厅印发《关于改革社会组织管理制度促进社会健康有序发展的实施意见》，明确总体目标是"到2020年，建立健全统一登记、各司其职、协调配合、分级负责、依法监管的社会组织管理体制"。回顾过去3年多来，北京市在加强社会组织领域党的建设的同时，不断优化社会组织发展的制度环境。

（一）党建引领社会组织发展

加强社会组织党的建设，推动社会组织良性发展是新时代加强党的集中统一领导的重要方面之一。北京社会组织规模大、涵盖教科文卫等民生各领域，吸纳了大量人员，对加强社会组织党建提出了更高的要求。"十三五"时期，北京社会组织党建工作也面临着硬件条件、经费、人员以及"两个覆盖"等方面相对薄弱的问题，有些组织一度存在党的组织无法正常运转、党的活动无法正常开展、党员组织生活和党员发展工作处于停滞状态等问题，从而在社会组织中无法体现党的领导地位。为此，北京市主要通过如下

---

① 《北京市民政局关于北京市2020年度市级社会组织评估结果的公告》（京民社发〔2020〕178号），http：//mzj.beijing.gov.cn/art/2020/12/24/art_371_575792.html，2021年7月9日。
② 《北京市2019年度市级社会组织评估结果公示》，北京市民政局网站，http：//mzj.beijing.gov.cn/art/2019/11/20/art_667_294858.html，2021年7月9日。

举措加强社会组织领域党的建设。

首先是完成组织建设,首次实现社会组织党建的"两个覆盖"。以行业协会商会为例,2016年底市委组织部批复成立中共北京市行业协会商会综合委员会,统一领导脱钩后的党建工作,构建了"综合党委——联合党委——社会组织党组织"的组织体系。到2020年,其下属的54个联合党委覆盖社会组织共计2973家,已单独或联合组建党支部920个(其中流动党员党支部464个①),党员共计5937人,基本实现党组织和党的工作"两个覆盖"②。

其次是构建社会组织党建工作体系,进行制度化和规范化建设。目前形成了以社会组织综合党委为领导核心、联合党委为四梁八柱、社会组织党支部为基层基础、党建支持力量和各项保障机制为辅助的党建工作体系,构建了民政、统战、群团组织及各行业党委、社会组织综合党委等多部门联动的管理体制和工作机制。其中慈善领域社会组织成立了联合党委,探索建立"枢纽型组织+党建+行业管理"三位一体的管理机制。此外,还建立社会组织联合党委书记联席会议制度,出台《社会组织联合党委建设标准(试行)》和《社会组织党支部规范化建设标准(试行)》等制度文件。

最后是探索党建和业务相融合。市委社会工委、市民政局以民政登记管理职能为抓手,将党建融入社会组织登记、年检、评估、执法监察等环节。同时,推动联合党委与业务部门相互配合,解决社会组织在资源筹集、内部治理与运行等方面的具体问题,引领所属社会组织有序参与重大国家战略,回应重要民生需求。

---

① 《回顾"十三五"展望新征程②|"十三五"期间,北京社会建设和民政事业形成13个北京首创》,北京市民政局网站,http://mzj.beijing.gov.cn/art/2020/12/30/art_281_576098.html,2021年7月9日。

② 《党建引领释放社会组织正能量》,北京市民政局网站,http://mzj.beijing.gov.cn/art/2021/2/10/art_281_578590.html,2021年7月9日。

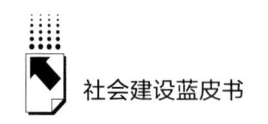

（二）完善社会组织管理体制

党的十八届三中全会以来提出推进社会治理创新，其中重要的方面就是改革社会组织管理体制，北京市近年来在这方面有着各种举措，彰显了改革的决心和力度，加快推进社会组织管理领域改革和创新的步伐，促进社会组织健康有序发展。

首先是健全慈善组织体制。一方面，北京市积极落实《慈善法》，在全国率先开展慈善组织认定，完成《关于促进北京市慈善事业改革发展的改革举措》和《北京市民政局慈善信托备案指引》的制定，依法开展慈善信托备案，明确全市促进慈善事业改革发展的总体思路和目标，规范慈善信托业务。另一方面，发挥首都慈善资源丰富的优势，连续举办十一届"中华慈善奖"、八届"慈善北京"成果展和三届"首都慈善奖"等活动，将它们打造成为品牌性活动，坚持正向激励，用身边人身边事带动社会力量参与慈善事业；实施"互联网+慈善"计划[1]，扩大慈善参与渠道；引入"慈善+体育"等形式，通过捐赠步数的方式，增加公众参与慈善项目的趣味和活力。

其次是推进行业协会商会与行政机关脱钩。2016年7月18日中共北京市委办公厅、市政府办公厅印发《北京市行业协会商会与行政机关脱钩工作方案》，按照"坚持试点先行、分布稳妥推进"的基本原则，围绕"五分离、五规范"的工作任务，基本完成了市级227家、区级229家脱钩试点和市级190家、区级191家全面推行脱钩改革的工作任务。[2] 此外，为巩固脱钩改革取得的成果，一是通过党建加强了政治引领；二是完善综合监管体制，尤其是开展涉企收费的检查整治行动，改善首都的营商环境。

再次是完善市、区、街三级社会组织孵化培育体系。2017年3月19日北

---

[1] 《北京市推进民生事业发展成就新闻发布会召开》，北京民政局网站，http://mzj.beijing.gov.cn/art/2020/2/7/art_281_476920.html，2021年7月9日。
[2] 《北京市行业协会商会与行政机关脱钩改革总结工作会顺利召开》，社会组织众扶平台微信公众号，https://mp.weixin.qq.com/s/tKgrur3wweRPR0usychzaA，2021年7月9日。

京市民政局就出台了《关于社会组织培育孵化体系建设的指导意见》。2020年修订《关于构建市级枢纽型社会组织工作体系的暂行办法》，不断完善枢纽型社会组织的功能。如回天地区，2020年以来培育社会组织112家，入驻孵化基地的社会组织36家，开展安全、文化、助老、扶幼等活动4021场次，服务覆盖约13万人次，并且在天北街道、回龙观街道、霍营街道、龙泽园街道4个镇街建立了实体化孵化基地，为备案的社区社会组织提供活动策划、资金代管、项目委托代签等支持①，探索社会组织培育模式的创新。

最后是进一步完善社会组织综合监管体制。将信用监管、法治监管、主动监管和专项审计结合起来，同时制定《关于进一步加强社会组织监管工作的意见》，初步构建了市委"两新"工委加强党的领导、市社会建设工作领导实现部门协调、登记管理机关和业务主管部门承担主体责任的分类分级监管体系。

（三）政府职能转变与购买服务

党的十八届三中全会确立全面深化改革的总目标，推进国家治理体系和治理能力现代化，加快政府职能转变。2018年2月党的十九届三中全会通过了《关于深化党和国家机构改革的决定》和《深化党和国家机构改革方案》，2018年10月中央正式批准了北京市机构改革方案，其中市委社会工委和市民政局合署办公，进一步加强党对社会建设和民政民生工作的领导。

在政府职能转变过程中，应该注意"率先开展民政部门转移职能试点"，"稳妥推进行业协会商会与行政机关脱钩，加大社会组织购买服务力度"，引导社会组织参与基层治理等当前迫切需要回应的问题。早在2013年7月北京市就出台了《首都民政事业改革发展纲要》，确立了"社会化、产业化、信息化、体系化"的"四化"改革目标。在社会化改革方面，改变增事先增人增编的做法，建立民政职能转移清单，壮大社会承接主体，将事

---

① 《回天地区三年基层社会治理，我们交出这份答卷》，北京市民政局网站，http：//mzj.beijing.gov.cn/art/2021/1/20/art_281_577144.html，2021年7月9日。

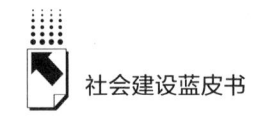

务性、服务性工作转由社会力量承担。

近些年来,北京市本级购买服务资金从2012年的1.2亿元增长到2019年的4.2亿元,占民政总经费的比例由8.6%上升至28.5%。[1] 2020年12月23日,北京市财政局、北京市民政局联合印发了《关于进一步做好街道(乡镇)购买社会组织服务工作的实施意见》。以回天地区为例,围绕"垃圾分类""物业管理"等基层治理的关键小事,购买服务项目151个,投入1706万元,服务近20万人。[2] 又如养老服务领域,2015年北京市出台《北京市居家养老服务条例》,提出要建立以家庭为基础,在政府主导下,以城乡社区为依托,以社会保障制度为支撑,由政府提供基本公共服务,可以通过公建民营的形式,即委托第三方运营社区养老服务机构,尤其是强调通过购买服务,借助企业、社会组织提供医疗保健和精神慰藉等专业化服务,基层群众性自治组织和志愿者提供公益互助服务等多元形式,满足居家老年人社会化服务需求的养老服务模式。

总之,政府通过将这些事务移交给具有专业能力的社会组织,既增加了基层治理的灵活性,也有助于降低政府的管理成本,提高公共服务的效率和质量。

三 积极发挥社会组织的作用

北京作为我国的首都,核心任务是突出"全国政治中心、文化中心、国际交往中心、科技创新中心"的功能,提升为"中央党政军领导机关工作、国家国际交往、科技和教育发展、改善人民群众生活"服务的水平,同时它也是有着2100多万常住人口的超大城市,面临着复杂的基层社会治理问题、多样化的民生服务需求等。2020年以来在抗击疫情、参与精准扶

---

[1] 《北京市推进民生事业发展成就新闻发布会召开》,北京市民政局网站,http://mzj.beijing.gov.cn/art/2020/2/7/art_281_476920.html,2021年7月9日。
[2] 《回天地区三年基层社会治理,我们交出这份答卷》,北京市民政局网站,http://mzj.beijing.gov.cn/art/2021/1/20/art_281_577144.html,2021年7月9日。

贫等方面，社会组织在资源筹措、宣传倡导、治理创新等环节发挥了重要而积极的作用，彰显了其公共性的价值。

（一）应对重大危机：社会组织投身疫情防控

2020年初，新冠肺炎疫情蔓延全国各地，这是继2003年"非典"之后最严重的突发性公共卫生危机。2020年1月26日，民政部发布《关于动员慈善力量依法有序参与新型冠状病毒感染的肺炎疫情防控工作的公告》，倡导各级慈善组织发挥自身优势、动员社会力量、汇聚人民群众爱心，为湖北省武汉市等疫情严重地区提供支持，为全国各地疫情防控工作贡献力量。2020年2月17日，北京市委社会工委、市民政局发布《关于动员社会组织参与新型冠状病毒感染的肺炎疫情防控工作的倡议书》，督促社会组织在做好内部防疫的同时，积极参与外部的疫情防控工作。

第一是链接资源，为抗疫前线提供物质保障。社会组织在疫情防控期间发挥了枢纽作用，链接了爱心企业和个人等捐赠方与防疫需求方，及时实现资金和物资的传递。截至2020年11月16日，全市慈善组织接受捐赠资金16.5亿元，接受口罩和防护服各类物资2938.67万件。[1] 根据北京市民政局的数据，疫情初期北京市慈善组织筹集及捐出的款物总量在全国位居前列。[2] 在这个过程中，社会组织充分利用网络信息技术，通过互联网募捐项目、微信、微博等平台，扩大公众参与公益事业的渠道。如北京水滴汇聚公益基金会在2020年1月25日联合泰山慈善基金会发起"支援防疫一线 水滴助力"线上筹款，在很短的时间内筹到500万元，为湖北地区采购急需的医疗物资。[3] 当后期局部地区疫情零星散发时，社会组织也多次积极筹款筹物，助力抗疫。

---

[1] 《2020北京公益慈善汇展邀您来看》，北京市民政局网站，http：//mzj.beijing.gov.cn/art/2020/11/16/art_281_573412.html，2021年7月9日。

[2] 《北京市社会组织积极履行社会责任全力以赴助力打赢疫情防控阻击战》，北京市民政局网站，http：//mzj.beijing.gov.cn/art/2020/3/31/art_4490_626108.html，2021年7月9日。

[3] 《2020抗击疫情·水滴基金会在行动》，水滴汇聚公益基金会微信公众号，https：//mp.weixin.qq.com/s/P6sVcp74zZi3SvxwRLyPRg，2021年7月9日。

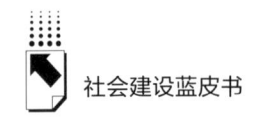

第二是组织志愿者，为社区疫情防控输送大量人力资源。此次抗击疫情充分表现出"举国同心"的全民参与，尤其在疫情初期，社区实施封闭管理，社会组织将志愿者有效组织起来，提供了体温登记和环境消杀等维护社会稳定有序的志愿服务。当2020年6月北京再次出现疫情时，全市志愿服务组织和志愿者有序参与到首都防疫行动中，如2020年7月全市在"志愿北京"信息平台上发布相关志愿服务项目累计7683个，招募注册志愿者22.8万人次。其中，北京市志愿服务联合会、慈善义工联合会等志愿服务组织动员广大志愿者协助各社区（村）开展"敲门行动"，保障全市核酸检测的顺利进行，完成了信息录入和维护现场秩序等工作。[1] 总之，广大志愿者的积极参与为取得抗疫胜利奠定了坚实的基础。

第三是针对疫情引发的各类次生灾害，提供专业社会服务。据统计，疫情初期北京开通了6条免费心理服务热线，2020年2月14日至2020年3月4日，短短约20天累计接听求助者来电97人次，服务时长约1524分钟。其中，北京市社会心理工作联合会组织和培训志愿者，通过热线为求助者进行情绪和情感上的减压和疏导。[2] 另外，北京市社工服务机构第三联合党委书记和单位北京市夕阳再晨社会工作服务中心，也通过互联网动员专业的社工和北京邮电大学等高校志愿服务队伍，依托街道和社区，进行了线上心理疏导和慰问关怀等工作。[3] 在疫情防控常态化的形势下，依托专业机构提供的专业化心理服务，并用科学的方法进行危机干预，有助于缓解公众焦虑不安等情绪，增强人们抗击疫情的信心。

（二）响应国家战略：社会组织参与精准扶贫

社会组织一直是我国扶贫工作中的重要力量之一。2011年颁布的《中

---

[1] 金可：《22.8万人次志愿服务疫情防控》，《北京日报》2020年7月4日。
[2] 《北京开通6条疫情期间免费心理服务热线》，北京市民政局网站，http://mzj.beijing.gov.cn/art/2020/3/4/art_281_480688.html，2021年7月9日。
[3] 《【第五期】北京市社会组织参与新型冠状肺炎疫情防控工作信息》，社会组织众扶平台，https://mp.weixin.qq.com/s/aIy9vIKj82bikvJABYJtjQ，2021年7月9日。

国农村扶贫纲要（2011-2020年）》明确指出要鼓励民间组织和个人积极开展扶贫项目合作，实现社会组织在贫困治理领域参与方式的多样化和全面化。2015年11月29日《中共中央国务院关于打赢脱贫攻坚战的决定》进一步明确提出要"健全社会力量参与机制，鼓励支持民营企业、社会组织、个人参与扶贫开发，实现社会帮扶资源与精准扶贫的有效对接"，社会组织积极参与国家的脱贫攻坚行动。北京市政府和社会组织积极响应国家政策，结合自身优势开展多个领域和地区的扶贫活动。

第一是政府通过顶层设计推出了系列专项扶贫行动，为社会组织参与提供平台。2018年7月北京市民政局、市扶贫协作和支援合作工作领导小组办公室联合印发了《关于广泛动员社会组织参与脱贫攻坚和精准救助的指导意见》，推动社会组织开展产业、就业等多个领域和地区的帮扶行动，实现广度和深度相结合的支援目标。2020年北京主要开展了四大系列专项扶贫活动，如"筑梦前行——首都社会组织集中捐资助学活动"、"边疆万里行——助力新疆挂牌督战行动"、"携手奔小康——首都社会组织产业、就业及消费扶贫活动"和"京津冀社会组织跟党走——助力脱贫攻坚行动"。[1]以助力新疆为例，截至2020年10月30家社会组织、企业依托政府提供的平台，在新疆地区投入帮扶资金161万余元，捐助物资价值115万余元，有助于当地脱贫攻坚目标的实现。

第二是参与扶贫的社会组织数量大幅增长，扶贫的形式多元且投入力度大。2018年以来参与脱贫攻坚的北京市、区两级社会组织近3000家，开展项目3500余个，总计投入20余亿元。[2] 以2020年入选全国"社会组织扶贫案例50佳"的北京圆网慈善基金会"圆满假期"项目为例，其投入资金占基金会年度总支出的13.69%，仅次于当年基金会捐赠的抗疫物资总额。[3]

---

[1] 伍欣：《具有首都特点的社会组织精准扶贫之路》，《中国社会报》2020年12月16日。
[2] 《2020北京公益慈善汇展邀您来看》，北京市民政局网站，http://mzj.beijing.gov.cn/art/2020/11/16/art_281_573412.html，2021年7月9日。
[3] 《2020年检报告》，北京圆网慈善基金会官网，http://www.yuanworld.org/infomationpublic，2021年7月9日。

此外，北京市响应《民政部、财政部、国务院扶贫办关于支持社会工作专业力量参与脱贫攻坚的指导意见》《民政部社会工作服务机构"牵手计划"实施方案》等，2018~2020年选派32家社会工作服务机构，牵手帮扶河北省、内蒙古自治区贫困地区培育发展本土社会工作服务机构46家，社区社会组织71家，新建、改扩建了51个社会工作服务站，开展了2621场次服务，协助当地培养社会工作专业人才5792人次，带动并协助贫困地区为特殊、困难群众提供社会工作服务，总受益人数达7.7万人次①，这也有利于推动当地社会工作行业的发展。

第三是社会组织因地制宜，强调扶贫项目的精准性和发展性。社会组织的项目大多是以"造血"型为主，扶助群众靠自己的劳动争取脱贫。一方面，社会组织为当地带来许多适宜的产业项目，并且提供产业链服务，为人们创造了就业岗位，推动产业和就业的健康发展。如北京市蛋品加工销售行业协会在甘肃秦安县推行的百万蛋鸭养殖项目，2020年8月中旬，该项目一期养殖基地已有14栋鸭棚投产，销售鸭蛋300吨，销售额达300万元②，还通过劳动力入股等方式带动当地贫困户增收。另一方面，有些社会组织在当地开展技能培训以及教育赋能等活动，为地区劳动力市场建立"蓄水池"，防止困难群众返贫，为全面乡村振兴提供保障。又如北京慈弘慈善基金会的"乡村师生赋能计划"，截至2020年12月底，已在甘肃省靖远县和景泰县、黑龙江省泰来县和江西省遂川县的158所学校开设"健康与幸福"课程，共计培训教师1045名，累计受益学生41430人次③，提升了当地的人力资本水平。

（三）回应关键小事：社会组织参与垃圾分类

近年来，我国城市生活垃圾清运量保持上涨趋势，每年清运的垃圾重量

---

① 《"牵手计划"三年收官 冀蒙两地获北京社工"帮扶礼包"》，《北京社区报》2021年3月19日。
② 《【第15期】北京市社会组织工作动态》，社会组织众扶平台，https：//mp. weixin. qq. com/s/GnJpMtMAw6crRHV9Hc6ruA，2021年7月9日。
③ 《乡村师生赋能计划》，北京慈弘慈善基金会网站，http：//www. cihongcharity. org/projectjj. aspx? id=575，2021年7月9日。

以亿吨计数。作为超大城市，北京市2015年垃圾清运量为790.3万吨，2019年则达到1011.2万吨，相较于2015年垃圾清运量增长了27.95%。[①]"垃圾围城"引发环境污染、生物生存空间被挤压和资源浪费等问题，目前生活垃圾分类收集是破解这一困境的重要举措。20世纪末至21世纪初，国家多次推动生活垃圾分类收集，还在部分大城市设立生活垃圾分类试点，但是收效甚微。2017年国务院提出"部分范围内先行实施生活垃圾强制分类"，北京和上海等成为强制分类的试点城市。2019年11月下旬北京通过了修订《北京市生活垃圾管理条例》的决定，对垃圾分类提出更高的要求，并于2020年5月施行。垃圾分类作为"关键小事"被各级政府提上了重要日程，也推动社会组织广泛参与。

第一是政社协同，以社促社，社会组织广泛参与。截至2021年2月，新版《北京市生活垃圾管理条例》实施9个月的时间内，北京市共有1.4万余家社会组织参与垃圾分类，开展相关活动3.8万次，覆盖人数达334万人次。[②] 为了推动社会组织参与，一方面政府通过云视频、座谈会等方式呼吁社会组织参与"社会组织参与垃圾分类助力计划"，并且邀请专家学者为社会组织进行能力建设，积极打通社会组织和企业交流渠道，搭建合作平台；另一方面修订相关的评估政策，将参与垃圾分类和组织切身利益结合起来，引导社会组织加以重视。

第二是基金会作为资源提供方，支持相关组织聚焦垃圾分类议题。为了激励基金会参与生活垃圾分类工作，北京市社会组织管理中心通过修订政策，将基金会参与首都垃圾分类等内容纳入等级评估的指标，动员基金会深度参与。如北京企业家环保基金会等8家基金会首期资助了112万元，并且设立"垃圾分类专项基金"[③]，为"首都社会组织进社区"系列便民活动提

[①] 数据依据中国统计出版社出版的2015~2019年《中国统计年鉴》计算所得，http://www.stats.gov.cn/tjsj/ndsj/。

[②] 《北京1.4万余家社会组织开展垃圾分类活动3.8万次》，北京市民政局网站，http://mzj.beijing.gov.cn/art/2021/2/4/art_281_578136.html，2021年7月9日。

[③] 《【第26期】北京市社会组织工作动态》，社会组织众扶平台，https://mp.weixin.qq.com/s/q0sMIfogBcdXb11Xy2Ndqg，2021年7月9日。

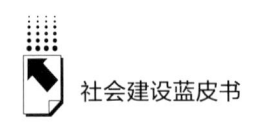

供资金支持。万科公益基金会也出资165万元给"公益1+1"资助行动下的绿缘计划,支持社会组织在社区开展垃圾分类工作。总之,基金会通过设立专项基金和发起项目的形式,充分发挥资源筹集优势,为社区可持续环境建设提供重要支撑。

第三是社会组织主要通过宣传增强居民的分类意识,扩大居民参与。垃圾分类需要全员行动才能实现,因此垃圾分类的实质是"社会参与"。社会组织将宣传视为推进垃圾分类的关键环节,以此传播垃圾分类的政策和知识。如2020年12月中旬,北京市社会组织管理中心开展了"首都社会组织进社区"系列便民活动,参与活动的社会组织通过垃圾分类游戏互动、沙画制作、自编自演的情景剧等宣传方式,吸引了许多小朋友及其家长的注意力,以寓教于乐的方式增加群众对混合垃圾有害性和垃圾分类的积极作用的知情度,倡导居民参与垃圾分类。

(四)治理重心下移:推动社区社会组织发展

社区社会组织作为基层社会治理的重要主体之一,日益受到政府和社会的重视。2017年6月中共中央印发了《关于加强和完善城乡社区治理的意见》,随后2017年12月民政部发布《关于大力培育发展社区社会组织的意见》,2020年12月7日民政部办公厅印发《培育发展社区社会组织专项行动方案(2021-2023年)》,旨在推动社区社会组织在创新基层社会治理中更好地发挥作用。在2021年6月举行的全国培育发展社区社会组织工作推进会上进一步指出,社区社会组织不仅要发展数量也要提升质量,既需要外部扶持也要激发内生动力,既要培育扶持也要规范管理。

近年来北京市也加大了对社区社会组织的培育支持力度。2017年3月9日,北京市民政局印发了《关于社会组织培育孵化体系建设的指导意见》,指出要依托街道和社区,为社区社会组织提供场地、经费等支持,也要为市、区社会组织落地社区项目提供支持。社区社会组织逐渐成为基层社会治理中协同政府、社区和居民等多元主体的重要桥梁。

一是社区社会组织发展迅速,总量不断攀升。目前,北京市共有343

个街镇行政单位、7122个村（居）委会，截至2020年12月底，在北京市民政局登记备案的社区社会组织共有956家①，在区和街道备案的社区社会组织数量更大。仅以回天地区为例，2019年8月至2020年底，该地区的社区社会组织就从289家增至1633家，比原先增加了4.65倍。② 根据2019年9月4日中共北京市委社会工委、市民政局等四部门联合印发的《关于培育发展社区社会组织的实施意见》，社区社会组织开展的活动内容主要涵盖为民服务、公益慈善、邻里互助、志愿服务、文体娱乐和农村生产技术服务等。

二是目前社区社会组织以自娱性为主，参与基层治理有限。虽然社区社会组织开展形式多样、内容丰富的各类活动，但是目前文体娱乐类社区社会组织比重大，而且大多数社区社会组织规模较小，尤其实际参与的居民数量和群体有限，参与社区公共议题协商意识和能力不足。为了促进社区社会组织治理作用的发挥，2019年印发的《关于培育发展社区社会组织的实施意见》中也指出要重点发展社会动员、民主协商等基层治理范畴的社区社会组织。如作为超大型社区的回天地区，正在以"社会组织创新发展示范区建设"为引领，探索社会组织参与社区治理的路径。

三是随着治理重心下移，社区社会组织参与社会治理存在较大的拓展空间。目前社区社会组织囿于制度设计和自身能力，尚未充分发挥其在基层治理中的优势。一方面社区社会组织成员代表性不足，另一方面参与的渠道和方式有限。因此，为了提升社区社会组织参与基层治理的积极性和有效性，首先在制度设计方面，既要发挥党的领导作用和政府的培育支持作用，为社区社会组织进入社区参与公共事务提供平台和保障，又要充分尊重社区社会组织的自主性，激发其主动服务和创新治理的活力；其次应加强社区社会组织自身的能力建设，可以通过购买服务引入第三方支持机构，提供组织建设

---

① 《2020年社会服务统计12月报表》，北京市民政局网站，http://mzj.beijing.gov.cn/art/2021/1/18/art_663_577038.html，2021年7月9日。
② 《回天地区社会组织创新发展，助力基层社区治理成效明显》，北京市民政局网站，http://mzj.beijing.gov.cn/art/2020/12/18/art_4490_664588.html，2021年7月9日。

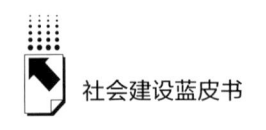

和项目运营方面的专业指导，从而提高组织的核心能力和规范化程度，夯实社区社会组织有效参与基层治理的基础。

四 对"十四五"时期社会组织高质量发展的展望

2021年是"十四五"规划的开局之年，也是中国共产党建党100周年，站在"两个一百年"的历史交汇点，展望北京"十四五"时期社会组织发展的前景，需要从规模、类型、功能和价值角度出发，围绕北京"四个中心"建设，进一步完善社会组织管理体制，推动社会组织更好地发挥服务首都经济社会发展的作用。

一是加强顶层设计和完善体制机制。由相关部门牵头制定"社会组织发展'十四五'规划"，明确推动社会组织高质量发展的总体要求、主要任务和保障措施，以及如何更好地促进经济发展、参与社会治理创新、提供社会服务、扩大对外交往等。从具体保障措施上，进一步加强社会组织领域党的建设，实现党建引领从有形覆盖到有效覆盖；完善社会组织领域地方立法和政策创新，重点是登记管理、财税激励、综合监管等方面，既要做到依法监管也要体现培育支持，提高社会组织的公信力。

二是进一步加大培育扶持力度，支持重点领域社会组织的能力建设和发展，主要涵盖社会组织孵化、培育基地和支持平台建设，以及资源支持、专业人才培养等激励扶持措施。2020年12月7日《中共北京市委关于制定北京市国民经济和社会发展第十四个五年规划和二〇三五年远景目标的建议》提出，构建具有首都特点的超大城市基层治理体系，尤其是要"鼓励多元主体参与基层社会治理，办好社区议事厅等多种平台，发挥群团组织、社会组织、街巷长、社区专员、小巷管家等作用，实现共建共治共享"。城市副中心的"十四五"规划中也提出要创建基层社会组织创新发展示范区，并完善区、街道和社区三级孵化体系，实现街乡社区社会组织联合会和孵化基地全覆盖。此外，从分类发展的角度，继续推进行业协会商会脱钩改革后的发展，以及在严格监管制度背景下，进行社会组织登记管理改革，推动

"非正式组织"依法依规完成登记或备案,在法治框架下开展活动,确保社会活力。

三是加强社会组织人才队伍建设,推动公益慈善、社会组织与社会工作之间的融合。社会组织从过去的规模增长转向高质量发展,需要回归社会组织的本质特征和内在要求,即社会组织的公益性、社会性、创新性、公信力等,其对于社会问题的回应,需要具有社会创新、跨界行动、整合资源的行动能力,这都离不开大量优秀人才的加入,其中既要完善专业人才的学历教育、继续教育和职业发展体系建设,也要重视非专业化的志愿者等人才队伍建设,推动社会组织内部治理结构完善和人员队伍的能力提升。因此,在加强和完善现有高等教育中社会工作、公益慈善事业管理等专业的基础上,探索政府支持、枢纽型社会组织运营,整合高校和社会资源,设立社会组织学院、社会工作学院、公益慈善学院等,推进和完善专业人才培养体系。

四是加强社会组织合作交流。一方面是促进京津冀区域社会组织之间的协同发展、合作共赢机制的深化,在北京城市副中心和雄安新区两个国家战略的指引下,在重要的民生服务领域、城市基层社会治理等方面,充分发挥现有协作平台的功能,实现协同发展;另一方面是积极引导社会组织"走出去",深化社会组织国际合作。北京作为首都,既是国际交往中心,也是境外非政府组织登记及活动相对集中的地方,推动本土社会组织与境外非政府组织建立更广泛的联系,既能相互借鉴与合作,也是公共外交的重要组成部分。

B.15
北京城市社区议事协商调研报告
——以海淀区北下关街道皂君庙社区为例

李晓壮[*]

摘　要： "议事协商"是民主协商的重要手段，是实现政府治理和社会调解、居民自治良性互动的重要方法。通过调研发现，北京市海淀区北下关街道皂君庙社区坚持探索党建引领社区治理创新，按照"小事不出社区、大事不出街道"新时代"枫桥经验"要求，聚焦办好群众家门口事，探索形成"一条主线、一个平台、一套机制、一支队伍"的"议"起营"皂"为民办实事工作法。这一方法切实贯彻以人民为中心的发展思想，切实把群众身边的操心事、烦心事、揪心事细化到"议"起营"皂"为民办实事工作法中，有效解决社区居民最关心最直接最现实的利益问题，增强社区居民获得感、幸福感、安全感，凸显"民主协商"在城市社区基层伟大实践中所散发的耀眼光芒。

关键词： 城市社区　议事协商　居民自治　枫桥经验

近年来，首都北京沿着习近平总书记指引的方向，紧紧围绕"建设一个什么样的首都、怎样建设首都"这一重大时代课题，城市基层社会治理

---

[*] 李晓壮，社会学博士后，北京市社会科学院社会学研究所副所长、研究员，主要研究方向为社会结构、社区研究及流动人口等。

创新取得积极进展，相继推出加强街道工作意见、街道工作条例、"街乡吹哨、部门报到"、"接诉即办"、"回天大型社区治理"等实践举措，源源不断地从城市基层吸取养分创新社会治理，逐步探索形成了超大城市治理体系和治理能力的制度性安排，尤其是"吹哨报到""接诉即办"两项创新经验被写入国家"十四五"规划，初步走出了超大城市党建引领基层社会治理的路子，起到了示范引领作用。与此同时，围绕城市基层社会治理创新主题主线，北京城市社区治理经验、模式等百花齐放、百家争鸣，形成各具特色、因地制宜的一些有益经验。本报告以北京市海淀区北下关街道办事皂君庙社区为例，围绕"议事协商"主题，通过解剖麻雀的方式，总结归纳其"'议'起营'皂'为民办实事"有益做法，供社区治理实践工作者和研究者参考。

一 "议"起营"皂"为民办实事工作法产生背景

皂君庙社区位于北京市海淀区北下关街道，20世纪八九十年代建成，2003年根据市区要求统一成立了社区党委、社区居委会，社区内共有楼房21栋，院落11个，平房16间，产权单位9个，社区总户数1546户，总人口4300余人，其中流动人口890余人。皂君庙社区是典型的老旧社区，单位大院多、老旧小区多，除皂君庙甲16号院外，大多为过去的产权单位留下的"守门人"，没有标准化物业，楼道堆物堆料、位少停车乱、僵尸自行车、私搭乱建环境差等问题突出，居民反映强烈，成为困扰住户、社区党支部/居委会的主要治理难题。皂君庙社区以居民诉求为"哨声"，以群众的小事就是我们的大事的工作态度，以社区议事厅试点为契机，以推行社区议事协商、楼院议事协商为解决问题的有效途径，探索"议"起营"皂"为民办实事工作法，动员社区、楼院居民参与议事协商，产生解决民生小事难题的最大公约数，形成"我的小院我做主，人人都要爱护她"的和谐氛围。

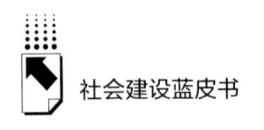

二 "议"起营"皂"为民办实事工作法主要内容

(一)一条主线,引领"议"起营"皂"为民办实事正确方向

皂君庙社区"议"起营"皂"为民办实事工作法,坚持"党建引领"这一主线,将党的建设贯穿于社区治理的全过程、各方面,充分发挥其引领和保障作用,将党的政治优势、组织优势转为社区治理优势。通过发挥社区党委核心领导作用,明确社区党组织书记为第一责任人,充分动员3个居民党支部163名社区党员和167名"双报到"在职党员的先锋模范带头作用,利用社区党建协调委员会党组织枢纽强化社区党建协调委员会作用,充分调动驻区单位、产权单位、社会组织、物业服务企业等多元主体积极参与社区治理,打造不同社区治理主体休戚与共的"党建同心圆",创建皂君庙"议"起营"皂""社区会客议事厅"特色品牌,总结开发"议"起营"皂"为民办实事工作法,形成党建引领、多元参与、协商共治的社区治理创新体制,切实解决了居民反映强烈的社区治理"老旧难"问题。

(二)一个平台,汇聚"议"起营"皂"为民办实事工作合力

2019年,皂君庙社区的"议"起营"皂"——皂君庙"社区会客议事厅"建设及自组织培育项目被提上议程,按照"小事不出社区、大事不出街道"新时代"枫桥经验"要求,聚焦办好群众家门口事,搭建"社区会客议事厅"平台,并延伸到楼院,本着做强"社区会客议事厅"、做实"楼院会客议事厅"的工作思路,拓宽社区居民反映问题、解决问题的渠道,动员不同主体参与到社区治理中来,参与到解决社区"老旧难"的实际问题中来,大家事、大家议,培育我的家园我做主的主人翁意识,大家共同出主意、出点子,形成最大公约数,汇聚为民办实事合力。

专栏1　皂君庙"社区会客议事厅"平台

"社区会客议事厅"平台宗旨

鼓励和吸纳多元主体参与社区治理，促进治理与服务相融合，以治理促进服务，以服务提升治理，树立"和"理念，促进家庭和睦、邻里和美、社区和谐，进一步提升社区治理能力和服务水平。

"社区会客议事厅"平台建设

设立议事场所。皂君庙"社区会客议事厅"设在社区办公服务场所，共设一个25平方米的独立议事厅和一个207平方米的议事活动空间，配置了统一的标识，相关议事程序及议事规则等制度上墙，为规范议事工作，统一配置了胸牌、桌牌等，并设计制作了社区议事厅徽章。

"网格议事厅"。借助社区四级网格，通过招募、挑选，组建以多元主体为主的社区会客议事厅骨干成员微信群。

"院落议事厅"。针对不同楼院问题，将"社区会客议事厅"平台同时下沉11个楼院，形成了11个楼院议事厅。

"社区会客议事厅"工作职责

（1）协商解决家庭邻里纠纷和社区成员之间矛盾、促进社区和谐稳定的事项。

（2）协商解决社区无障碍设施设置改造、电梯安装使用维护、停车管理、噪声扰民和小广告治理等事项。

（3）社区文体场所、公共绿地、捐赠站点等设施的设置、使用和管理。

（4）社区居民应当共同遵守的社区邻里关系、公共场所秩序、宠物管理、垃圾分类、绿化美化等各类公约的制定、修改和落实。

（5）社区居民迫切需要解决的基本生活困难。

（6）社区开展对老年人、残疾人、青少年、优抚对象的照顾等互助服务事项。

（7）开展对困难群体的精准帮扶、精神慰藉以及人文关怀等服务事项。

（8）培育社区文化和社区精神，增强社区认同感、归属感、责任感和荣誉感。

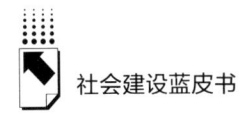

（9）为居民拟办的惠民实事工程。

（10）社区居民会议准备讨论决策的事项。

（11）社区公益金、城乡基层党组织服务群众经费具体使用的项目。

（12）社区党组织、社区居委会和各类协商主体提出协商要求的其他事项。

（13）社区会客议事协商的内容不得与国家法律、法规和政策相违背。社区党组织要把握会客协商的正确方向，社区居委会可以根据实际情况，细化社区会客协商内容，拓展社区会客协商形式。

"社区会客议事厅"工作机制

（1）建立常态化会客议事协商机制。社区会客议事厅原则上应每半年召开一次协商工作例会，每年至少召开两次。遇有需要协商的重大事项，可临时召开会客协商会议。会客协商服务或活动应每月至少组织开展一次。

（2）要有明确的会客协商议题和内容。以居民需求为导向，围绕居民普遍关心的热点难点问题，坚持"一事一议"，找到利益最大公约数；以建设社区文化和社区精神为核心，以互助帮扶为主要方式，一次服务活动突出一个主题。

（3）采用科学合理的会客协商形式。根据参与主体情况和具体事项，以社区会客议事厅为平台，可以采取城乡社区决策听证、居（村）民议事、楼院议事、网格议事、小区协商、业主协商、人文关怀、精神慰藉、互助帮扶、谈心谈话等多种形式，发挥"党工＋社工＋义工"的作用，开展灵活多样的会客议事协商活动。

（4）健全街道（乡镇）社区会客协商联动工作机制。加强街道（乡镇）对社区会客议事协商活动的指导，建立健全基层党组织领导下社区居委会具体负责、各类协商主体共同参与的工作机制。对于社区协商无法解决的事项或跨社区事项，街道（乡镇）可视情"吹哨"，协调相关部门和单位给予必要的人员、技术、政策、资金、资源等方面的支持，建立上下联动、协同治理的工作机制。

（5）建立档案管理制度。健全社区会客议事档案管理制度，指定专人负责，做到会客协商全程留痕。做好每一次社区会客议事协商的通知、公告、会议纪要、信息、照片等资料的收集和存档工作。

（6）场所使用制度。为加强社区会客议事厅场所使用，确保场所保持环境卫生，现有资源有效利用，鼓励一室多用，满足多元主体参与会客议事协商和决策的需求。活动场所由社区派办公室工作人员负责管理，其职责是按规定时间开关门、监督活动场所内卫生、检查设备是否正常使用及其损耗情况。

（7）安全管理制度。为加强社区会客议事厅安全管理，确保场所安全、防火、防盗，社区党委书记是社区会客议事厅安全工作的第一责任人，并设有安全工作领导小组，各工作小组、居民组向领导小组负责，实行责任追究制。同时进行有关安全方面的知识教育，如紧急突发问题处理方法、自救互救常识教育等。

（三）一套机制，形成"议"起营"皂"为民办实事完整链条

针对纳入"社区会客议事厅"议事日程的工作事项，皂君庙社区通过实践探索形成了一套"解民需"的工作机制。

1. "三上三下"机制

以往大多时候是"社区要干"，而忽视了群众的切身感受，容易产生与社区居民获得感供需脱节问题，群众不满意、不买账，问题还无法得到解决。为此，社区主动作为，"按群众的要求干"，精心设计年度、季度、月、周的社区治理难题体检常态工作事项，定期向社区居民发放治理议题问需调查问卷，请社区居民无记名提出身边操心事、烦心事、揪心事，收集社区居民反映的大事、小事、难事。

社区动员楼院，通过楼委会、楼门长向楼院居民发放和回收治理议案需求表，而后进入分类分级处置流程。"一上"，在楼院党支部组织领导下，楼院议事会执行治理议案的审核、分级、分类，楼院级能够办理的治理议案，由楼院居民党支部、楼院议事会组织楼院居民议事协商表决，由楼院立

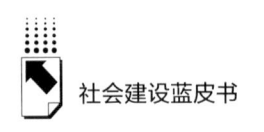

项公示解决，楼院解决不了的治理议案，上报社区党委和社区议事会。

"二上"，在社区党委领导下，社区议事会对楼院上交治理议案进行审核、分级、分类，社区级能够办理的治理议案，由社区党委、社区议事会组织社区居民议事协商表决，由社区立项公示解决，社区解决不了的治理议案，上报街道党工委、街道办事处。

"三上"，在街道党工委领导下，街道办事处对社区上交治理议案进行审核、分级、分类，街道级能够办理的治理议案，由街道党工委、街道议事会组织居民代表议事协商表决，由街道立项公示解决，街道解决不了的治理议案，"吹哨报到"解决。

"一下"，街道将治理议案处理和解决情况反馈给社区。"二下"，社区将治理议案处理和解决情况反馈给楼院。"三下"，楼院将治理议案处理和解决情况反馈给居民。同时，针对在街道、社区、楼院级处理的治理议案分别成立项目组协商共治，并对项目治理结果进行效能评价，予以公示，接受居民群众监督。

议题分类分级处置的"三上三下"工作流程，实质是"小事不出社区，大事不出街道，矛盾不上交"的新时代"枫桥经验"的具体实践和深化，楼院能处理的事务不上交社区，社区能处理的事务不上交街道，将党建引领社区治理进一步向群众身边延伸，服务群众端口前移。

2."四个建设"机制

（1）思想建设

党的思想建设是基础，通过社区党的组织体系增强"社区自治"重要性认识；加强社区居民党支部书记、支委及党员的学习教育，牢固树立为群众服务立场；注重培养干中学体悟党员理想信念、宗旨，强化思想武装。从而使社区党建与社区自治紧密结合，在社区居民党支部引领下，在社区党支部书记、支委及党员模范带动下，密切联系社区居民群众，凝聚党员和居民群众思想共识，推进社区自治。

（2）能力建设

加强和创新社会治理，关键在体制创新，核心是人。调研发现，能力建设主要体现为，社区居民党支部、社区居民党小组的组织力；社区党员积极分子、居民骨干的战斗力；社区、楼院居民议事协商参与力；社会组织、物业企业、驻区单位、产权单位及相关利益者等不同主体参与社区自治难题破解的协同力；街道、社区对社区治理议题的执行力。

（3）制度建设

皂君庙社区"议"起营"皂"为民办实事工作法实例表明，"社区自治"制度建设不仅意味着"社区自治"的规范化建设，也意味着通过社区的"规范性"可以有效规避物质主义的"功能性"取向。

因此，围绕"社区自治"，社区党支部积极发动党员、居民群众协商共议，形成了《社区议事厅管理办法（章程）》《社区居民议事协商办法》《社区议事协商决策制度》《社区议事常态化资金使用制度》《楼委会职责及工作制度》《楼院公共卫生管理制度》《楼院自治队伍建设》《楼院微信群管理规则》《楼院居民公约》等社区、楼院自治规范。

（4）阵地建设

"社区自治"需要实体化平台，供社区居民党支部、社区议事会等组织活动、协商议事。为此，皂君庙社区在11个楼院中设置了11个楼院议事厅阵地（楼院活动中心），作为社区居民党支部、楼院自治组织活动的阵地，开展楼院层面的议事协商。

3. "五步驱动"机制

通过对"社区会客议事厅"议事协商实例的考察，形成破解"老旧难"等基层社会治理问题的一些基本方法。

第一步，摸情况。主要指摸清社区治理问题的底数，摸清社区居民群众诉求的态度，摸清社区治理问题破解的难度。

第二步，增进融合。主要指增进社区居民党支部、社区居民党小组与社区自治组织的组织融合，增强相关利益方相互信任的情感融合，增进不同参与主体解决治理问题达成共识的智慧融合，增进社区内部资源与外部资源的资源融合。

第三步，促进居民习惯养成。主要指社区居民要树立"自己的事自己做,我的家我做主,我的家园我来建"的自治理念;培育社区议事代表、居民代表、居民骨干等发现问题、分析问题、表达问题的能力;培养社区居民参与治理议题讨论、组织社区治理议题相关利益方参与、确定社区治理议题解决方案、监督"社区自治"项目实施过程、维护社区治理实践成果的实践能力。

第四步,培养议事协商本领。议事协商是民主协商在基层最广泛的实践,已初步形成"表、议、决、治"等较为科学有效的工作步骤。例如,"表",和平理性表达问题和诉求;"议",针对特定治理问题通过居民议事协商确定议人(相关利益人)、议事(治理议题)、议方案(治理议题讨论方案);"决",决事(治理议题能不能做)、决责(确定相关主体责任)、决时(确定治理议题解决进度);"治",治理议题解决中遵守自治、共治、法治、德治原则。

专栏2　议事有规则

① 发言举手,按顺序　　② 简明扼要,两分钟
③ 顺序发言,不打岔　　④ 讨论问题,不跑题
⑤ 重复内容,不赘述　　⑥ 主持人分配发言权

第五步,建立规范。在破解"老旧难"等基层社会治理问题中,不断通过实践摸索并完善规章、标准、规矩等,使之更加成熟更加定型。

(四)一支队伍,保障"议"起营"皂"为民办实事常态响应

"有钱能办事,有人能干事"是社区治理的核心问题。"议"起营"皂"为民办实事关键是什么?社区张书记干脆地回答,最关键的是带头人,带头人是社区治理中最重要,也是最宝贵的人才资源。在皂君庙社区"议"起营"皂"为民办实事工作法实例中,充分挖掘社区党员、居民骨干,通过党员先锋模范带头作用,通过居民骨干带动作用,形成带动、互动、联动的社区治理生态,也形成了一套约定俗成的"工具包"。

1. 发现人才

通过入户、问卷、活动等不同形式发现社区较为活跃的多元主体骨干力量，并摸清服务需求，为解决社区治理难题做好人才储备支撑。

2. 培训人才

通过邀请专家及高校老师进行议事规则培训、举办"头脑风暴、开放空间、世界咖啡馆"议事形式的讲解与现场实际模拟演练、开展自组织及议事工作坊培训，引导社区居民逐步形成"遇事想协商、遇事会协商"的意识，引导社区居民逐步从"张嘴发牢骚"向"理性求共识"转变。通过多次外出参访不同特色的社区，锻炼议事队伍，为处理社区治理重点难点问题提供经验借鉴，并提升矛盾预防及化解的能力。

3. 使用人才

经过培训、挑选，成立由社区各个楼院党员骨干力量、社区多元主体组成的"社区会客议事厅协商议事队伍"，就社区居民共同关心的热点问题——门禁维修及管理、废旧自行车回收等议题，进行面对面的对话与讨论。通过落实协商议事，不断提升议事能力，并在实际的需求解决过程中，培育孵化社区社会组织，推动社区民主建设。

逐步形成由社区党员队伍、居民骨干队伍（楼门长）、志愿者队伍组成的一支保障"议"起营"皂"为民办事常态响应队伍，有力形成"议出好主意、解决大事情"的良好氛围。

专栏3 皂君庙斜街改造议事

案例背景

皂君庙斜街是皂君庙社区的一条重要道路，它将社区分为东西两部分。农科附小分部、大钟寺派出所位于皂君庙斜街沿线，交大附中位于皂君庙斜街北出口，皂君庙斜街南出口连接学院南路。皂君庙斜街全长200多米，宽度10米左右，是沿线两侧居民的唯一出行道路。近1年来，由于机动车数量与机动车停车资源匹配度的严重失衡，许多居民将机动车陆续停放在皂君庙斜街沿线两侧。不仅占用了皂君庙斜街两侧行人专用道路，也占用了斜街机动车专用道路。每天早上上学及下午放学时，皂君庙斜街拥堵不堪，人车混行，南来北往的车辆互不相让，交通事故频发，矛盾冲突频发，存在极大的安全隐患，也严重影响了居民的正常生活，影响了社区的和谐稳定，民怨极大。2019年上半年，在广大居民急切的盼望中，终于迎来了皂君庙斜街发生重大变化的机会——背街小巷整治工程项目。

案例步骤

第一步，设计方案听证会。2018年底，社区组织皂君庙斜街沿线相关物业负责人及相关楼院居民骨干参加街道组织的背街小巷整治工程项目设计方案的意见听证会，针对皂君庙斜街改造提升设计方案与设计方面对面进行沟通，提出修改意见。

第二步，设计方案民意调研。设计方案听证会后，在社区党委的领导下，召开了由相关物业、相关楼门组长参加的专项工作会议，就皂君庙斜街改造提升设计方案进行传达说明，听取意见，并要求各楼门组长协助社区及物业单位深入居民家中开展调研，积极听取广大居民的意见及建议。

第三步，设计方案协商议事。组织召开议事协商会，就收集上来的意见及建议进行归纳、分析、讨论。针对原设计方案中扩大人行专用道路上的绿化面积一项，居民提出，建议在维持道路原貌的情况下，在斜街两侧的人行专用道路上安装交通桩，以阻止机动车占用人行道路，真正做到专路专用，优先保证行人出行的安全。针对斜街机动车专用道路交通拥堵、安全事故频发问题，居民提出"单向行驶""单向停车"两项建议。社区会客议事厅进行了充分的讨论，并及时将协商议事后的方案向街道职能部门进行了汇报。

第四步，设计方案实施中的舆情引导。2019年3月，皂君庙斜街改造提升工程正式启动。随着单侧停车、单向行驶、两侧人行专用道路上安装交通桩等措施的实施，社区微信群中出现了质疑的声音，主要是机动车车主认为单向行驶造成出行不便，单侧停车造成停车困难。一些机动车车主情绪很大，在群里的言辞也很激烈，矛头直指社区与街道。在社区党委的引导下，社区居民就斜街改造提升方案在社区微信群里进行了激烈的讨论。反对方提出了反对的意见理由，提出了单侧设立人行专用道路、拓宽机动车道路、取消人行专用道路上安装交通桩、坚持实行双向行驶等建议，而支持方则从法律、法规、社会公德、皂君庙斜街路况等方面进行有理有据的反驳。网上讨论持续了1个多月。在激烈的讨论声中，皂君庙斜街以崭新的面貌展现在人们眼前。平整的路面、整齐划一的停车位、路面上的禁停区域、路口禁左的标识以及斜街新装的探头，使斜街一眼望去是那么整洁、有序。随着改造提升工程慢慢结束，群里的反对声音也日渐微弱，直至消失。

第五步，方案实施后的延伸议事。为腾出斜街沿线各院内更多的公共空间，用于停放机动车，有效改善院内自行车乱堆放、占道等不整洁现象，在6月3日的议事课堂上议事成员就机动车停车难问题进行了一场"头脑风暴"，将问题延伸后议出了解决乱停乱放"僵尸自行车"的好动议及具体实施方案。皂君庙社区党委"趁热打铁"携手北京市海淀睿搏社会工作事务所于6月13日、14日在社区廉政文化小广场开展了一次"废旧自行车置换物品"活动，得到了居民的热烈响应，共清理300余辆废旧自行车。这也是皂君庙社区会客议事厅通过居民议事解决的又一个实事项目。该项议题落实的过程中议事成员全程参与，并给居民讲解此次"惠民"的举动，得到了区民政局社区会客议事厅试点项目的支持，不仅呼吁更多的居民参与到"废旧自行车回收"活动中，更期待更多的居民参与社区会客议事厅项目，为社区的建设与发展、居民的幸福生活一起做出努力。

第六步，设计方案实施完成后的评估。2019年5月，皂君庙斜街改造提升工程竣工。在社区党委的领导下，社区居委会就皂君庙斜街改造提升工程效果进行了问卷调查。调查采取了集中调查与随机调查两种方式。经过调查，居民对斜街改造提升工程效果的满意率为90%以上。

皂君庙斜街改造充分发挥了"社区会客议事厅"平台作用，调动了广大居民参与社区协商议事的积极性，培育了共同治理社区的意识，彻底解决了皂君庙斜街的交通问题，消除了安全隐患，进一步强化了居民的法治意识、公德意识，进一步锻炼了社区会客议事厅骨干成员的协商议事能力，进一步增强了社区党委的号召力、领导力、凝聚力。

图 1　皂君庙斜街改造前后对比

三　"议"起营"皂"为民办实事工作法主要经验

(一)从"赋权"到"增能",战斗堡垒作用得发挥

"议"起营"皂"为民办实事工作法重心着眼于社区基层,坚持社区党建引领,在赋权社区下沉增效、不断为民服务中强化了基层党组织的战斗力、凝聚力、公信力、影响力。通过明确社区党组织书记第一责任人,赋能社区治理不同主体能力的同时,在实践中更加注重社区不同主体的赋权增能,充分利用社区党建协调委员会等党建资源平台,有效发挥战斗堡垒作用和党员干部先锋模范作用,保障了社区党组织的统筹管理权威,强化了社区服务为民的职责和使命,把"社区会客议事厅"建到群众身边,把社区居民诉求和呼声当作"哨声",将群众的小事当作社区的大事,让社区居民充分表达民意诉求,贴心服务覆盖千家万户,把社会矛盾化解在小区院落,在问题解决过程中逐步做到说话有底气、服务有能力、治理有手段,推动群众诉求的快速解决,居民的信任度和满意率不断提升,社区为民办实事的意识和动力明显增强,由"要我负责"向"我要负责"转变,真正把党组织的政治优势和组织优势转化为社区治理优势,巩固了社区基层党组织的政治基础、群众基础、社会基础。

（二）从"应急"到"常态"，一批治理顽疾得解决

"议"起营"皂"为民办实事工作法中心着眼于为民办事常态化机制，解决老百姓呼声高、意见大的社区"老旧难"等治理问题，提高社区治理响应能力、处置能力，打通服务群众"最后一公里"，构建政府治理和社会调解、居民自治良性互动的格局，形成社区服务群众的常态机制。例如，32号楼社区居民反映，"皂君庙社区的每个楼院车棚里'僵尸自行车'太多了，太占空间！如果清理出来，让自行车棚有效利用起来，还能腾出来一两个机动车停车位"。议事课堂上议事成员就机动车停车难问题进行了一场"头脑风暴"，将问题延伸后议出了解决乱停乱放"僵尸自行车"的好动议，用大米来换自行车，"议出了好主意"。历时两天时间，活动得到了居民的热烈响应，共清理300余辆废旧自行车。清理下来的自行车也很快通过有关公司做了处理。既便利了生活、改善了环境，又使废旧资源得到再利用，还居民一个良好的生活居住环境，确实是一件惠民利民的实事。

（三）从"被动"到"主动"，社区治理方式大转变

"议"起营"皂"为民办实事工作法有效推动社区治理方式从"被动"向"主动"转变、从"接诉即办"向"未诉即办"转变、从"事后应急"向"事前预防"转变，实现主动治理、靶向治理、源头治理。通过强化社区党组织作用发挥，社区党组织书记担当第一责任人，利用"社区会客议事厅""楼院会客议事厅"议事平台，采用自身开发的一套机制，通过"议"起营"皂"为民办实事服务队，实现俯下身子"主动"勤入户、勤联系、勤谈心，走到百姓中发现问题，由"旁听生"变成了"科班生"，从原来的"等待"处理，转变到"摸排"矛盾纠纷提前处理，做到及时发现和解决居民诉求，最大程度将社区治理问题处置机制端口前移，提高社区服务群众实效。例如，皂君庙社区32、33号楼是一个独立小院，院内公共用地私搭乱建给居民生活带来了不便，也带来了安全隐患。通过"楼院会客议事厅"，把居民代表、产权单位、街道相关科室和职能部门、违建的搭建

者请到一起,就小院的治理一起讨论。通过讲政策、讲法治,各抒己见,协商议事,赢得居民们的一致理解与配合,最终社区居民王某带头拆除了自家的私搭乱建。违建拆除了,清理出的场地建成了党建微花园,居民们有了聊天的空间,楼院私搭乱建问题得到彻底解决,实现从解决一个诉求向主动解决一类问题提升。

(四)从"他治"到"自治",形成社区治理共同体

"议"起营"皂"为民办实事工作法着眼于以群众需求为导向,拓宽社区居民反映诉求和解决问题的渠道,在议事协商过程中逐步化解难题,培养社区居民主人翁意识,以及实现自我管理、自我服务、自我教育、自我监督的民主意识。同时,通过这种方法使社区走到群众身边解决问题,一切围着基层想、围着基层转、围着基层干,推动了社区治理理念从"上层着力"向"基层发力"转变,从政府"大包大揽"的"他治"向以社区党组织为核心、其他力量和社区居民共同参与的"共治"转变,形成社区治理共同体。"议"起营"皂"为民办实事工作法,引导居民、志愿者、社会组织等共同参加社区议事协商,共同解决社区突出问题,逐步实现了社区党组织体系与群众自治组织体系相融合,拧成一股绳,形成合力,共建共治共享的社会治理格局已经呈现。

四 "议"起营"皂"为民办实事工作法几点启示

(一)旨在推进供需精准对接

带领人民创造美好生活,是我们党始终不渝的奋斗目标。党的十九大做出的一个重大政治判断是:我国社会主要矛盾已经转化为人民日益增长的美好生活需要和不平衡不充分的发展之间的矛盾。这是对基层党和政府职能转变提出更高、全新的要求,必须坚持以人民为中心的发展思想,牢牢抓住人民最关心最直接最现实的利益问题。

实践中，"议"起营"皂"为民办实事工作法，推进"社区会客议事厅""楼院会客议事厅"，旨在着力解决居民群众日益增长的美好生活需要与党和政府基本公共服务管理供给之间发展不平衡不充分的矛盾问题。皂君庙社区通过这种方法和渠道广泛动员居民群众参与，广泛收集居民群众意见，努力摸清居民群众之所想、之所需，准确把握居民群众反映强烈的突出问题，努力使党和政府基本公共服务供给与居民群众民生需求相互匹配，以满足居民群众日益增长的美好生活新向往。

（二）旨在确保人民当家做主

实现人民当家做主是共产党人矢志不渝的初心和历史使命。党的十九大报告强调要坚持人民主体地位，健全人民当家做主制度体系，加强人民当家做主制度保障。这是对基层党和政府加强人民当家做主工作的新部署新要求，必须依靠群众支持，保持同群众的密切联系，倾听群众意见和建议，接受群众监督，努力为人民服务。

实践中，"议"起营"皂"为民办实事工作法，旨在确保居民群众享有更加广泛、更加充分、更加真实的民主权利。皂君庙社区稳步推进议事协商，搭建议事协商平台，围绕涉及群众切身利益的环境整治、综合治安、老旧小区改造等实际问题，动员居民群众、社会单位、物业企业、产权单位等不同利益相关者，按照协商于民、协商为民的要求开展议事协商，达成社会共识的最大公约数，更好地解决居民群众的实际困难和问题，及时化解矛盾，促进社区和谐稳定。

（三）旨在创新社会治理体制

加强和完善社会治理，是完善和发展中国特色社会主义制度，推进国家治理体系和治理能力现代化的重要内容。党的十九届四中全会强调加强社会治理制度建设，完善党委领导、政府负责、民主协商、社会协同、公众参与、法治保障、科技支撑的社会治理体系，建设人人有责、人人负责、人人享有的社会治理共同体。

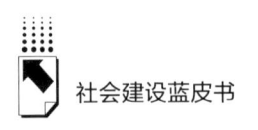

实践中，"议"起营"皂"为民办实事工作法，旨在培育社区居民自我有责、自我负责、自我享有的主动意识，不断提升自己的事情自己解决、社区的事情大家解决的责任能力，不断推进政府治理和社会调解、居民自治良性互动，创造社区和谐美好家园。

参考文献

中共北京市委编《习近平关于北京工作论述摘编（内部资料）》（2013~2021年），北京印刷集团有限责任公司，2021。

张勇杰：《多层次整合：基层社会治理中党组织的行动逻辑探析——以北京市党建引领"街乡吹哨、部门报到"改革为例》，《社会主义研究》2019年第6期。

蔡明月：《接诉即办：首都基层治理的一个创造》，《前线》2020年第2期。

新华社：《中华人民共和国国民经济和社会发展第十四个五年规划和2035年远景目标纲要》，http：//www.gov.cn/xinwen/2021-03/13/content_5592681.htm，2021年8月10日。

李晓壮：《党建引领城市社区治理实践路径的体制性探索》，《广东行政学院学报》2020年第3期。

B.16 "双碳"目标下北京市居民环境关心、环境行为与环境风险感知调查研究*

李阳 张昭**

摘　要： 在我国2030年碳达峰、2060年碳中和目标的背景下，北京市优化调整能源结构，推进林业碳汇发展，健全体制机制，加强宣传引导，在全市范围内倡导简约适度、绿色低碳的生活方式。生活方式的绿色转型有赖于环境关心水平的提升、亲环境行为的增加和科学理性的环境风险感知与应对。本文通过问卷调查法对北京市居民的整体状况进行调查，初步分析了环境关心的总体水平、结构特征以及在北京市重大事件和措施影响下的特征与趋势；统计了亲环境行为的总体状况、特征，重点关注了生活垃圾分类状况；勾勒了北京市居民的环境风险感知程度及倾向采取的应对方式。研究对居民环境方面的整体状况进行了初步探讨，为进一步的专项研究和绿色生活方式的建构奠定了基础。

关键词： 环境关心　亲环境行为　环境风险

---

* 基金项目：北京市社科基金项目"共建共治共享理念下垃圾分类的多元主体参与机制研究"（项目编号：21SRC018）。
** 李阳，博士，北京工业大学文法学部社会学系讲师；张昭，北京工业大学文法学部2019级本科生。

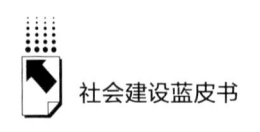

一 研究背景

2020年9月，中国在第七十五届联合国大会上宣布提高国家自主贡献力度，采取更加有力的政策和措施，二氧化碳排放力争于2030年前达到峰值，努力争取2060年前实现碳中和。① 在此背景下，北京市提出"在实现碳达峰、碳中和上争当'领头羊'"，开展碳达峰评估及立足于碳中和愿景的碳减排专项方案研究，制定碳达峰、碳中和的路线图和时间表。②

结合北京当前的产业结构和未来的战略定位，实现碳中和目标，不仅需要经济层面的能源结构调整和产业结构优化、技术层面的科技创新和技术更新，也需要社会层面的体制机制改革和多元主体协同参与。社会层面的举措对于实现双碳目标尤为关键。因此，有必要对北京市居民的环境关心水平、亲环境行为、环境风险感知和应对开展调查研究。

近3年来，北京市有两项重大事件和重要举措与居民的生产生活紧密相关，对居民的环境意识和行为产生显著影响。一项是新冠肺炎疫情，疫情对居民的生产、生活、社交等方面产生了诸多影响（见图1），其中一些影响是长期和持续性的。

另一项是2020年5月1日开始实施的新版《北京市生活垃圾管理条例》（以下简称《条例》），明确提出产生生活垃圾的单位和个人是分类投放的责任主体，对个人违法投放垃圾的行为实行教育和处罚。③ 在双碳目标、疫情防控和垃圾分类政策实施的背景下，北京市居民的环境关心水平、亲环境行

---

① 《习近平在第七十五届联合国大会一般性辩论上的讲话》，中华人民共和国中央人民政府网站，http://www.gov.cn/xinwen/2020-09/22/content_5546168.htm，2021年8月1日。
② 《市政府召开常务会议传达学习习近平总书记关于实现碳达峰碳中和的重要讲话精神 研究本市2020年环境状况和环境保护目标完成情况等事项》，北京市人民政府网站，http://www.beijing.gov.cn/ywdt/bjszfcwhy/2021nszfcwhy/3y/202103/t20210324_2318785.html，2021年3月23日。
③ 《北京市生活垃圾管理条例》，北京市人民政府网站，http://www.beijing.gov.cn/zhengce/zhengcefagui/202009/t20200929_2102701.html，2020年9月25日。

"双碳"目标下北京市居民环境关心、环境行为与环境风险感知调查研究

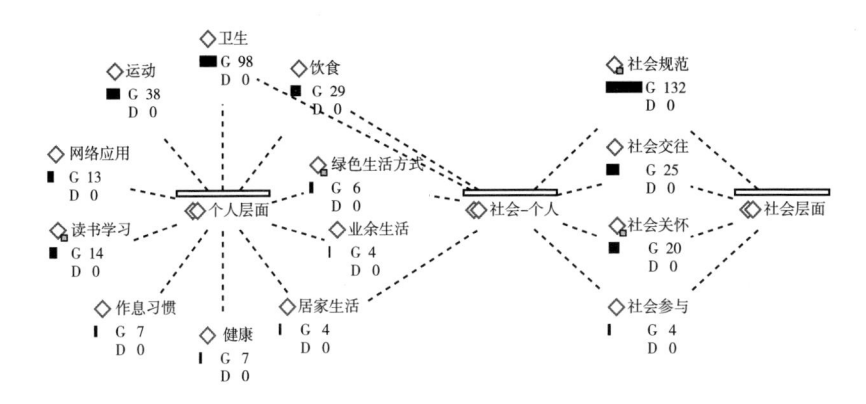

图1 疫情对北京市居民的影响

注：问卷设计一道开放性题目，询问被访者疫情期间形成并且可能长期保持的习惯。笔者使用 ATLAS.ti 分析软件对答案进行编码分析，G 代表文本中出现这一编码的次数，D 代表该编码与其他编码连接的次数，此处未做链接。

为、环境风险感知与应对状况如何，目前缺乏系统性认识和专项化分析，为此本文对上述问题开展调查研究。

二 调查方法

本次调查采用网络问卷调查的方法，从环境关心、环境行为、环境风险感知与应对3个维度对北京市居民进行调查访问。环境关心水平方面，涉及环境关心程度自评、环境议题及结构、环境问题评价和中国环境关心量表（China New Paradigm）；环境行为方面，包括能源资源消耗、亲环境行为量表和垃圾分类状况；环境风险感知以垃圾焚烧站建设为例，测量了被访者的风险感受和风险应对倾向。由于不同时间范围人们关心的环境议题、能源消耗状况具有差异，特别是受到重大公共卫生事件影响，调查要求被访者回答个人在大年初一到正月二十五期间在北京的实际情况。

调查共回收有效问卷414份，从性别、年龄、行政区域、受教育程度上看，基本上能够反映当前北京市居民的环境关心水平和环境行为状况（见表1）。

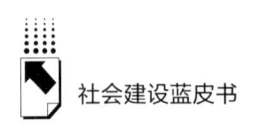

表1 北京市居民环境关心与环境行为现状调查样本构成

性别	男		女	
	162人 39.13%		252人 60.87%	
年龄分组	18岁及以下	19~40岁		40岁以上
	73人 17.63%	282人 68.12%		59人 14.25%
行政区域	中心城区		非中心城区	
	241人 58.9%		168人 41.1%	
受教育程度	初中及以下	高中/中专	大学本科/大专	研究生及以上
	13人 3.14%	50人 12.08%	312人 75.36%	39人 9.42%

职业和工作状况全面。被访者涵盖以下6类主要情况：学生、失业或待业、从事农业劳动、各级企事业单位工作人员、其他企业（私企、外企等非国有企业）工作人员和社会团体工作人员。

家庭收入呈正态分布。调查样本中认为家庭收入远低于平均水平的被访者占比1.0%，低于平均水平的被访者占比10.6%，处于平均水平的被访者占比68.6%，高于平均水平的被访者占比18.1%，远高于平均水平的被访者占比1.7%。

居住社区类型多样化。被访者居住地所在社区包括以下类型：农村社区、保障房社区、商品房社区、单位社区、未经改造的老旧社区，分别占比9.05%、8.54%、49.75%、23.37%、9.30%。

三 研究发现

（一）环境关心状况

1. 整体环境关心水平较高

如图2所示，84.78%的被访者表示关心环境状况，其中17.87%的被访者表示非常关心，66.91%的被访者表示比较关心；另外，9.66%的被访者选择"说不上"，表示比较不关心的被访者占比4.35%，表示完全不关心的被访者占比1.21%。

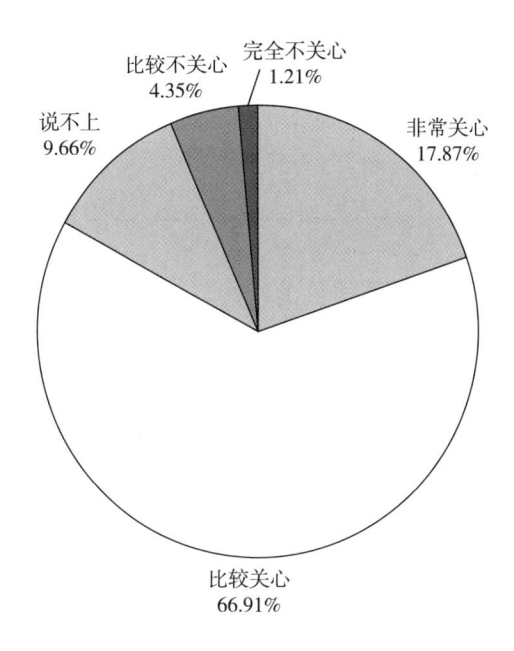

图2 北京市居民环境关心总体状况

本次调查采用中国环境关心量表（CNEP量表）对北京市居民的环境关心水平进行测量。NEP量表于1978年由邓·拉普等学者提出，是目前全球范围内使用最广泛的测量工具；2014年洪大用提出了中国版NEP量表[①]，包括自然平衡、人类中心主义、人类例外主义、生态危机和增长极限5个维度的15项指标，构成从"完全同意"、"比较同意"、"无所谓"到"比较不同意"、"完全不同意"的量表。2013年中国综合社会调查（CGSS）采用这一量表对全国居民的环境关心水平进行了测量，将每项指标从"完全不同意"到"完全同意"进行1~5分赋分，计算出全国居民的平均环境关心

---

① 洪大用、范叶超、肖晨阳：《检验环境关心量表的中国版（CNEP）——基于CGSS2010数据的再分析》，《社会学研究》2014年第29卷第4期。

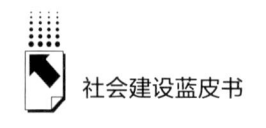

水平为53.76分，CGSS中北京市居民的平均环境关心水平为55.13分，本次调查中北京市居民的环境关心水平为55.77分（见表2）。

表2　居民环境关心水平测量结果比较

单位：个，分

调查时间及范围	样本量	最小值	最大值	均值	标准偏差
2013年CGSS全国居民	2047	26.00	75.00	53.76	7.44
2013年CGSS北京市居民	109	42.00	72.00	55.13	6.98
2021年北京市居民	414	25.00	75.00	55.77	8.78

为比较北京市居民与全国居民的平均环境关心水平是否存在显著差异，使用单样本t检验对北京市样本和全国样本均值进行比较。统计结果见表3。

表3　环境关心水平差异t检验

类目	检验值=53.76					
	t	自由度	Sig.（双尾）	平均值差值	差值95%置信区间	
					下限	上限
环境关心水平	4.66	413.00	0.00	2.01	1.16	2.86

通过t检验发现，本次调查中北京市居民的环境关心水平高于2013年CGSS中全国居民的环境关心水平，但是与2013年北京市居民环境关心水平的差异不显著。根据这一结果可以提出两项假设，一是北京市居民的环境关心水平高于全国居民的环境关心水平，二是2013年以来北京市居民的环境关心水平有所提高，这两项假设有待进一步验证。

2. 关心议题受重大公共卫生事件影响

项目对被访者关心的生态环境问题进行调查，列举了新冠肺炎疫情初期全球及国内发生的重大生态环境事件，包括蝗虫灾害、野生动物保护、污水监管政策、医疗废物处理、环保制度改革及其他环境信息。调查结果如图3所示，与疫情直接相关的医疗废物处理受到最多关注，占比为56%，这与初期疫情传播方式的不确定性密切相关；其次为野生动物保护占比54%，疫情初期有研究推测新冠病毒的源头宿主是蝙蝠，全国人大常委会表决通过了关于全面禁止非法野生动物交易、革除滥食野生动物陋习、切实保障人民群众生命健康安全的决定，在此背景下超过半数的被访者开始关注野生动物保护问题。除此之外的环境议题则是未关注者多于关注者，其中关注蝗虫灾害的被访者占比44%，污水监管政策占比43%，环保制度改革占比47%，其他环境信息占比4%。这一现象反映出重大公共卫生事件对居民环境关心状况的影响。

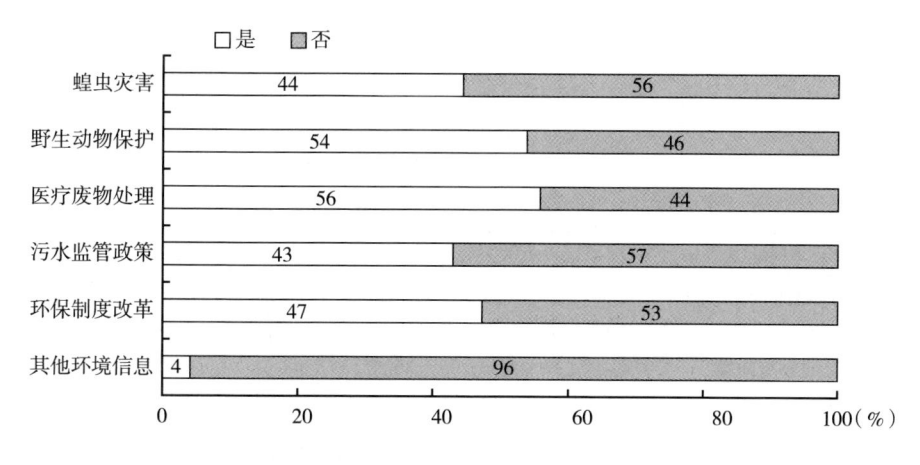

图3 北京市居民环境关心议题

对当前主要环境污染类型的评价方面，被访者认为最为严重的3项生态环境问题是空气污染、水污染和环境资源短缺，其后依次为野生动植物减少、工业垃圾污染、食品污染、生活垃圾污染和噪音污染。具体见表4。

表4 生态环境问题评价

单位：%

生态环境问题类型	不严重	不太严重	一般	比较严重	非常严重	平均值
空气污染	0.24	1.93	16.67	43.72	37.44	4.16
水污染	0.72	4.35	15.46	40.34	39.13	4.13
环境资源短缺	3.38	2.17	21.26	39.61	33.57	3.98
野生动植物减少	0.48	4.83	20.53	46.86	27.29	3.96
工业垃圾污染	0.72	4.59	21.74	44.93	28.02	3.95
食品污染	1.45	5.31	23.91	36.23	33.09	3.94
生活垃圾污染	1.21	4.59	23.67	43.96	26.57	3.90
噪音污染	2.66	4.11	27.54	44.69	21.01	3.77

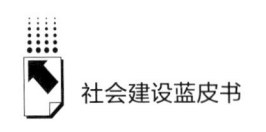

3.环境关心结构近似差序格局

按照环境问题的影响范围，可以将环境问题分为以下5类：全球/国际生态环境问题（如气候变暖）、国内生态环境问题（如自然灾害）、地区性生态环境问题（如水土流失）、社区生态环境问题（如社区垃圾）、个人/家庭生态环境问题（如吸烟）。给不同的关心水平赋分，"完全不关心"为1，"不太关心"为2，"一般"为3，"比较关心"为4，"非常关心"为5，统计结果如表5所示。

表5 北京市居民环境关心议题构成

单位：%

生态环境问题类型	完全不关心	不太关心	一般	比较关心	非常关心	平均值
全球/国际生态环境问题	4.11	5.31	31.16	45.89	13.53	3.59
国内生态环境问题	2.66	8.94	30.43	43.00	14.98	3.59
地区性生态环境问题	0.48	3.14	15.22	48.07	33.09	4.10
社区生态环境问题	0.48	3.86	20.77	44.69	30.19	4.00
个人/家庭生态环境问题	1.69	3.62	14.25	34.78	45.65	4.19

与个人或家庭相关的生态环境问题最受关注，平均值为4.19；其次为地区性生态环境问题，平均值为4.10；再次是社区生态环境问题，平均值为4.00；最后两项为国内生态环境问题和全球/国际生态环境问题，平均值均为3.59。从总体上看北京市居民的环境关心结构与"差序格局"的文化传统相一致，对距离最近、关系最紧密的议题最为关注，随着距离的增加和相关性的减弱关心程度有所减弱。

值得关注的是，居民对社区生态环境问题的关注程度低于距离更远的地区性生态环境问题，这由两种因素导致：一是北京市的实际环境状况，京津冀及周边地区的大气污染问题突出，是我国大气污染防治的主战场[1]，居民对空气质量这一区域性环境状况十分关心。二是社区共同体意识不足，有研

---

[1] 王金南、王慧丽、雷宇：《京津冀及周边地区秋冬季大气污染防治重点及建议》，《环境保护》2017年第21期。

究提出虽然城市社区存在中等程度的社区归属感,但居民与社区之间缺乏紧密的社会联系与经济联系,城市社区不再是传统意义上的共同体。[①] "以社区为重点的社会治理共同体"[②] 仍处于建设过程中。

(二)环境行为状况

1. 亲环境行为的政策导向性突出

调查显示,北京市居民频率最高的3项亲环境行为是重复利用塑料包装袋、自带购物袋或购物篮以及垃圾分类投放。此外,在关注环境问题与环境保护信息、与亲友讨论环保问题方面得分较高,发生频率低于"偶尔"水平的亲环境行为有为环境保护捐款、参与环境宣教活动和参与民间环保团体举办的环保活动等。得分最低的两项为自费养护树林或绿地以及参加要求解决环境问题的投诉等抗争活动。具体见表6。

表6 亲环境行为状况

单位:%

亲环境行为	从不	偶尔	经常	平均值
重复利用塑料包装袋	1.45	21.01	77.54	2.76
自带购物袋或购物篮	6.04	27.78	66.18	2.60
垃圾分类投放	13.53	38.65	47.83	2.34
关注环境问题与环保信息	8.94	50.24	40.82	2.32
与亲友讨论环保问题	18.36	56.76	24.88	2.07
为环境保护捐款	42.27	48.07	9.66	1.67
参与环境宣教活动	47.83	37.92	14.25	1.66
参与民间环保团体举办的环保活动	51.21	35.75	13.04	1.62
自费养护树林或绿地	60.87	28.74	10.39	1.50
参加要求解决环境问题的投诉等抗争活动	64.01	25.85	10.14	1.46

---

① 桂勇、黄荣贵:《城市社区:共同体还是"互不相关的邻里"》,《华中师范大学学报》(人文社会科学版)2006年第6期。
② 龚维斌:《以社区为重点建设社会治理共同体》,《农村·农业·农民》(B版)2020年第1期。

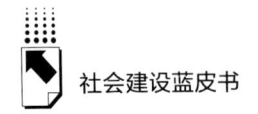

这一行为特征是北京市长期以来开展环保宣教的直接反映。北京市对塑料垃圾的治理至少可以追溯到20世纪末，1997年市环保局和工商局联合发布《关于对废弃的一次性塑制餐盒必须回收利用的通告》，以塑料餐盒为突破口开始从源头治理白色污染问题[①]；2020年底，市发改委和市生态环境局发布《北京市塑料污染治理行动计划（2020-2025年）》。持续的政策引导和宣传教育使得市民在"减塑"行为上具有明显效果。

2. 生活垃圾分类已见成效

北京市在20世纪50年代提出"垃圾要分类收集"，此后垃圾处理方式经历了自然净化、堆放污染、卫生填埋和焚烧发电阶段。随着2020年《北京市生活垃圾管理条例》实施，北京市垃圾处理方式步入垃圾减量化和资源化阶段，这一阶段公众的分类意识和分类习惯尤为重要。2021年6月，市生态环境局等部门联合编制《北京市"美丽中国，我是行动者"提升公民生态文明意识行动计划（2021-2025年）实施方案》，动员社会各界自觉履行生态环境保护责任，包括垃圾分类、绿色出行、绿色消费等。上述发展历程体现出垃圾管理的复杂性和持久性。

本次调查统计了被访者在大年初一到正月二十五期间的垃圾分类状况，但是随着时间推移新冠肺炎疫情逐渐稳定、垃圾分类政策不断推进，居民生活垃圾分类的比例呈上升趋势，当前垃圾分类的比例应高于调查时间。在上述时间内北京市居民的垃圾分类比例为49.03%，调查列举了7项居民未进行垃圾分类的可能原因，包括观念、知识、设施、社区情境、制度设置5个方面，分别是：没有必要花费时间；虽然有必要，但是不知道如何分类；虽然有必要，但是别人不分类，自己分类也没用；虽然有必要，但是家庭不具备分类条件；虽然有必要，但是社区垃圾回收处未分类；虽然有必要，但是所在地区没有相关要求；虽然有必要，但是没有激励或惩罚措施。

尽管不同类型的社区在房屋性质、人口结构、资源禀赋等诸多方面具有

---

① 《1997年北京市环境状况公报》，北京市生态环境局网站，http://sthjj.beijing.gov.cn/bjhrb/index/xxgk69/sthjlyzwg/1718880/1718881/1718882/505405/index.html，2021年8月1日。

较大差异,但居住在不同类型社区的被访者是否垃圾分类的比例差别不大(见表7)。这一方面表明垃圾分类政策的实施并非一蹴而就,而是逐渐推广和深化的;另一方面表明不同的类型当中都有一些社区在根据自身的实际情况寻找实现生活垃圾分类的有效方式,例如商品房社区购买服务、老旧小区动员社区志愿者、农村社区利用村庄的关系网络等。

表7 居住地社区类型与是否垃圾分类交叉表

单位:人,%

类目			是否垃圾分类		总计
			是	否	
居住地社区类型	农村社区	计数	18	18	36
		占比	9.05	9.05	9.05
	保障房(如经济适用房、廉租房)社区	计数	17	17	34
		占比	8.54	8.54	8.54
	商品房社区	计数	101	97	198
		占比	50.75	48.74	49.75
	单位社区	计数	47	46	93
		占比	23.62	23.12	23.37
	未经改造的老旧社区(如老旧小区、平房区)	计数	16	21	37
		占比	8.04	10.55	9.30
总计		计数	199	199	398
		占比	100.00	100.00	100.00

本次调查对居民未分类的主要原因进行统计,主要为两种情况:社区垃圾回收处未分类和家庭不具备分类条件,如图4所示。随着疫情逐渐稳定,垃圾分类政策不断推进,分类观念逐步提升,分类知识得以普及,分类设施配备齐全,社区氛围逐渐形成,制度设置趋于完善。尽管当前社区垃圾分类仍然存在许多问题有待探索,包括市场资本介入垃圾分类过程是否有碍于居民环境保护观念的提升、在社会治理能力和治理体系现代化的背景下如何开展有效的社会动员、不同主体参与垃圾分类的行为逻辑如何等,但是总体而言,垃圾分类已经成为社会共识,一些社区已经率先实现社区垃圾分类处理并形成了具有借鉴意义的实践经验。

未垃圾分类的原因统计：

- 没有必要花费时间：11.11
- 不知道如何分类：9.18
- 家庭不具备分类条件：21.26
- 社区垃圾回收处未分类：36.23
- 别人不分类自己分类也没用：7.25
- 所在地区没有相关要求：11.59
- 没有激励或惩罚措施：3.38

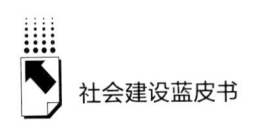

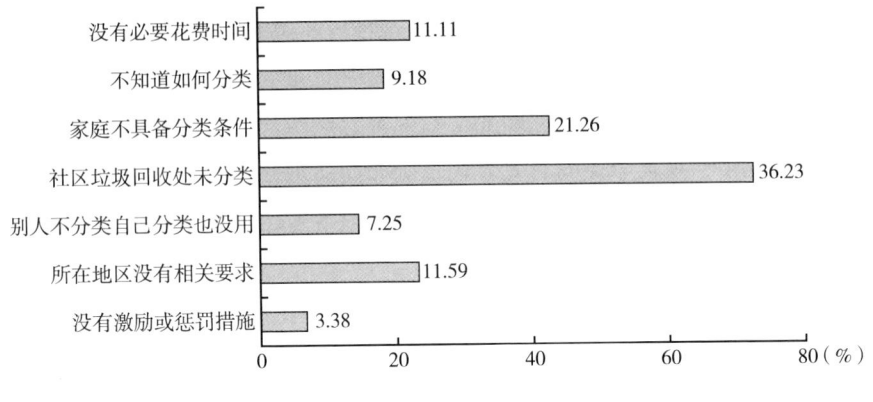

图4 未垃圾分类的原因

3. 居家隔离期间资源消耗有所增加

本次调查中，有84.30%的被访者认为疫情期间，环境质量有所提升、环境污染状况有所改善。认为改善原因包括"汽车尾气排放减少"的被访者占比79.66%，认为改善原因包括"企业停产"的被访者占比74.79%，认为改善原因包括"工地停工"的被访者占比74.50%，认为改善原因包括"近年环境治理见效"的被访者占比59.89%。新冠肺炎疫情使得居民直观感受到人类活动对生态环境产生的影响，但是不可忽视的是伴随着污染的减少，资源消耗相对增加。这一情境下的环境宣教需要更加有针对性地关注节能减排和绿色生活方式。

本次调查对居家隔离期间的资源消耗状况进行统计，将"大幅增加"赋值为1，"小幅增加"赋值为2，"基本不变"赋值为3，"小幅减少"赋值为4，"大幅减少"赋值为5。结果显示，水资源消耗、电/燃气/煤炭消耗、食物消费和网上购物整体上均有所增加，食物变质和外卖订餐则有所减少（见表8）。

在重大公共卫生事件中，居民为防控疫情开始保持社交距离，许多"线下"活动转到"线上"进行，包括办公、学习、消费、娱乐各个方面。近年来网上购物持续增长，居家隔离又进一步强化了这种增长，伴随网络购物的环境问题不容忽视。

表8 居家隔离期间的资源消耗状况

单位：%

类目	大幅增加	小幅增加	基本不变	小幅减少	大幅减少	平均值
水资源消耗	11.65	30.34	47.33	7.77	2.91	2.62
电/燃气/煤炭消耗	14.60	34.31	45.01	5.11	0.97	2.46
食物消费	16.99	36.17	33.25	10.68	2.91	2.48
食物变质	3.51	14.32	58.65	14.86	8.65	3.42
网上购物	26.00	32.75	24.25	10.50	6.50	2.51
外卖订餐	11.21	20.87	31.15	16.20	20.56	3.78

（三）环境风险感知

1. 感知程度较高，应对方式理性

环境风险感知在理解和预测社会现象中具有重要的，乃至不可替代的优越性。① 对于生活垃圾分类等问题，居民的风险感知和应对方式尤为重要，由于垃圾管理是收集、转运和处理的闭环，一环缺失则导致其他环节前功尽弃。在垃圾收集环节，环境关心水平的提高有助于推动前端治理；在垃圾处理环节，风险感知及应对更为重要。

本次调查以"所在的社区建造垃圾焚烧站"为例，对居民的环境风险意识进行调查，88.89%的被访者表示会对此感到担心。

在环境风险的应对方面，18.40%的被访者表示不会采取相应行动。会采取相应行动应对风险的被访者，其行为偏好如表9所示。最倾向采用的方式为"向政府相关部门反映"，占比75.10%；其次为"向亲友咨询相关信息"，占比71.43%；"与社区居民讨论"占比66.59%；"向专家咨询相关信息"占比64.89%；"向新闻媒体反映"占比45.30%；"组织相关者一起投诉或上访"占比39.70%；另有49.40%的被访者选择"采取其他行为"。

---

① 王刚、宋锴业：《西方环境风险感知：研究进路、细分论域与学术反思》，《中国人口·资源与环境》2018年第28卷第8期。

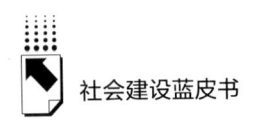

表9　环境风险应对方式偏好

单位：%

应对方式	占比	均值
向政府相关部门反映	75.10	0.75
向亲友咨询相关信息	71.43	0.71
与社区居民讨论	66.59	0.67
向专家咨询相关信息	64.89	0.65
采取其他行为	49.40	0.49
向新闻媒体反映	45.30	0.45
组织相关者一起投诉或上访	39.70	0.40
以上行动均不采取	18.40	0.18

2. 环境关心水平影响风险应对

将每一项风险应对方式赋分为0和1，并将项目累加得到总的风险应对得分，得分取值范围为0~7，均值为4.12。将环境关心水平的平均值55.77作为分割点，高于平均值的组别为环境关心水平较高的群体，低于平均值的组别为环境关心水平较低的群体。独立样本t检验结果如表10所示，环境关心水平较高的群体风险应对均值为3.88，环境关心水平较低的群体风险应对均值为4.42。

表10　独立样本t检验描述性统计

类目	环境关心水平	个案数（个）	平均值	标准偏差	标准误差平均值
环境风险应对	≥55.77	226.00	3.88	1.96	0.13
	<55.77	187.00	4.42	2.29	0.17

独立样本t检验结果报表（见表11）显示，方差齐性检验F值达到显著水平，拒绝方差齐性假设，不假定等方差情况下两组变量的t值为-2.53，自由度为368.40，双尾检验显著性P值为0.01，表明不同环境关心水平的人群在风险应对上具有显著差异，环境关心水平较高的群体，其风险应对值低于低水平群体。

表11 独立样本 t 检验结果报表

类目	莱文方差等同性检验		平均值等同性 t 检验						
	F	显著性	t	自由度	Sig.（双尾）	平均值差值	标准误差差值	95% 置信区间	
								下限	上限
假定等方差	6.61	0.01	-2.57	411.00	0.01	-0.54	0.21	-0.95	-0.13
不假定等方差			-2.53	368.40	0.01	-0.54	0.21	-0.95	-0.12

3. 亲环境行为影响风险应对

对亲环境行为和环境风险应对进行回归分析，统计结果如表12和表13所示，环境风险应对和亲环境行为的相关系数为0.36，显著性检验 P 值为0.00，二者显著相关，亲环境行为能够解释环境风险应对13%的变异。

表12 相关性矩阵

	类目	环境风险应对	亲环境行为
皮尔逊相关性	环境风险应对	1.00	0.36
	亲环境行为	0.36	1.00
显著性（单尾）	环境风险应对		0.00
	亲环境行为	0.00	
个案数（个）	环境风险应对	413	413
	亲环境行为	413	413

表13 模型摘要

模型	R	R^2	调整后 R^2	标准估算的错误
1	0.36[a]	0.13	0.13	1.99

a. 预测变量：(常量)、亲环境行为
b. 因变量：环境风险应对

回归方程显著性检验结果及回归系数的 T 检验结果（见表14）显示，变异量显著性检验的 F 值为62.17，显著性水平为0.00，回归模型整体解释变异量达到显著水平，回归方程有效，亲环境行为与环境风险应对呈线性关系。回归系数的显著性检验 T 统计量的值为 7.89，对应的显著性水平 P 值为 0.00，表明亲环境行为与环境风险应对的线性关系显著。

表 14 回归系数

模型		未标准化系数		标准化系数	t	显著性
		B	标准错误	Beta		
1	（常量）	0.46	0.48		0.97	0.34
	亲环境行为	0.18	0.02	0.36	7.89	0.00

a. 因变量：环境风险应对

四 结论与讨论

本报告对北京市居民的环境关心、环境行为、环境风险感知与应对进行了探索性调查。环境关心水平方面，包括环境关心程度自评、环境议题及结构、环境问题评价和中国环境关心量表（China New Paradigm）；环境行为方面，包括能源资源消耗、亲环境行为量表和垃圾分类状况；环境风险感知方面以垃圾焚烧站建设为例，测量了被访者的风险感受和风险应对倾向。

环境关心状况。北京市居民的环境关心水平普遍较高，一方面居民自评结果显示大部分居民对环境状况比较关心和非常关心；另一方面采用CNEP量表综合评价居民在自然平衡、人类中心主义、人类例外主义、生态危机和增长极限 5 个维度的环境关心水平，整体水平高于全国平均分。环境关心结构近似差序格局，对距离最近、关系最紧密的议题最为关注，随着距离的增加和相关性的减弱关心程度有所减弱。在北京市居民看来，最为严重的 3 项生态环境问题是空气污染、水污染和环境资源短缺，疫情期间最关注的环境信息是医疗废物处理、野生动物保护和环保制度改革。

环境行为状况。北京市居民的亲环境行为在"减塑"和"分类"两方面较为突出，占比最高的 3 项行为是重复利用塑料包装袋、自带购物袋或购物篮和垃圾分类投放。这一行为特征是北京市长期以来开展环保宣教的直接反映，表明政府在环境治理体系中发挥着引领作用。2020年实施新版《北京市生活垃圾管理条例》以来，农村社区、保障房社区、商品房社区、单位社区和未经改造的老旧社区等各个类型的社区都在根据自身的实际情况探索实现生活垃圾分类的有效方式，来自不同社区的被访者在垃圾分类行为上的表现较为接近。在调查界定的时间内居民未进行垃圾分类的主要原因是社区垃圾回收处未分类和家庭不具备分类条件，随着政策的不断推进，分类设施逐步配齐，客观条件基本具备，分类比例得以提升。

环境风险感知与应对状况。北京市居民的风险感知程度较高，应对方式理性，倾向采取的应对行为主要是向政府相关部门反映、向亲友咨询相关信息和与社区居民讨论。风险应对行为与环境关心水平和亲环境行为水平具有相关性。

上述北京市居民在环境关心、环境行为和风险感知与应对方面的总体状况与两项重大事件和措施密切相关，即新冠肺炎疫情和垃圾分类政策。值得关注的是疫情防控期间的能源消耗和网上购物带来的环境问题，如何倡导居民节约资源、进行绿色消费、减少过度包装，是网络社会背景下开展环境治理的重要议题。

以上是对北京市居民在环境方面整体状况的初步探讨。事实上，认知、行为和风险3个方面都有许多议题需要进一步研究。在环境关心方面，已有研究表明环境关心水平因年龄、性别、受教育水平、城乡居住地等因素的不同而有所差别，这些差别在北京市范围内是否显著，需要继续扩大调查样本进行进一步分析。在环境行为方面，从意识提升到行为实践是一个复杂的机制，对亲环境行为的发生机制进行研究有助于绿色生活方式的实现。在环境风险感知方面，已有研究发现信息传播、社会信任、政府信任等诸多因素会对其产生影响，如何让居民理性认识和应对环境风险也是社会治理的重要议题。

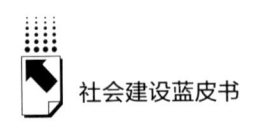

参考文献

龚维斌：《以社区为重点建设社会治理共同体》，《农村·农业·农民》（B版）2020年第1期。

桂勇、黄荣贵：《城市社区：共同体还是"互不相关的邻里"》，《华中师范大学学报》（人文社会科学版）2006年第6期。

洪大用、范叶超、肖晨阳：《检验环境关心量表的中国版（CNEP）——基于CGSS2010数据的再分析》，《社会学研究》2014年第29卷第4期。

王刚、宋锴业：《西方环境风险感知：研究进路、细分论域与学术反思》，《中国人口·资源与环境》2018年第28卷第8期。

王金南、王慧丽、雷宇：《京津冀及周边地区秋冬季大气污染防治重点及建议》，《环境保护》2017年第21期。

B.17
由运作走向资助的北京Q基金会转型分析

马梦柯 鞠春彦*

摘 要： 北京Q基金会由运作向资助的转型是在内外部环境的互动和资源的交互作用下发生的，本文运用参与观察法和访谈法，对其转型的具体实践进行了观察分析和反思。尽管Q基金会为转型采取了组织战略调整等实践举措，但由于基金会资源获取能力不足和内部管理等问题，Q基金会的转型并没有达到预期效果。从Q基金会的个案来看，虽然资助型基金会是基金会未来发展的方向，但当前的宏观环境和组织的转型能力等都不足以为转型提供有力的支撑，基金会要完成预期的转型尚需多方的共同努力。

关键词： 基金会 资助 转型

近年来，中国社会组织的发展转型是一个非常值得关注的理论和现实问题。尽管在中国起步比较晚，但基金会发展却比较引人注目。以资金使用方式的不同，基金会可以分为运作型基金会和资助型基金会。2014年12月，《关于促进慈善事业健康发展的指导意见》下发，意见明确提出"募用分离"的主张。2015年10月，民政部下发《关于鼓励实施慈善款物募用分离，充分发挥不同类型慈善组织积极作用的指导意见》，此后基金会开始尝

---

* 马梦柯，北京社会管理研究基地研究人员，主要研究方向为社会工作与社会政策；鞠春彦，北京工业大学社会学系副教授，北京社会管理研究基地研究人员，主要研究方向为社会思想与社会建设。

试转型，运作型基金会开始向资助型基金会转变。2018年，《社会组织登记管理条例（征求意见稿）》进一步指出：民政部登记注册的基金会可以实行"以资助慈善组织和其他组织开展活动为主要业务范围"。"所谓资助，即资助机构受出资人的委托，将资金拨付给被资助方，以帮助服务对象应对其面临的真实问题的行为。"[1] 运作型基金会主要表现为独立筹资、独立运作公益项目；资助型基金会的行为模式则是，与公益组织建立资助联结关系，为其开展公益活动提供资金等支持。近年来，我国学者对于基金会由运作型向资助型转型的总体趋势已达成初步共识，社会各界人士对基金会转型也表现出极大的热情。徐永光曾提出：如何衡量公益行业的发展水平和成熟度，需要看资助型基金会的发展现状。[2]

北京Q基金会成立于2016年4月，是经北京市民政局审批通过、由个人捐赠成立的非公募基金会，原始基金数额为200万人民币。基金会成立之初定位是运作型基金会，它以个人定期捐赠的资金为项目基础，项目部工作人员结合基金会的使命和宗旨，独立策划和运作相关项目。自2016年成立以来，Q基金会运作和开展项目多达350余次，实现快速发展的同时，也逐渐呈现出后劲不足的态势。2018年6月起，该基金会开始进行战略调整，经过数次调研及学习，逐步开启了向资助型基金会转变的实践探索。本研究将以北京Q基金会的探索与实践为基础，分析基金会的转型问题。

一 北京Q基金会及其转型实践

北京Q基金会的目标群体是青年，为自己设定的使命是："资助公益项目；培养公益人才；促进公益交流；鼓励公益创新"，以"支持青年公益梦想，创造青年人生价值"为愿景。该基金会早期的活动主要是独立运作"公益TALK"系列沙龙，面向大学生群体，开展不同公益议题的线下交流

---

[1] 《资助指南》，"中国资助者圆桌论坛"（CDR），2017年。
[2] 徐永光：《借民间正能量，浙江公益异军突起》，《中国财富》2014年第11期。

活动，活动规模较小。

基金会下设秘书处、项目部、宣传部、人事行政部。其中，秘书处有秘书长1名，副秘书长1名；项目部有专职工作者2名，兼职工作者3名；宣传部有兼职工作者1名；人事行政部有专职工作者1名，兼职工作者1名。基金会设有理事会，共有5名理事成员，均为企业人士，而执行团队成员专业背景为管理学、法学等。基金会内部的财务工作由法学背景的人事行政部人员负责；项目部的专职工作者也是管理学背景，兼职工作者多为在校大学生，时常更换。

2018年6月开始，北京Q基金会开始了向资助型基金会转变的探索。Q基金会在制定转型战略的前期，曾到南都基金会等已经转型的基金会进行了较为扎实的走访调研，在了解行业内部基本情况和资助实践的基础上，结合自身条件制定了新的战略计划。具体的流程是，秘书长根据基金会转型的需求，联合项目组成员开展信息收集和调研。调研的主要内容包括：基金会转型的可行性分析，包括内外部条件，诸如现有的资金状况（包括现有资金、预算资金等）、人员情况（专职工作者和志愿者、潜在服务对象）等内容；资助的必要性分析，即行业内资助型基金会的发展现状和发展模式等。在此基础上，制定了资助转型的战略草案，秘书处将草案提交给理事会后，经理事会讨论修改完善后，予以公示。

表1 北京Q基金会的资助转型战略

定位	计划	资源	具体资助措施
"资助探索者"	使命：资助公益项目；培养公益人才；促进公益交流；鼓励公益创新 愿景：支持青年公益梦想，创造青年人生价值 资助的领域：青年群体的教育和成长 发展阶段： 初期阶段——资助北京各高校公益社团开展支教服务； 中期阶段——资助北京公益组织开展青少年成长服务； 深化阶段——搭建平台，链接更多公益组织相互合作	基金会的资源：固定资金收入、基金会理事的筹资能力建设； 其他组织资源：与更多基金会发展合作关系	资金支持；能力建设

资料来源：笔者根据访谈内容自绘。

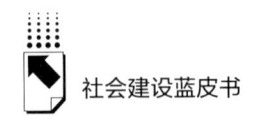

首先，Q基金会对自己目前的定位进行了重新界定——做资助的探索者，以明确未来的转型方向。因此，基金会再次强调了自己的使命和愿景，即"资助公益项目；培养公益人才；促进公益交流；鼓励公益创新"的使命和"支持青年公益梦想，创造青年人生价值"的愿景。

其次，基金会设定了资助转型中不同阶段的主要目标。

在转型的初期阶段，基金会的工作重点：主动进行资助尝试，选择资助北京各高校社团，以此为基础发展自己的资助能力。这一时期基金会主动与各高校合作，资助与青年公益、青年教育和成长理念相关的学生组织和团体开展活动，将他们的项目引入公益领域，实现青年群体的成长以及公益事业的共同发展。此外，基金会还从各个高校招募校园项目执行官，作为连接高校、社团组织的中间桥梁。

在转型的中期阶段，该基金会的主要目标：进一步提升资助能力和资助水平，资助更多的公益组织开展服务。Q基金会在资助的过程中，不断扩大资助对象的范围，与更多专业的公益组织建立资助关系。该基金会通过北京市历年的公益创投项目，寻找高度契合的公益组织，主动与其联系和交流，双方达成一致意见后进行资助。

在转型的深化阶段，主要的工作目标：推动建立互动平台，链接更多的公益组织参与交流，实现互动和合作。如利用原有的"公益TALK"沙龙项目，每半年举办一次由受资助的高校公益社团、社会服务机构参加的座谈会，为相关组织就青年公益、青年教育和成长等主题提供展示和交流平台。

再次，着力保障稳定持续的资助资金来源。Q基金会在转型战略中，对现有的资金渠道和潜在的渠道进行了分析和讨论，提出除了捐赠人稳定的捐赠收入之外，基金会的理事成员有责任发挥筹资作用，积极拓宽相应的筹资渠道。同时，新战略还指出，基金会要积极与其他基金会发展合作关系，引入新的资源，保证资助的稳定性和持续性。

最后，Q基金会对其资助的具体措施做出了标注——基金会的资助不仅仅限于资金的支持，还主动为公益组织提供宣传、筹资、服务技术升级等方面的能力建设，以推动公益组织的能力建设和可持续发展。

二 北京Q基金会转型特点与经验

Q基金会的转型是政府政策倡导与基金会主动谋求转型的双重结果。这是政府对基金会进行规范管理的需要，也是基金会为了获取来自政府的信任和合法性等资源的策略之一。总体来看，北京Q基金会转型的实践具有以下特点：①转型依靠强烈的使命宗旨以及清晰的定位，资助型基金会依照自身的公益理念，选择拥有共同价值观的组织或项目，从而导向资助的总体方向和特定领域；②强调资助对象的选择性，并与资助对象建立伙伴关系，共同成长和发展；③转型注重向业界学习；④转型期间强调阶段性，不断深化各个阶段的资助重点和资助方向；⑤重视对资助项目进行监测和管理。

其中，在构建伙伴关系和对资助项目流程的管理方面，需要特别说明以下几点。

第一，在构建伙伴关系方面，Q基金会在转型做资助的实践中，关注创新公益和初创型公益组织，在寻求具体的资助对象时，其会首先综合考虑资助对象与基金会使命宗旨之间的契合度。同时，Q基金会积极与首都师范大学社会工作系建立合作关系，并聘请该校社工系的教授作为基金会发展的指导专家。Q基金会定期召开"公益TALK"沙龙，邀请各界专家前来讲学，对资助伙伴的具体工作问题进行答疑解惑；分享各资助伙伴的优秀执行项目等，以帮助资助伙伴实现能力建设和能力提升。良好伙伴关系的建立，有利于实现伙伴间的互相支持和共同成长，有利于实现双赢状态。Q基金会在为资助伙伴提供资金支持和陪伴成长的同时，也从资助伙伴那里收获了品牌传播和筹资渠道拓宽的良好效果。

第二，在对资助项目流程的管理方面，Q基金会主要侧重项目的申请与选拔、签订合同和项目拨款、项目监测以及项目的结项与评估4个流程和模块。具体来说，有如下内容（见图1）。

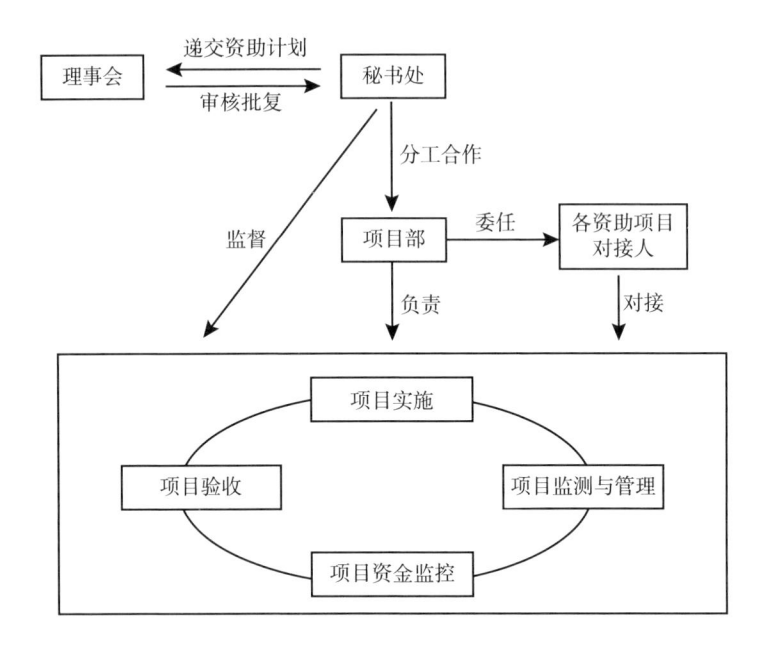

图1 Q基金会资助流程

资料来源：笔者根据访谈绘制。

项目的申请与选拔阶段。Q基金会通过各高校社团平台、北京市社会组织资源配置服务平台、微博和微信等多方媒介宣传资助项目、发布招募项目信息；同时，秘书长及项目组也积极关注特定领域，主动寻找潜在资助对象。在接到项目申请后，经过筛选，选择合适的项目或公益组织进行资助。Q基金会筛选项目的资助原则有：①认同Q基金会的使命和宗旨；②申报项目符合青年公益、青年教育和成长的资助范围；③具备较高的项目运作能力；④项目执行团队具备专业服务能力；⑤具备一定的财务管理能力；⑥项目开展的工作地点在北京。

签订合同和项目拨款阶段。Q基金会强调，秘书长和项目组对资助项目和公益组织的选拔结束后，需将相应的具体情况汇报给理事会，经理事会同意后方可签订资助的项目合作书。基金会与被资助方签订了条款清晰的合同后，方可进行项目拨款。尤其是，秘书长需提交项目拨款同意书给理事长，并需要由理事长和任意一名理事的共同签字，财务部门方可进行项目拨款的操作。

项目的监测阶段。Q基金会对资助项目和公益组织的监测手段主要包括两种，一种是被资助方需要向基金会提供文字汇报、照片或视频、财务支出等具体材料，用以呈现项目的进展情况和效果；二是基金会的项目组或秘书长根据项目的时长，采取定期跟进和现场检测的形式。两种监测手段并行使用，既有利于保证机构开展项目运作的独立空间，也能保证基金会对项目的整体把控。

项目的结项与评估阶段。基金会召开项目结项和评审报告会，要求被资助方就项目策划、项目具体开展流程、项目效益、项目产出等方面汇报工作。目前Q基金会对资助项目的评估还以自我评估为主，并没有引入第三方评估。评估主要采取过程评估和结果评估两种方法。过程评估由基金会秘书长执行，侧重对被资助方的定期项目监测报告以及被资助方提供的中期评估报告两部分内容；结果评估则以被资助方提供的项目策划书、项目结项书、具体的财务支出表等内容为主。参与项目结项以及评估的人员主要由基金会理事、外聘专家（1~2名）和基金会其他人员组成。

Q基金会自2018年6月开始转型以来，短短两年时间，总共支出104万元，资助了5家公益组织，13个高校公益社团，项目总计78个，间接服务青年群体3254人。与其他大型的资助型基金会相比，Q基金会的资助规模和水平还有待提升，但作为资助转型的探索者，Q基金会的探索还是值得肯定的。特别是在资助项目遇到困境情况下的反省与行动调整很有研讨价值。2018年7月，基金会资助5名社会志愿者前往河北易县希望小学开展长期支教服务。但半年后有4名志愿者选择离开，只有1名志愿者留下开展长期服务，资助项目几近中断。面对困境，Q基金会开始反思和调整。一方面，Q基金会与河北易县达成了继续合作共识，仍然为该希望小学提供支教服务；另一方面，2018年底，基金会与中央民族大学塞上未来社团、北京理工大学微尘志愿者协会达成合作，由高校社团学生开展寒暑假定期支教，以保持该项目的运作，此后项目运作良好。2020年以来，受疫情影响，项目停滞，但资助活动中的三方仍然保持着良好沟通。此外，基金会拓展了自

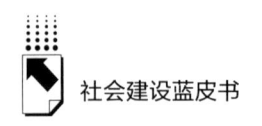

己的资助范围,将资助对象扩大到能够提供专业服务的公益组织。2019年,基金会共资助了5家公益组织,项目主要涉及青少年成长、亲子关系培育等领域,资助能力和水平进一步得到提升。

三 北京Q基金会转型中的问题及原因

北京Q基金会为了转型虽然做了很多努力,取得了明显的成效,但也存在一些显而易见的问题。本文运用资源依赖理论[1]加以分析,对基金会转型中出现的问题进行分析和梳理。根据资源依赖理论,可以将影响基金会转型的因素概括为外部环境和内部结构的综合作用。

(一)资源获取能力不足阻碍转型深入

资助对象遴选不当、资金筹措能力有限、人力资源专业化水平不足都是这方面的典型表现。

基金会转型关键要素之一就是要扩大资助对象范围,与更多公益组织达成合作,但是基金会迫于有限的资源和精力,拓展资助范围难以实现。当前Q基金会资助对象单一,资助项目较为分散,盲目追求资助项目的数量,缺乏整体性;对资助对象缺少专业服务的知识和技术。对资助对象及其需求缺乏完整客观的认识,双方无法实现畅通的交流沟通,影响项目选择及其成效。如围绕青少年教育这个主题由志愿者提供的支教服务,在项目实际运行过程中,多为互动娱乐活动,缺乏真正关怀青少年教育、青少年成长的主题设计。也就是说,基金会在资助项目的预期效果和目标把握上,存在很大不足。

资金筹措能力有限。Q基金会的资金来源主要是相对固定的出资人,但转型发展要求基金会资助能力和资助水平不断提升,只有持续、稳定、丰富

---

[1] 资源依赖理论的基本假设是,没有任何一个组织是自给自足的,所有组织都必须为了生存而与其环境进行交换。参见马迎贤《资源依赖理论的发展和贡献评析》,《社会学研究》2005年第1期。

的资金不断注入,才能保证基金会有足够持续的资助能力。根据笔者了解,自 2018 年 6 月基金会实行资助转型以来,理事会明确了各位理事长的筹资责任。截至 2020 年 1 月,基金会共完成了约 150 万元的筹资任务,其中理事长个人捐赠 100 万元,理事会成员筹资 50 万元。虽然转型后,基金会的筹资能力相较于转型前有了较大的提升,但两年也仅筹款 50 万元,这样的筹资能力和资金水平远不能支撑基金会更好的发展。

人力资源专业化程度低。Q 基金会的转型需要改变传统项目运作的行动逻辑,这对员工的资助项目遴选、项目管理和监督评估能力有很高的要求。Q 基金会目前主要由秘书处和项目部开展资助活动。然而,现有人员的专业化能力难以支撑组织更好地开展工作。具体来说,Q 基金会秘书处中,秘书长为社会工作专业,副秘书长为风景园林专业;项目部中,2 名专职工作者分别是法学和教育学专业,其他兼职工作者中多为志愿者,流动性较大。同时,该基金会秘书处和项目部的专职工作者均隶属于理事长名下的文化公司,是该公司的在职人员。也就是说,具有一定项目管理背景和专业经验的人员短缺。多数人从事此项工作是基于对公益事业的热忱,而不是其专业能力。此外,基金会内部专业培训不足,员工无法提升自己的专业资助和管理能力,发展前景不明确,薪酬待遇低,难以吸纳更多的专业人士加入。

(二)内部管理方面,基金会治理结构转型滞后,影响组织发展

对于基金会而言,内部的科层结构和制度化运作模式对资助活动的开展影响巨大。在基金会的内部治理和运作中,理事会由于自身拥有更多的资源渠道,在基金会的实际运作中占有较高的话语权和决定权,容易出现家长制行为。反过来,过于强势的理事会却间接导致秘书处弱势,影响具体的资助执行。这进一步加剧了具体资助和管理活动中的问题。

Q 基金会的资助流程管理主要侧重于伙伴关系管理和项目管理两个层面。基金会与公益组织之间应当是一种良性的互动关系,也就是我们说的伙伴关系。但在实际的资助过程中,极易出现两种不良问题:一种问题是基金

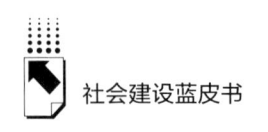

会认为其作为出资方，有更大的话语权，基金会有权对资助的公益组织或项目进行监管和干预，这就导致了公益组织因受制于资源因素而产生"惧怕"心理，不得不迎合基金会的喜好，导致项目目标发生变化。另一种问题是，基金会认为做资助就是提供资金支持即可，具体的项目开展和服务评估应当是公益组织的任务，对后者采取放任的态度，导致服务质量难以把控。这两种突出情况严重影响了基金会和公益组织的合作优势，极大地削弱了基金会的转型效果。

项目管理方面，评估导向的项目管理仍很薄弱。评估是确保资助有效的直接手段，也是组织管理的一种重要方式和手段。当前Q基金会还没有完善的评估机制。实际上，资助型基金会以及转型中的基金会，大多采取自我评估的方式。这种评估方式虽然省时、省力、省钱，但也造成人们对评估结果客观性和有效性的质疑。更为严重的是，评估不足会阻碍基金会对资助行动的反思和总结，影响资助有效性，影响基金会转型的具体实践。

产生以上问题的可能原因有：第一，整体环境仍难以有效推动基金会由运作走向资助的转型。政府出台的各项政策仍需更具针对性。建立在资助关系基础上的基金会与公益组织之间的活动仍然存在扭曲特征，存在交流障碍——信息不对称和对话平台不健全。第二，基金会的自我认知存在偏差。基金会转型需要进行深入的战略思考，对自身水平和能力有充分的判断，准确把握社会需求，而不是简单的"随大流"。要完善组织内部的自我管理机制，及时总结转型不同阶段的得失，增强转型发展的权变性。

四 优化转型的建议与反思

优化基金会的结构转型必须抓好两方面工作：一是营造适合基金会发展的宏观环境，二是加强基金会转型能力建设。

（一）营造适合基金会发展的宏观环境

第一，完善政策及配套措施，支持引导基金会转型。为向资助方向转型的基金会提供更多的政策支持和法律保障,进一步完善法律法规。政府应思考如何制定行之有效的配套措施来引导和支持转型。2014年国务院下发《关于促进慈善事业健康发展的指导意见》,2015年民政部下发《关于鼓励实施慈善款物募用分离,充分发挥不同类型慈善组织积极作用的指导意见》,二者均倡导"募用分离",鼓励和支持更多基金会转型做资助。但是自2015年以来,鲜少有相关法律法规对基金会的转型提供支持,包括2016年颁布的《中华人民共和国慈善法》中,只提到了慈善组织可以为实现财产保值和增值进行投资,而对于基金会如何进行有效资金管理和资助的内容则有所忽略。因此,应继续完善相应的政策法规,一方面为更多社会组织的规范化发展提供可操作性约束;另一方面也要为其跨越式发展提供必要的制度化的支持和鼓励。

第二,构建互动平台,夯实基金会转型基础。更加广泛的互动平台,可以为基金会与公益组织建立资助关系提供支持,增加基金会转型期间获取更多合作伙伴的机会,确保基金会的转型具备较强的可行性。截至目前,我国公益领域内已经有许多公益平台,便于组织之间的交流与合作,但专门针对资助型基金会的资助平台还比较少。政府应当鼓励和支持建立不同领域的对话平台,促进相同领域内的合作与交流,以此带动更多基金会向资助转型,促进公益领域内的专业化发展。同时,政府和社会各界还需逐步推进大型公募基金会、官办基金会的改革,推动基金会行业内部的资金流动,为更多基金会向资助转型提供一定的支持。

第三,建立评估机制,推动基金会规范转型。这里强调的第三方评估制度,其评估对象应当是现有的资助型基金会,评估的内容也应侧重基金会的资助活动。我国现有的第三方评估制度尚未完全建立,尤其是针对基金会资助活动的评估制度更是匮乏。完善的评估制度相当于良好的外部监督机制,会更加客观、理性地评价基金会与资助对象的工作质量,一方面能够减少基金会资金使用的风险,另一方面也能保证公益价值得到充分实现。无论是资助型基金会,还是正在向资助方向转型的基金会,其资助行为的具体流程以及资助效果都需第三方进行评估和监督。政府应当主动与公益组织互通合

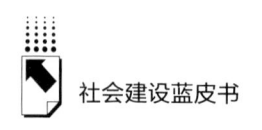

作，共同商讨和建立第三方评估的具体标准和制度，为规范更多资助型基金会的资助行动提供保障。

（二）加强基金会转型能力建设

首先，提升甄别能力，以获取专业服务技术。资助型基金会的长处在于能够实现与公益组织的合作，发挥更大的公益效能。因此，基金会在转型的过程中，需要非常重视选择合适的资助对象。本研究发现，基金会在选择资助对象时，需要注重以下因素：第一，明确基金会的资助目标。基金会设定清晰和具体的资助目标，能够更快、更准地明确自己的资助领域和资助标准，在选择资助对象时，能够迅速匹配特定领域的公益组织或项目。第二，畅通信息渠道。基金会需要通过更加广阔的平台寻找更加优质的组织和项目。因此，不仅仅要建立自己的网站，还要积极参加更多的公益平台，例如公益论坛、公益活动等。基金会只有深入公益领域内部，才能发掘更多的潜在资助对象，收获更多的可能性和选择。第三，深入调查和分析。基金会找到潜在的资助对象后，需要对公益组织的使命宗旨、项目执行能力、可持续的发展潜力等方面进行深入调查和分析，确保公益组织能够具备推进的能力和水平，保证资助对象的选择切实有效。总之，基金会在向资助转型的过程中，应当仔细考虑，审慎选择，提高自己识别资助对象的能力。

其次，完善人才培养，以提升转型能力。基金会的转型，需要拥有更强能力和专业素养的人才基础。基金会工作人员需要具备更高的项目流程管理能力、资助计划及执行能力，基金会也应为员工提高个人能力和业务水平提供相应保障。员工所具备的项目流程管理能力，主要侧重综合分析能力、管理能力、评估能力等。具体而言，第一，在资助对象的选择上，需要综合分析基金会的需求以及各个机构的业务能力，保证资助双方能够实现有效的合作。对于已经建立的资助项目和资助关系，需要提升其管理能力，把握好与资助伙伴的关系和项目的整体监测，既不过于强势，又不疏于管理；同时，基金会也要基于员工的评估能力建设，来提升自己的评估能力，积累更多资助经验，便于总结与反思。第二，资助计划及执行能力，则要求员工对公益整体行业等专业知识有更多的掌握，便于为基金会的资助转型提供更加完整的方案设计，确保计划有效执行。基金会在转型的过程中，需要更加明确内部人才的培养机制。诸如职业募款人、职业项目经理等角色，基金会内部应当分别进行培养。

最后，维护伙伴关系，以巩固转型成果。资助型基金会与公益组织之间的理想状态应当是信任、平等、合作的伙伴关系。基金会应当发挥更多的主动性，与公益组织共同发展，推动伙伴关系的建立。因此，基金会为资助对象提供的支持就不应局限于资金层面，还应包括多样化的能力建设。基金会为公益组织提供的能力建设支持，主要围绕组织的管理、项目执行能力、项目培育能力等方面。这样，基金会通过为公益组织提供能力建设，提高资助对象的服务能力和主动性，以保证基金会的资助资金真正发挥公益效能。同时，公益组织应对和解决社会问题的能力提升，也是基金会发挥公益价值、提升综合实力的表现之一。基金会要对资助对象有一定的监管，但这种监管应该是基于合作的互相监督。只有这样，基金会的转型才能有不竭的动力支持，社会组织才能专注于服务对象及解决社会问题。

B.18
北京市社区社会组织发展研究

杨志伟 王伟 崔英楠*

摘 要： 社区社会组织是基层社会治理的重要主体。党的十八大以来，党和国家高度重视社区社会组织发展，社区社会组织在首都基层社会治理中发挥着越来越重要的作用。与此同时，北京市社区社会组织依然面临不少困境，比如扶持政策落实不到位、区域发展不平衡、资金监管缺乏等。本文通过对北京市社区社会组织、社会组织培育基地及相关政府部门进行深入调研，剖析制约社区社会组织发展壮大的内因和瓶颈，进而从政府部门和社区社会组织自身层面，提出加强社区社会组织培育发展的方法路径。

关键词： 北京 社区社会组织 基层社会治理

一 社区社会组织概念、特点和作用

（一）概念

民政部2017年出台的《关于大力培育发展社区社会组织的意见》明确规定：社区社会组织是由社区居民发起成立，在城乡社区开展为民服务、公益慈善、邻里互助、文体娱乐和农村生产技术服务等活动的社会组织。

---

* 杨志伟，中共北京市委社会工委市民政局研究室主任；王伟，北京市民政发展研究中心一级主任科员；崔英楠，北京联合大学教授。

（二）主要特点

从社区社会组织概念解析来看，具有三大明显特点。

1. 具有自下而上性

社区社会组织的成立一般不是自上而下行政命令的产物，而是公民出于表达诉求、实现自我价值、关爱他人、监督政府等目的，主动行使宪法赋予的结社权的体现。由于大部分社区社会组织生在民间、活动在民间，规模较小、组织松散，既没注册也没备案，也常常被称为"草根"社会组织。

2. 具有公共性

社区社会组织开展活动的场所并非私人的，而是在城乡社区的公共空间，活动形式和内容也以社区公共服务和管理为主，是政府转移职能的承接者，是政府管理公共事务的重要补充力量，因此具有强烈的公共性特点。

3. 具有公益性

社区社会组织作为社会组织中的特殊类型，依然具备公益性这个社会组织的最根本特征。任何社区社会组织都不以营利为目的。

（三）功能作用

从实践的维度来讲，社区社会组织在当前基层治理体系中主要有4个方面的作用。

1. 发挥社区服务提供者作用

广大社会组织通过整合资源、提供专业服务、开展公益活动等形式，为居民提供四点半课堂、书法绘画、老饭桌小饭桌、手工制作、特定群体照护、防灾减灾训练、心理疏导等服务事项，能够丰富群众文化活动，形成多层次立体化的基层公共服务格局，提升社区居民生活品质。

2. 发挥社区治理参与者作用

组建小区自管会、居民议事厅、停车自管会、环境保护队、养犬自律协会、邻里互助队等自组织，广泛联系群众、发动群众，动员和引导居民有序

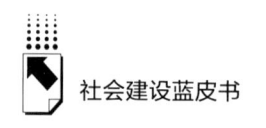

参与社区事务、有序表达利益诉求，能够帮助居（村）委会和社区居民（村民）更好地进行自我管理、自我教育、自我服务、自我监督。

3. 发挥平安社区协作者作用

以居民劝导队、老街坊志愿服务队、和事佬协会、治安巡逻队、治安志愿者协会等为代表，参与纠纷调解、信访化解、群防群治、社区矫正、社区戒毒等工作，促进平安社区建设，助力源头治理和综合治理。

4. 发挥政府职能承接者作用

社区社会组织能够有效承接原本由政府部门负责的部分社区服务管理职能，从而缓解基层政府社会治理压力，促进政府将履职重点由"管理"转向"服务"，打造共建共治共享的社会治理新格局。

二 北京市社区社会组织发展现状

党的十八大以来，党和国家高度重视引导社区社会组织等社会力量参与社会治理。2015年1月中共中央《关于加强社会主义协商民主建设的意见》提出要在推进村、社区协商中，重视吸纳社区社会组织等单位参加协商。2016年8月中共中央办公厅、国务院办公厅印发《关于改革社会组织管理制度促进社会组织健康有序发展的意见》，明确提出要大力培育发展社区社会组织，降低社区社会组织准入门槛，积极扶持发展，鼓励依托街道（乡镇）综合服务中心和城乡社区服务站等设施，建立社区社会组织综合服务平台，同时增强服务功能，发挥社区社会组织在创新基层社会治理中的积极作用，推动建立多元主体参与的社区治理格局。2017年6月党中央、国务院发布《关于加强和完善城乡社区治理的意见》，明确提出要发展社区社会组织和其他社会组织，完善社区组织发现居民需求、统筹设计服务项目、支持社会组织承接、引导专业社会工作团队参与的工作体系。2017年12月民政部印发《关于大力培育发展社区社会组织的意见》，明确了培育发展社区社会组织的总体要求和社区社会组织所应发挥的作用，提出了系列培育扶持措施，形成了关于社区社会组织发展的整体设计。

北京市对培育发展社区社会组织的认识和起步相对于其他省市较早。2009年市民政局颁布《北京市城乡社区社会组织备案工作规则（试行）》，对社区社会组织的备案流程、组织监督以及居（村）委会与社区社会组织的关系作出规定。2011年市民政局印发《北京市社会组织重大事项报告的若干规定》，初步建立起包括社区社会组织在内的社会组织自律、监管机制。2014年市民政局专门印发《关于大力发展城乡社区社会组织的意见》，明确了社区社会组织培育发展的指导思想、基本原则、工作目标和重点措施，形成了具有首都特色的社区社会组织培育发展的政策理念。2016年市民政局颁布实施《北京市社会组织信用信息管理暂行办法》，完善了对包括社区社会组织在内的社会组织信用信息的记录、发布、使用、管理机制。党的十九大召开后，为贯彻落实党中央、国务院关于培育发展社区社会组织，加强和创新社区治理的总体要求，北京市委办公厅印发《关于改革社会组织管理制度促进社会组织健康有序发展的实施意见》，其中专章阐述培育发展社区社会组织的思路措施。此外，西城区、大兴区等区结合自身实际，制定出台相关政策文件，构建起一套引领、规范和发展社区社会组织的制度机制。

无论是从社区社会组织发展总体情况还是从个体发展情况来看，北京市都已经形成了一条具有首都特色的社区社会组织培育发展之路。

（一）北京市社区社会组织发展总体情况

截至2020年底，北京市共备案社区社会组织49807个，主要包括文体科教、环境物业、治安民调、服务福利、医疗计生、共建发展六大类。其中，文体科教类社区社会组织19570个，占总数的比例为39.29%；服务福利类12414个，占比24.92%；治安民调类6392个，占比12.83%；环境物业类4958个，占比9.96%；共建发展类4692个，占比9.42%；医疗计生类1781个，占比3.58%。总体来看，北京市社区社会组织在宏观体量增长和微观组织成长方面都成效明显。为推动社区社会组织发展，北京市主要开展了以下几项工作。

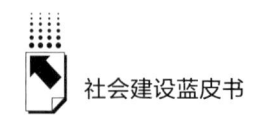

1. 完善顶层设计

党的十九大报告以及《关于改革社会组织管理制度促进社会组织健康有序发展的意见》《关于加强和完善城乡社区治理的意见》等中央文件，对社区社会组织定义特征、功能作用、管理制度、扶持举措等进行了明确。民政部《关于大力培育发展社区社会组织的意见》，对中央要求做了进一步细化部署和安排。北京市按照中央精神，紧密结合首都实际，制定出台社区社会组织培育发展系列政策，逐步形成了较为完善的制度设计。

2. 创新监管模式

社区社会组织由于数量多、规模小、分布分散、机制灵活，在监督管理方面难度较大。北京市大力依托枢纽型社会组织加强行业自律，实现了枢纽型社会组织街道（乡镇）全覆盖。同时，聘请第三方机构对社区社会组织及其公益项目进行定期评估与动态管理，对社区社会组织"工作成果化""居民满意度"等具体内容进行重点督导，确保社会组织真正服务于民。

3. 加强培育扶持

近年来，在各级党委政府高度重视和支持下，北京市社区社会组织培育扶持机制日益完善，支持力度不断加大。比如，北京探索设立社区发展基金，以财政资金为主带动社会资金多元投入，助推社区社会组织参与社区服务项目，目前全市依法登记的"社区基金会"已达到139个。

4. 培养人才队伍

重点围绕社区社会组织专业化发展急需的社会工作人才，多管齐下、综合施策，探索首都特色的社工人才培养模式。重点从薪酬待遇、评选表彰、职业地位等方面提出具体激励保障措施，确保社会工作专业人才作为国家6类人才之一的重要地位。

5. 推进"三社联动"

北京市通过项目支持社工服务机构协助街道和社区强化能力建设、设计服务项目、辅导社区社会组织，逐步建立了"以回应居民需求为目标、以社区为服务平台、以社会组织为服务载体、以社工以及志愿者为服务支撑"的联动工作机制，形成了首都特色的"三社联动"模式。

（二）北京市社区社会组织个体发展情况

课题组通过实地走访部分街道社区，选取了若干有代表性的街道、社区以及社区社会组织服务发展基地进行深入调研。

1. 朝阳区麦子店街道

麦子店街道位于北京市朝阳区东北部，面积6.8平方公里。辖区内共有6个社区，常住人口约3万人，流动人口1万~2万人，驻地区企业1万多家。截至2020年底，麦子店街道登记注册、备案的社区社会组织有70多家，没有进行登记注册和备案的草根性组织有60多家。

从类型上看，麦子店街道社区社会组织以文体娱乐类为主，同时社区治安、环保类组织也占有一定比例，剩余部分主要为社区特殊人群服务、青少年教育与社区党建型的社区社会组织。

从规模上看，文体娱乐类组织规模较大，比如社区中的合唱队，人数稳定在100人左右，组织成员相对固定。其他类型的组织规模相对较少，人数十余人至几十人不等。已经注册登记的组织活动频率较高，活动时间也较为固定，1周往往组织活动1~2次，没有登记备案的草根组织一般每个月活动1次。

从资金支持上看，朝阳区每年有"创享计划"支持社会组织发展，资金支持标准为4.2万元；麦子店街道2019年投入79万元用于社区社会组织发展；社区每年都有8000元的专项资金支持社会组织活动，部分社区公益金、党群服务经费、社区党建经费也通过政府购买服务方式支持社区社会组织发展。此外，如果社会组织活动较大，街道还会用自身内部的税收返还资金予以支持。

从场地支持上看，街道为每个社区组织协调提供活动空间，使用专门的房间作为党群活动室、居民议事室、社区社会组织孵化场所。部分社区也有社区组织活动的场所，场地条件基本能够满足需求。

从作用发挥上看，麦子店街道主要依靠社区社会组织开展共商共治。社区组织居民集体开展协商会，了解社区存在的问题，然后寻找途径解决。街

道在每个楼院成立议事会，楼内议事会能解决的问题就在楼内议事会解决，若楼内议事会不能解决，则会反馈到街道议事会，由街道议事会加以解决，较有创新性。

2. 海淀区紫竹院街道北洼路社区

北洼路社区是由单位型小区、老旧小区、商品楼小区构成的混合型社区，有3个商品楼，共10个小区，4000户9000多人，是紫竹院街道最大的社区。社区特点是片大院多，住户分散。社区居民结构主要是老旧小区老年人、商品楼小区中青年和高档封闭商品楼住户，后两者对于社区事务参与度不高。现有社区社会组织都是备案类，类型单一、专业性差，亟须专业社会组织孵化培育。

从北洼路社区社会组织发展情况看，社区居委会对社区社会组织发展发挥着重要作用。一般由社区居委会通过日常的党员活动、居民会议、聊天走访等，发现或培养觉悟高、思想正派的带头人，牵头成立社区社会组织。由于紫竹院街道没有购买社区社会组织服务项目，社区社会组织申请项目需要社区出面，搭建平台，代为申请经费。社区社会组织活动场地和社工人才也主要依靠社区提供。在政府指导下配合开展各项活动，比如组织入户调查、安全巡逻等。

3. 大兴区清源街道社会组织发展服务基地

清源街道社会组织发展服务基地成立于2013年，是大兴区第5家社会组织发展服务基地。基地的日常运营由政府购买服务的社工组织承接，目前共有6名专职人员。自2014年起，该基地开始孵化志愿服务类公益组织，其孵化模式分为壳内孵化与壳外孵化。壳内孵化是由基地为社区社会组织培育提供免费的办公场地、硬件设备条件，提供相关注册培训服务；壳外孵化则是基地不提供办公场所，但提供注册、备案的培训等服务。同时，在社区社会组织孵化成立后，基地在一定时期内会对其进行跟踪、监测，提供人员培训、活动场所、政府对接、信息共享、资源链接等方面支持，帮助提升巩固社会组织服务能力。

该基地所在的街道共有128家社区社会组织，其中9家社会组织由基地自身孵化，同时以其为"业务主管单位"的组织有 10 余家。这些社区社会组织都是在社区备案的社会组织，以文体娱乐类为主，类型较为单一。

三 北京市社区社会组织发展困境及原因分析

（一）存在的主要问题

从调研实际情况看，北京市社区社会组织近年来发展迅速，规模不断扩大，类型也不断丰富。但是依然面临诸多困境，主要包括政府层面问题、社区社会组织培育主体问题、社区社会组织自身问题以及社区协商共治资源挖掘利用不够等维度，具体呈现为三个不平衡、三个不充分。

1. 专业社会组织与社区社会组织发展不平衡

专业社会组织是在民政部门正式登记注册的社会组织，有专门场地，有较为固定的资金来源，有训练有素的专业社工，在规模、专业程度、做事效率上都超过社区社会组织。但是专业社会组织也有自己的短板，在与社区居民的熟悉程度上以及在满足社区居民需求程度和可持续性上都不如社区社会组织。因此两者具有强烈的互补性。但目前作为培育主体的专业社会组织培育社区社会组织动力不足。部分承接项目的社会组织过于注重形式，将重心放在绩效评价方面，造成项目完成质量不高，没有实现"服务社区治理、满足服务社区居民需求"的初衷。也有部分专业社会组织不愿意承接培养社区社会组织职能，更倾向于承接举办文化活动、扶贫济困等见效快、易出彩的政府购买项目。

2. 不同区域、不同类型社区社会组织发展不平衡

北京市社区社会组织发展总体还处于初级阶段。同时，在社区之间、社区社会组织之间也存在较大反差。有的社区发展社会组织较为迅速，甚至提前完成了民政部规定的平均每个社区 10 个社会组织的目标；有的则发展得不如人意，数量不达标、类型单一。社区社会组织规模上有的人数超过 200 人，也有几人、十几人的；活动类型上有自娱自乐的，也有参与社区治理

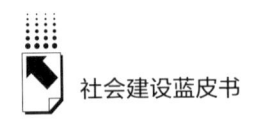

的；成立时间上有成立 20 多年之久的，也有刚刚成立的；活动频次上，有很活跃的，也有很少开展活动的；与居委会的关系上有很融洽的，也有经常闹矛盾的。

3. 社区社会组织与社区居委会地位不平衡

社区社会组织和社区居委会都是社区治理的重要主体，发挥的作用同样不容忽视，地位应该是平等的。但调研发现，实践中普遍是社区居委会比较强势，社区社会组织经常要看居委会的眼色行事，开展活动也多是配合社区居委会工作。有的社区社会组织即便成立时类型与居委会的工作没有关系，也需要承担相应的社区工作。在角色定位上，社区居委会通常是主角，社区社会组织是配角。社区社会组织与社区居委会地位不平等，影响了社区社会组织的健康成长，也制约了社区社会组织作用的发挥。

4. 社区社会组织动员社区居民参与不充分

截至 2020 年底，北京市共有街道 165 个、社区居委会 3440 个。社区规模大的有 4000 户 10000 人左右，规模小的有 1000 户 3000 人左右。调研发现，每个社区参加社区社会组织的往往就几十到上百人，最多占社区居民总数的 1%，其中很多人还穿插参加不同类型的社区社会组织。这些居民通常是社区活动的积极分子，热心公益、年龄偏大、妇女居多，在舞蹈队、合唱团、治安巡逻队等组织中都有他们的身影。

5. 社区社会组织在基层治理中的作用发挥不充分

从备案数据和调研情况看，北京市社区社会组织目前以较低层级的文体娱乐为主，居民互助、服务类、参与社区治理的极少，效果也有限。社区社会组织发展到一定程度，数量有增长，人也比较活跃，但多是在舞蹈健身文体娱乐等领域活动，自娱自乐的多，其次是居民互助、服务类，参与社区议事决策等方面的少，对于提升社区治理效果作用不够明显。

6. 基层落实社区社会组织发展政策不充分

党和国家重视社区社会组织发展，特别是党的十八大以来，更是把社区社会组织的发展上升到关系国家治理现代化水平的高度来认识。北京市近年来围绕培育发展社区社会组织也出台了不少政策。但调研发现，基层推动社区社会组织发展与顶层设计存在较大反差,政府购买服务等政策落实情况不够理想。

(二)原因分析

1. 基层政府层面

基层政府直接决定着社区社会组织培育发展政策落实效果,来自基层政府的制约主要表现在以下方面:一是认识不到位。部分基层政府对社区社会组织重要性认识不足,对社区社会组织是国家治理能力现代化的重要主体的认识不到位,影响政策落实的积极性。二是力不从心。北京作为国家首都,基层在安全维稳、环境治理、社会治安等方面的任务较重。在很多大事要事面前,推进社区社会组织发展显得无足轻重。在基层人员配备不足、日常工作繁杂加之机构改革的背景下,很多街道社区根本没有精力抓社区社会组织发展培育。三是动力不足。很多街道乡镇没有将培育发展社区社会组织工作纳入绩效考核,缺少硬性指标和可持续性政策支持。四是管理多头、职责不统一。比如,某街道成立了社区社会组织联合会、社会动员中心两个扶持社会组织发展的机构。两个机构职能类似,但由街道不同科室管理,政策之间不衔接。

2. 培育载体层面

社区社会组织的培育载体,是指培育孵化社区社会组织的专业性服务管理平台,通常冠以培育基地、孵化基地、服务基地、社会组织动员中心等名称。调研发现培育载体主要在以下几个方面影响社区社会组织发展。

一是发展同质性过高。培育孵化基地的各种社会组织、社工机构工作内容大致相近,社工机构专业性不强、缺少专长。

二是自我"造血"能力弱,更多靠政府资金支持,造成社工机构到处抢活,发展前景不明朗。部分机构将精力用于关注票据、财务合不合理,第三方评估主要靠档案、图片、文件资料,忽视跟踪项目完成质量。

三是社工队伍不稳定。许多孵化基地场地固定、牌子固定,但社工机构和人马不固定。政府招投标期限为3年,但是服务合同为1年一签,经费1年一拨。合同到期后,若政府相关部门认为社工机构做得较好才会续签合同,反之将以招投标的方式更换社工机构。这样会影响孵化培育工作的连续性、稳定性,以及培训对象对孵化基地的认同感,造成社工队伍不稳定。

四是资金支持不足。社会组织培育载体申报政府购买服务项目难度大,政府购买服务的时间短、资金少,同时还存在资金下沉难的问题。此外,资金使用不科学不合理,项目费不能计入工资,只能走劳务,不仅增加财务人员工作量,而且不利于提升社工待遇。

五是人才资源不足。北京市大部分社区社会组织发展基地的起步较晚,规模较小,政府资金支持少,导致专业性社工人员的劳动报酬少、薪金水平低、人才流失严重。加上引进专业人才的能力有限,使得组织成员结构不稳定,严重制约社会组织培育载体内部人员的专业性与工作能力的提升。

3. 社区社会组织自身层面

社区社会组织自身在登记备案、规范化发展、专业支撑等方面的不足,是制约其发展的重要因素。

一是登记备案不清晰不精准。目前北京市对社区社会组织的管理主要有两种形式:一是依照《社会团体登记管理条例》规定,在民政部门登记注册;二是在街道办事处或者社区居委会、社会组织培育基地办理备案手续。从现实来看,很多社区社会组织因自身条件限制无法在民政部门注册,只是在街道、社区进行了备案,在法律身份管理、权利义务关系、资金筹集使用等方面缺乏可预见的制度性保障,制约了自身发展。另外,社区社会组织由于内部人员流动性大,备案信息不准确的现象较为普遍,存在很多"僵尸"社会组织或名实不符的社会组织。街道社区不能及时掌握社区社会组织发展情况,不利于精准施策。

二是缺乏足够稳定的资金帮扶。目前北京市大部分社区社会组织的资金都来源于政府的资助,社会资本与个人的资助比例极低。但是政府的资助有限,资助时间与资助重点可能随时变化,导致很多缺乏"自我造血"能力、创收能力弱的社会组织发展困难,严重制约了社区社会组织的稳定有序成长。另外,部分资金使用的政策规定脱离实际,缺乏灵活性、可操作性。

三是缺少专业力量支持。北京市大部分社区社会组织工作人员几乎没有经过专业的培训和指导，缺乏相应的专业知识，专业能力普遍较低，基础条件薄弱。导致服务的水平不高，既无法满足社区居民需求，带动居民参与活动积极性，又给社区社会组织的专业化规模化发展造成障碍。

四是行政化特征明显。社区社会组织在性质上为社区的自治性组织，是实现社区居民自我管理、自我教育、自我服务的重要主体。但北京市多数社区社会组织自发性不足、经费主要来源于政府等，致使其行政化倾向明显，独立性较弱，主要表现为组织成立的自发性不足（多数为社区居委会牵头成立）、组织管理人员的公职化、组织运作机制的行政化、组织建设方面的政绩化等。具有行政色彩的社区社会组织在参与基层社区治理过程中，出现了服务与需求不对应、活动积极性不足、服务质量不高、居民认可度偏低等问题。

五是内部自律机制与外部监管手段缺乏。北京市大部分社区社会组织，尤其是草根性组织的运作，缺乏完备的组织章程、活动规范、财务制度，或者即使有相应制度规范却不按规章制度办事，相关信息不公开、不透明，组织内部自律性差，管理混乱，致使居民对相关组织的认可程度偏低，组织公信力不高。此外，由于缺少有效的外部监督手段，社区社会组织发展的整体质量不高。

四 北京市社区社会组织发展建议

在梳理总结北京市社区社会组织培育发展面临困境的基础上，结合发达国家和地区关于社区社会组织发展的有益经验做法，建议从政府、社会组织两个层面双向发力，逐步化解社区社会组织培育发展难题，促进社区社会组织健康持续发展，推动社区治理向政府治理、社会调节与社区居民自治的良性互动转型。

（一）政府层面

1. 深化社区社会组织认识

社区社会组织的发展，既要有国家的顶层设计，更需要地方政府的推动

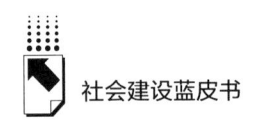

和落实，这就要求政府首先提高对发展社区社会组织重要性的认识。要不断学习，学习党的文件，学习习近平总书记重要论述重要讲话，学习国家法规政策，提高政治站位，提高业务素质，精准领会中央的精神，把社区社会组织的发展上升到国家治理能力和治理水平现代化的高度来认识。认识提高了，才能重视起来，行动起来。同时，要强化街道、社区相关负责人对社区社会组织重要性的认知，提高其责任意识，形成培育孵化社区社会组织的长期性、稳定性机制。

2. 完善法规政策体系

立法部门应当加快制定符合地方实际的社会组织管理的法规，比如《北京市社会组织登记管理条例》，将现行政策规定上升到地方法规层面，明确在街道、社区备案的社会组织尤其是草根性组织的法律身份、权利义务关系、资金筹集、组织人员等方面的规范。此外，还应细化不同类型、不同规模的社区社会组织的登记备案标准，建立社区社会组织年检制度，减少"僵尸"社区社会组织。

3. 明确组织管理机制

尽快明晰相关政府职能部门对社会组织培育载体的领导、管理机制，如明确北京市委社工委市民政局相关部门对应的权力、责任分工，强化主管单位的责任意识与服务精神，形成对社区社会组织培育载体的强有力的组织支撑。保持社区社会组织支持政策的连续性、稳定性和长期性，强化政策落实。深入推进基层减负，让基层工作人员从繁重的事务性工作中解脱出来，完善基层考核制度，把社区社会组织发展指标纳入相关绩效考核体系。

4. 积极转变政府职能

社区社会组织是社区自治的主要主体，其培育发展应当立足于社区自身需求，而非基于政府管理的需要。社区社会组织人员、运行机制的相对独立性，是激发社区社会组织活力的重要因素。政府的作用就是为社区社会组织的培育发展进行服务，提供社区社会组织发展所必需的信息、资金、场所等条件，对其人员、财务状况进行必要审查。除此之外，政府应当避免直接插手社区社会组织的日常运作，减少对社区社会组织的不当干预，保证社区社会组织运行的独立性。

5. 完善资金人才支持政策

加大财政支持力度，设立社区社会组织培育发展专项资金，完善对资金使用的监督机制，解决资金"下沉难"问题。试点推行慈善抵税等政策，减轻社会组织的税收负担，加强对受捐款项的监督，做到专款专用。改革政府购买社会组织服务制度，简化备案社会组织的项目申报程序和材料要求，缩短项目申报审核周期，将项目设计的周期作为审核结算周期。在资金使用上赋予社区和相关组织一定的灵活处置权，使项目资金更加灵活，提高使用效益。积极鼓励支持在校大学生、社会志愿者进入社会组织培育基地，设立专项资金予以补贴，缓解社区社会组织培育孵化基地的人才之忧。

6. 加大社区社会组织监管力度

政府对社区社会组织既要鼓励扶持，也要强化监管。探索建立社区社会组织年检制度，实行业务主管部门与业务主管单位联合年检，共同审核检查社会组织的财务状况与活动状况，同时引入专家、学者、社会工作者等第三方评价，强化评估标准，提升社区社会组织发展的整体质量。强化新闻媒体和社会公众对社区社会组织的社会舆论监督。探索建立监察机关对社区社会组织人员进行廉政监察的制度机制，逐步实现对社区社会组织的全方位监督。

（二）社会组织层面

1. 发挥专业社工优势，壮大志愿者服务组织

社会工作者是具有专业社工知识、熟悉社会组织运作的人员，能够在社区社会组织培育孵化、人员培训、组织管理、活动策划等方面提供强有力的帮扶。对于社区社会组织而言，专业力量的支持、社工人员的加入有着重大的意义。针对社区社会组织内部成员普遍缺乏专业培训指导的问题，北京市应加快出台相关政策，鼓励和支持专业社工人员对口帮扶社区社会组织发展。比如，推广社区"1＋1"项目（由1位社会工作者负责1个社区，帮助社区社会组织发展），提高社区社会组织中的社工人员比例。积极推进社

区社会组织工作人员专业化、职业化发展，增加市内高等院校社会工作相关专业人才培养的力度，健全职业社区工作人员培养体系，弥补社区社会组织的巨大需求与社工人员总量不足之间的空缺。大力培育志愿者组织，壮大志愿者人群数量，完善志愿者接纳服务平台，充分整合利用志愿者资源，有效缓解社工专业人员短缺问题，为社区社会组织发展提供有力的人才支撑。

2. 鼓励组织联合，强化社区联盟

在美国，非营利性的社会组织可以通过入会的方式加入支持性组织，进行组织联合。支持性组织会集中反映非营利性社会组织的诉求，维护其会员权利，并为旗下的会员组织提供政策咨询、人员培训、信息共享等服务，增强非营利性组织争取项目与资金的能力。台湾则成立联合社区协会来解决单一社区发展协会资源缺乏、能力不足的问题。北京市发展社区社会组织可以吸收相关经验，以街道、社区为单位，在全市范围内推广建立社区社会组织联合会，让各个社区社会组织联合起来，整合社区社会组织的优势资源，发挥各方优势，共同执行发展方案，实现组织统一管理、人员统一培训、信息互联互通，共同服务于基层治理。

3. 挖掘整合资源，提升"自我造血"能力

充足的资源为社区社会组织的发展壮大提供了充足的养分。针对北京市多数社区社会组织自我生存能力不足的问题，可以借鉴台湾地区社会发展协会的做法，进行资源整合与优化。首先，支持社区社会组织与周围的企业、学校、政府机关、民间团体等进行合作，充分挖掘资源，丰富社区社会组织的经费渠道、服务形式和服务内容。其次，引进社会资本，将政府投入与社会资金引进相结合，激励民众和企业积极参与社区治理，以此调动企事业单位资源与社区资源，探索"社企互动"的社会组织发展和运作模式。最后，鼓励社区社会组织进行自我增资，发挥和创新其优势资源作用，发展社区产业之路，打造出一条具有社区特色的产业链。例如，利用社区手工艺品队伍制作的手工艺作品进行市场营销，将社区书画队创作的作品进行公益性拍卖等，拓宽资金来源途径，使社区社会组织不再因缺少政府资助而难以存活，提升社区社会组织的自我生存能力。

4. 加强行业自律，完善内部管理机制

着重强化社区社会组织能力建设，推动建立完备的组织章程、财务使用和人员管理制度，使组织运行规范化。探索建立组织信息公开制度，建立统一的社会组织信息公示平台，督促社区社会组织将财务、人事、决定等信息定期公示，做到组织运作的公开透明，增加公信力。

5. 参与社区治理，带动居民参与

社区社会组织数量要发展，类型要齐全，需要规模效应持续显现。要达到这些目的，社区社会组织活动不应局限在自娱自乐和互助服务方面，要积极主动参与社区治理，参与社区选举决策议事工作。社区是个小社会，也有它的政治经济文化事务，社区社会组织都要参与其中，同时要了解居民需求、满足居民需求，通过活动宣传建立口碑，带动更多居民参与社区社会组织活动，以解决社区社会组织居民参与率低、类型不平衡的问题。

6. 积极宣传发声，扩大组织影响力

社区社会组织的发展壮大，不仅依赖于政策鼓励、资金扶持、人才帮扶，也与社区社会组织自身影响力、公信力密切相关。社区社会组织不但要"做实事、做好事"，而且要让社会公众了解和知悉。一方面，可以探索建立人大代表、政协委员与社区社会组织的互联互通机制，了解并参与社区社会组织的活动，帮助社区社会组织发声。另一方面，社区社会组织也要利用报纸、电视等传统媒体，以及微博、微信、短视频平台等新媒体进行自我宣传，提高组织知名度，打造品牌效应。

参考文献

詹成付：《推进社区社会组织培育工作努力开创社区社会组织发展新局面——在全国社区社会组织改革发展经验交流暨工作推进会上的讲话》，《中国社会组织》2018年第22期。

辛传海、马俊彪：《中国社区社会组织培育与发展研究——以美国社区非营利组织

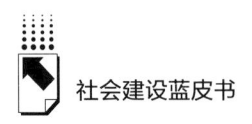

发展为借鉴》,《学会》2015 年第 1 期。

吴素雄:《美国社区非营利组织基本结构与发展模式》,《学理论》2012 年第 12 期。

中共浙江省委"两新"工委、浙江省社会组织促进会赴台考察组等:《台湾社会组织发展考察报告》,《中国社会组织》2013 年第 4 期。

黄耀明:《台湾社会组织发展经验及其对大陆社会治理的启示》,《现代台湾研究》2014 年第 5 期。

B.19
社会资本理论视角下北京社区治理研究*
——以F和Z社区议事会为例

曹飞廉　张雨薇　张晨怡**

摘　要： 多元共治的社区治理结构是打造共建共治共享治理格局的抓手，居民参与社区公共事务则是实现"共治"的关键。对于解决当前在城市社区治理中出现的"弱参与"困境，社区社会资本则提供了一种整合性、包容性的新思路。本文通过对F社区和Z社区社会资本形成路径的分析发现，培育社区社会资本就是发现居民特定的社区交往需求并为其创造相应的结构性条件，从而使社区成为一个持续的互动系统。以人为本的社区空间、发育良好的社区社会组织以及完善的社区治理结构是居民交往需求转变为实际交往行动的必要条件。在社区社会资本形成过程中，国家和政府的合理介入发挥着"引导程序"作用。

关键词： 社会资本　议事协商　社区治理

一　导言

2013年党的十八届三中全会通过的《中共中央关于全面深化改革若干

---

* 本文系北京市社科基金一般项目"多元主体参与城市社区治理项目"（20SRB004）的阶段性成果之一。
** 曹飞廉，北京工业大学文法学部社会学系副教授，主要研究方向为社区治理、社会组织；张雨薇，北京工业大学文法学部硕士研究生，主要研究方向为社区治理；张晨怡，北京工业大学文法学部硕士研究生，主要研究方向为社区治理。

重大问题的决定》指出:"协商民主是我国社会主义民主政治的特有形式和独特优势。"① 协商民主是广大人民群众参与社会发展的重要途径,体现了我国民主政治制度中多主体协同参与协调决策的特点,正是这一特点使得协商民主能够在基层社会治理中凸显作用。2015年中共中央印发的《关于加强社会主义协商民主建设的意见》② 以及中共中央办公厅、国务院办公厅联合印发的《关于加强城乡社区协商的意见》③,不仅正式提出"城乡社区协商""基层协商"的概念,而且通过中央文件形式正式确立了基层协商这一制度安排。2019年,党的十九届四中全会提出要坚持和完善共建共治共享的社会治理制度,保持社会稳定、维护国家安全,并提出"建设人人有责、人人尽责、人人享有的社会治理共同体"的治理要求。2020年10月中国共产党第十九届中央委员会第五次全体会议研究关于制定国民经济和社会发展第十四个五年规划时,提出了"社会治理特别是基层治理水平明显提高"的发展目标,要完善党委领导、政府负责、民主协商、社会协同、公众参与、法治保障、科技支撑的社会治理体系,确保人民安居乐业、社会安定有序。社会治理共同体的根基在基层社区,社区兜底工作对于推进国家治理体系和治理能力现代化具有基础性作用。

议事协商本身蕴含着多主体的参与,为不同利益主体参与提供了一个沟通与协调的平台,促进各主体达成共识。城乡社区议事协商是基层群众参与社会治理的生动实践,是社会主义协商民主建设的重要组成部分。议事协商能够将群众最关心、最急迫的问题暴露出来,找到解决实际问题和实际困难的最大公约数。议事协商能够通过平等对话、集体讨论的方式最大可能地协调不同群体之间的利益关系,聚集各方力量推动各项政策的实施。本文通过对F社区和Z社区议事协商平台的搭建和运行展开研究,详

---

① 《中共中央关于全面深化改革若干重大问题的决定》,中央政府门户网站,http://www.gov.cn/jrzg/2013-11/15/content_2528179.htm,2021年7月5日。
② 《关于加强社会主义协商民主建设的意见》,中央政府门户网站,http://www.gov.cn/xinwen/2015-02/09/content_2816784.htm,2021年7月5日。
③ 《关于加强城乡社区协商的意见》,中央政府门户网站,http://www.gov.cn/zhengce/2015-07/22/content_2900883.htm,2021年7月5日。

细说明在推进社区议事协商的过程中社区社会资本如何培育与发挥作用，进而推进社区治理创新的实践过程及其意义，从而为社区治理创新提供新的借鉴方案。

二　文献回顾

社会资本概念的核心意涵就是"社会网络具有价值"。社会资本概念由布迪厄在1916年提出，并在他和科尔曼等学者的开拓研究基础上，成为现代学术领域的重要理论。布迪厄在《资本的形式》中根据资本的表现形态，将其分为经济资本、文化资本和社会资本，并对社会资本进行了概念上的界定。布迪厄认为社会资本是一种实际或潜在的人们之间被制度化的持续性认识关系的集合体。在这样的关系网络中每个成员都具有一种"集体共有的"资本，并且这种资本能够给每一个成员提供社会网络上的支持。总的来说，布迪厄认为社会资本存在于个人和组织的社会关系网络中，能够给关系网络中的成员实现其目标带来积极效益。

科尔曼从功能方面对社会资本进行了界定。他将社会资本理解成一种存在于社会关系内部结构，并能够为社会结构内部的人提供实现其具体目标的便利的无形之物，具体表现为人与人之间的社会关系。科尔曼同布迪厄一样，都认为社会资本和人力资本、经济资本一样，能够为社会成员的活动和目标提供便利。

随后，帕特南探讨了社会资本和社会发展之间的关系，将社会资本这一概念引入了公共管理的研究领域。他通过对意大利社区的深入研究，指出社会资本是一种包含信任、规范与网络等内容的组织性特征。在互动过程中社会资本被人们看成是个体行为的担保品，因此能够促进人与人之间的自愿合作，进而提高社会效率；即社会资本能作为一种"道德资源"，帮助群体克服"集体行动困境"，也就避免产生因为个人理性利己行为而造成群体层面非理性的后果。从社会具备的组织资源方面来说，信任、规范与网络是社会资本的组成要素，形成后产生良性互动的结果，社会资本三维变量在社区中

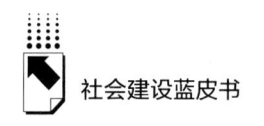

体现为社区信任、社区规范和社区网络。① 随后，帕特南还将社会资本区分成两种形态：桥接式社会资本和黏合性社会资本。前者主要由一些开放性的社会网络所组成，这些网络把具有不同经济、社会甚至政治背景的人联系起来。后者，主要由一些排他性的社会网络所组成，这些网络由那些有着共同经济、政治或者人口特征的人联系起来。总体来说，帕特南也认同社会资本是一种"个人之间的相互联系"，即"社会网络乃至网络中形成的互惠规范与信赖"。

根据对中国城市社区治理文献的分析，过去10年中城市社区治理的研究集中于社区服务、社区民主、治理模式和治理能力4个主要议题。有学者从国家治理体系和治理能力现代化的战略高度，立足于我国城市社会治理的实际，通过梳理改革开放40年来中国城市社区发展的基本脉络，探索我国城市社区治理的推进思路和具体路径。有学者从城市更新和社区营造的理论和方法视角出发，提出社区营造整体治理模式的实践操作方法与发展理念，并以此探索社区治理的创新方式。此外，有研究者基于对城市更新中虚拟社群的个案研究，提出作为社区治理的参与者，虚拟社群有着不同于实体组织的运作逻辑，对虚拟社群参与城市基层治理的研究，有助于加强现代信息技术在社区治理中的支撑作用，促进社区治理现代化水平的提升。有学者从大都市政府治理的视角出发，提出大都市政府治理机制创新，需要推动政府治理机制运行价值取向的转变、促进多元主体的合作、有效回应大都市发展的现实需要的同时，更要关注社会公众的需求，最终实现大都市人口、自然与社会的和谐发展。基于社区实证研究，提出基层政府的社区治理目标在于缓解公权力与自治权的张力，实现基层治理职能的最优配置。并提出未来基层社会治理能力建设的可能方向是：基于放权、共识、民主协商等理念，通过自治、法治、德治，培育有行动力的基层社会网络，促推"强政府"和"强社会"的协同共赢。

---

① 李振锋、张弛：《城市社区治理中的虚拟社群参与——基于对城市更新中虚拟社群的考察》，《治理研究》2020年第4期。

三　案例分析

（一）老旧小区议事协商平台的搭建

Z社区是一个典型的高密度老旧型社区，建于2001年，总户数2600余户，常住居民8000余人，社区居民构成复杂，部分居民甚至在语言沟通方面都存在一定的困难。同时，该社区房屋产权形式多样，房屋后期缺乏养护，因此产生了小区环境卫生差、小区内商户与住户固有的矛盾凸显、购房者与租房者关系紧张等问题。社区物业公司多年来与业主之间的矛盾尖锐，双方甚至多次诉诸公堂。因此，面对诸多问题，如何解决社区已有的矛盾、保障社区居民的基本权利、畅通民意表达渠道等都是基层相关部门需要考虑的首要问题。为此，T街道购买了A社工机构的服务，要求该机构在2020~2021年，在Z社区搭建社区议事协商厅，试图解决Z社区现有的各种问题。

1. 组织动员

由于之前居民与物业公司、居委会等关系相对欠佳，因此，在A社工机构初次进入该社区的时候遇到了相当大的阻力。采访时，社工机构的工作人员表示：

> 我们贴在小区门口的入群通知，居民看到就撕，明确表示不愿意进群，因为已经有很多社区相关的群了。并且，他们也不愿意参加活动，或者接受我们的服务。因为居民通常遇到事情不是打12345热线，就是通过在政府的门户网站下留言来解决。因此，前期的进入工作遇到了极大的困难。所以，我们在继续动员居民入群的同时，设计了一些适合全家参与的活动，尤其通过吸引孩子的参与，将大人聚集在一起。

对此，街道在为居民提供活动场地、表演机会的同时，还为各个兴趣团

队提供经济支持及专业指导。在社区层面，社区居委会通常选取各类节假日，如六一儿童节、中秋节、寒暑假等分别开展各类活动，包括各种亲子活动，商居亲邻文化节，未成年人、残疾人法律援助，老年人健康义诊等。同时，在社区内组织文艺演出、体育活动等，将社区内的各类群体联系起来，编织成一个巨大的关系网络。

同时，积极发挥党员带头作用。在组织活动或者社区治理的过程中，社区发现了一些关键群体，即热心居民。一些退休的党员、退伍军人成为社区公共事务的积极行动者。这些热心居民不但愿意为社区办实事，而且在社区中拥有较高的声望。因此，这些热心居民就成为社区居民与居委会之间的一个重要桥梁。访谈中该社区的主任表示：

> 这些热心居民是我们社区建设的中坚力量，他们的很多行动会在潜移默化中影响并改变社区其他的居民，而且这些热心居民平时也喜欢和我们交流沟通，有空就会过来，有什么事也会和我们反馈，有什么活动也都是主动参与。我们有个单元楼的热心居民，每周二、周六都会在楼门群里问大家是否有有害垃圾，然后上门回收。所以，我们社区充分挖掘这些热心居民，给他们制作了一个通讯录，有什么活动、事情也都会首先邀请他们。年末的时候，我们会对这些热心积极的居民给予一些奖励，比如给他们颁发一个奖状之类的，虽然不是什么物质上的奖励，但也都是对这些热心居民行为的一种高度认可。

2. 确定议事项目

征集民意是开展协商的前提。Z社区充分运用"开放空间技术"，组织居民会议，具体做法是：社区书记、工作人员召集居民代表、楼门长、热心居民等参加会议，社工机构负责组织并主持会议，现场采取开放空间、参与式培训等新鲜有趣的形式，社区居民作为协商议事的主体，就社区问题和居民需求，畅所欲言，表达意见和建议。

接着，将居民提供的需求进行排序，并整合成"物业管理""环境卫生""停车管理"三大类,邀请参会居民针对不同类型的需求成立讨论组,由 1 名居民自愿报名成为组长,其他居民则根据自己的兴趣和关心程度自由选择加入哪组进行讨论。组内成员要针对问题的解决方案进行讨论,并在半个小时内,提出解决问题的对策建议,再由组员按照每人 3 票的方式,投票选出大家认为具有可执行性的整改落实方案。

对于能够达成统一意见的事项,通常由居委会、A 社工机构负责落实,具体包括对于相关决议的整理、公示,对于相关方操作执行的监督、对监督结果的反馈与公示,收集居民对该项决策的反馈等。① 这意味着协商民主的议事平台逐步成为一个独立的、直接对居民负责的自治组织。

3. 搭建议事协商平台

为了解决居民提出的需求,承接服务的社工机构构建了"街—社—网—楼"纵向管理的四级网络治理体系,其中,街道牵头负责、统筹指挥,在社区实行网格化精细管理,将城市管理网络由街道、社区层面延伸到楼门长层面,以小区楼栋、单元为单位,每个单元由群众推荐、居民自荐产生 1 名楼门长,通过"单元楼门长"有效分解社区服务工作,探索社区精细化治理创新,破解基层治理的"最后一米"难题。

同时,楼门长会将日常巡查发现的问题和居民提出的诉求首先反映给社区,与社区共同处理,遇到社区解决不了的,上报街道,由街道协调区相关职能部门解决。单元楼门长也积极向居民传达街道相关政策精神,为单元楼居民进行培训,从防火防盗、禁燃禁放到创建文明城区,认真落实街道、社区部署,环环相扣,各负其责,形成工作闭环,打造共建、共管的良好局面,共同推动基层治理和社区建设。

4. 完善社区协商结构,促进社区参与

社区治理作为社区层面的集体行动,要求所有社区主体共同参与并积极沟通与合作。在社区治理过程中,良好的治理、行动主体的共同参与不但能

---

① 王天夫、郭心怡、王碧妍:《城市社区协商民主的机制、价值和发展路径》,《东北师大学报》(哲学社会科学版) 2021 年第 1 期。

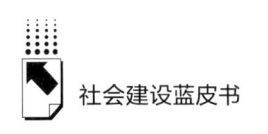

够促进社区关系网络的形成,还能增强社会资本,形成治理规范。

首先,积极参与、相互沟通、共同协商是社区治理的基础,不同治理主体的积极参与、居民的主动反馈与交流能够建立起更多横向结构的居民组织,为不同的治理主体之间搭建沟通的平台。因此,社区邀请辖区商户共同参与社区治理,驻站社工发挥协同作用,协助设计新颖活动,利用"商居联盟"资源,建立一套党建引领、公益推动、商居互助的社区治理模式,共同提供具有鲜明特色的公益惠民服务。

其次,Z社区积极利用活跃的社区自组织开展动员和服务,并在此过程中通过对这些自组织的动员与吸纳,扩大了社区自组织的规模。这使得该社区的社会资本得以迅速增长,社区治理进入了良性运转的轨道。T街道成立的社区社会组织联合会是由B社工机构入驻和运营的。Z社区积极利用街道社区社会组织联合会的服务,通过与B社工机构的合作,成功孵化并注册了一批社区自组织。在B社工机构的支持下,这些社区自组织逐步发展和壮大,最终实现良性运转。多方共同发力,解决社区议事协商项目在执行中存在的困难,将有共同兴趣、热心公益的居民聚齐并吸纳进社区议事协商项目中,促进该社区社会资本的持续增长。

最后,议事协商想要真正发挥作用,还需有制度保障,有不断提升工作动力的长效机制。为此,Z社区通过荣誉引领,对事迹突出、发挥作用较好的楼门长进行表彰,从而激发楼门长的工作热情,引导、鼓励楼门长更加积极主动地参与社区治理工作。

(二)新建商品房小区议事协商平台的搭建

F社区是一个新社区,社区建筑面积168952平方米,占地面积90063平方米,辖区包含两个小区,共有25栋楼,26个单元。居民以19~45岁的中青年为主,社区受教育水平高,党员基础好。

C社工机构自2020年6月起,利用正式和非正式的渠道了解社区现状和问题(见图1、表1),细分各类群体的社区需求。

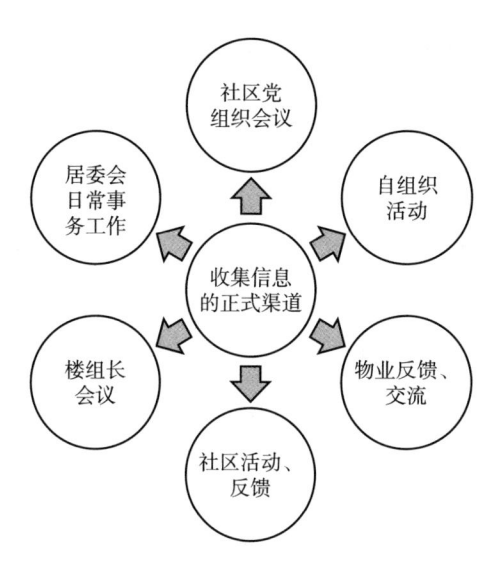

图 1　收集信息的正式渠道

(图中节点：社区党组织会议、自组织活动、物业反馈、交流、社区活动、反馈、楼组长会议、居委会日常事务工作；中心：收集信息的正式渠道)

表 1　居民真实的需求状况

分类	问题
社会资本存量低	社区居民参与社区活动较少
	居民社区服务事务参与度较低
沟通渠道缺乏	社区居民沟通渠道不顺畅
公共事务问题	物业服务不到位
	社区公益类组织较少
	不文明养犬、垃圾分类不到位等

在此基础上，C 社工机构做实网格治理，建立社区、片区、楼栋三级管理网络，明确网格社工和楼栋长的职责，建立系统化管理制度；搭建社区议事厅，针对居民需求召开社区议事会，组织开展议事协商解决居民反映的问题；开展社区社会组织需求调研，培育多类型、多主题组织，注重培养社区社会组织服务性。通过议事协商、社区活动、社区个案工作、小组活动等调动居民参与社区事务的积极性；通过议事协商多元主体参与，将社区居委会、物业、居民代表组织在一起，开展物业问题议事协商；建立一支文明养犬和垃圾分类队伍，形成社区文明养犬、垃圾分类规范；组织召开物业问题

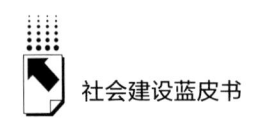

议事协商会，及时有效解决居民物业问题。概括起来，有以下几点。

1. 以问题引发居民关注

C社工机构积极探索"专业服务+普适性服务"的工作模式，社工机构的驻站社工为街道、社区居民提供专业的服务与帮助，社区社会组织为社区居民提供普适性的服务，积极挖掘并培养居民骨干、社区社会组织、楼门长等资源。同时，该机构从社区居民最关心的基本问题出发，以服务清单的方式引发社区居民的共同关注，并根据具体的问题制定目标、预期、方向。通过设计和开展一些居民感兴趣且愿意参加的活动，来引导居民参与社区治理和服务，在此过程中，将一些积极分子培育成社区治理的重要参与者。

2. 搭建社区议事协商平台

社区议事协商厅的顺利开展需要居民的共同参与，为此C社工机构通过社区居委会、居民骨干、社区自组织，利用海报、微信等向居民宣传即将开展的活动，其工作策略包括：依托各类宣传手段引起居民对社区问题的关注；将工作目标与居民利益相结合，提升居民的参与意愿；为居民提供培训提高居民参与能力。在"大家的事情大家办"这一原则下，就具体内容向居民进行倡导，明确活动的实施主体，并依照工作计划动员居民共同开展自治行动。

为便于议事协商顺利展开，社区率先面向居民代表开展培训活动。2020年8月29日，F社区居委会、社区社工站举办第一次社区议事厅、楼门议事会骨干成员培训，共有10位试点楼门议事会楼门长参与此次培训。

在进行了广泛的社区公共议题征集后，2020年9月，社区首次召开议事协商会议，参与协商的主体有社区居委会相关负责人、物业、楼门长、党组织、社区骨干、社区文化队伍负责人等。该议事平台遵循罗伯特议事规则。F社区的议事协商厅采取了参与表决制度，该制度规定：针对涉及社区居民共同利益以及物业公司、商户等内在机构的相关事情，需要广泛征集并吸纳居民参与讨论和表决，2/3以上通过可形成决定，表决结果需要通过各种途径向全体社区成员通报。在议事协商达成一致后，F社区议事协商会监督协商结果的落实（具体过程见图2）。

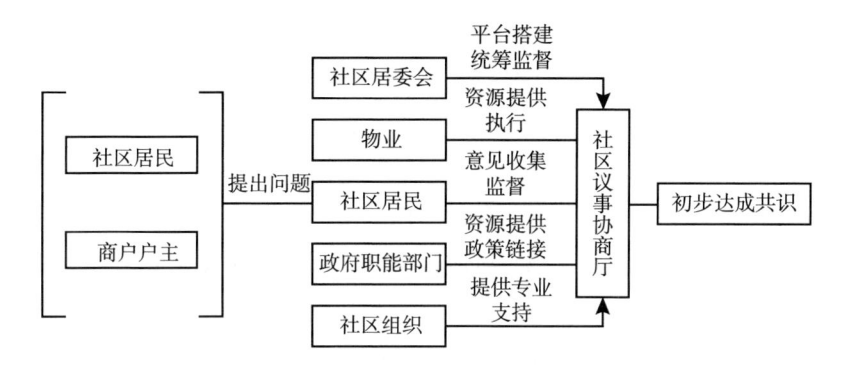

图2　F社区议事协商会监督协商过程

议事协商厅基本形成了一个多元参与平台，逐渐形成常态化协商机制。楼门长会将自己在楼栋中收集的问题汇报出来供大家讨论，商议问题解决办法，一事一议，推动议事机制常态化。同时结合部门联席会议，明确相关方的责任和工作内容，解决相应问题，让社区事务议而有决，议而有解。

3. 社区自组织的培育

F社区在前期扎实调查的基础上，设计了各种各样的活动，引导有意愿参与社区活动的居民走出家门，进入社区。通过这些活动，F社区挖掘到一批居民骨干，培养他们成为社区工作的带头人，并由这些居民骨干自发组织成立起新的社区自组织。

根据社区居民年轻化的特点，F社区开展的活动大多以插花、制作风筝等为主，通过"小手拉大手"，逐渐让居民走出"小家"，加入"大家"中，成立社区自组织。这些活动与自组织的构建，培养了居民对社区网络的价值感，逐渐形成了新的社区互助支持网络。

同时，该机构利用各类节假日，如春节、植树节、五一劳动节等，按主题及人群分别开展相应的活动，比如退伍军人走进社区议事厅、亲子夏令

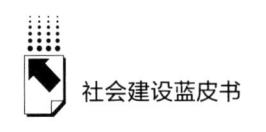

营、"保护环境我们在努力"等。通过各种自组织活动，努力将社区内的各类群体汇聚到一个活跃且高效的社区网络中来。

四 社区议事协商与社会资本的培育

上述两个不同类型社区的调查研究表明，社区内的居民参与议事协商的活跃度与社会资本呈正向关系，在一个社区内，社会资本的储蓄越丰厚，运转越活跃，社区内的居民就越有可能被吸纳进社区各项公共事务的共同治理中。因此，培育社区社会资本，动员居民参与到社区事务中来，激发他们参与社区议事协商的兴趣，是北京市社区治理的一条重要路径。

（一）社区信任的增强

如前所述，Z社区作为一个高密度老旧小区，由于居民与物业公司、居委会之间缺乏沟通与信任，社会资本存量不足为A社工机构刚开始的介入工作带来阻力。随着社区各种兴趣和公益组织活动的开展，热心居民逐渐演变为居民骨干，并成为重建居民与社区其他利益群体之间信任关系的重要桥梁和纽带。热心居民的积极参与，就易带动周边邻里的认同和参与，在持续的良性沟通和互动中，社区中原本遗失的信任被重新建立起来。因此对于那些矛盾较多、信任感较弱的老旧小区而言，通过社区活动和议事协商，发掘和赋能热心居民，激励热心居民的社区参与，成为重建社区信任关系的重要手段。

而从F社区的案例来看，对于居民以城市中产阶级为主的新建商品房小区，居民较高的受教育水平和职业声望，以及较规范的物业管理是社区治理的优势，反过来相对于老旧小区所拥有的熟人社会，其信任关系也会较为薄弱。因此，社区的制度建设成为增进社区信任的重要保障。通过三级网格治理、社区社会组织培育和社区议事协商制度建设，为居民参与社区公共事务和持续互动提供契机，极大地促进了居民之间、居民与相关利益群体之间的沟通交流与信任合作。

（二）社区规范的养成

议事协商平台搭建的过程也是社区规范逐步养成的过程。在议事过程中所使用的方法本身就含有民主、平等、沟通、理性、自治的价值与规范。因此，也可以认为议事协商只是解决社区公共事务的一种手段和路径，而达成价值共识，并通过行动将价值内化为居民个人和社区的规范，才是议事协商最终的目的。

Z 社区在议事协商平台搭建中所运用的"开放空间"，以及 F 社区的"罗伯特议事规则"都是此类简单而有效的技术，目前国内使用广泛，经验成熟。无论是"开放空间"还是"罗伯特议事规则"，借助这些参与技术，居民都以和平理性的方式充分表达了社区生活中存在的各种问题，并对需要改进的议题按轻重缓急进行排序。同时，居民也开始提供整改的可行性方案。最终由居民、居委会和社工机构共同负责执行以民主方式通过的方案。在此过程中居民从社区福利的接受者和社区秩序的被管理者，转变成了社区事务的参与者、公共物品的提供者和社区规范的创建者。社区民主自治和互惠共赢的规范也在议事协商的过程中逐步形成。

（三）社区网络的形成

议事协商平台的搭建，还盘活了社区内不同利益团体的资源，促进了平行的社区网络的形成。在社区议事协商平台上，街道办事处、社区居委会、社区党组织、物业公司、社工机构、社区社会组织构成了提供社区公共服务、解决社区公共事务的有效网络。这些网络把社区中具有不同经济、社会和政治背景的人联系起来。居民可以在这个平行的网络中为解决不同的议题找寻到各类资源支持。而在居民与这些利益相关团体的持续互动中，社区网络的密度和范围都不断增大，一个良性运转的对社会有益的桥接式社会资本在此过程中迅速增长。

除了上述平行的社区网络外，依据中国自身独有的政治环境与社会现

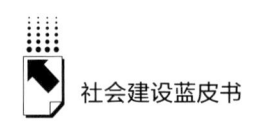

实,社区中还存在自上而下建立起来的纵向管理的网络治理体系。这一体系为嵌入其中的平行的网络提供政策和技术支持与保障。

五 结语

(一)社区议事协商机制建立的经验

1. 发挥基层党组织的领导作用

一方面,中办发〔2015〕41号文件明确指出,加强城乡社区协商的目标是健全基层党组织领导的充满活力的基层群众自治机制,为实现这一目标不仅要坚持党的领导地位,同时也要充分发挥基层党组织在协商治理中的核心领导作用。也就是说,社区议事平台的主理人一般由社区党组织负责人担任。社区议事会对议题的动议权和审核权、议程的控制权、议题选择的合法性都由社区党组织把控。同时社区议事会的党员比例为40%~80%,甚至可能达到100%。此外,社区党组织在面对协商过程中出现的利益纠纷和冲突时,可以利用自身的政治权威和号召力进行协调和调解。

2. 需要重点培育居民的社区参与意识

社区参与和社区交往会在一定程度上影响社会资本的存量,同时社区参与、居民的归属感、居民之间的信任与交往等都会对社区治理产生正向的影响。由于居民的交往互动需要以一定的具体空间为依托,因此,只有根据居民的需求进行空间营造,才能促使社区持续互动。同时,由于居民的社区认同感和社区参与意识互相建构,因此,居民的多维社区认同感(包括群体认同、个人认同和角色认同等维度),在社区参与的过程中不断产生并强化。

3. 创新激励机制

激励可以直接影响组织和个体的行为积极性和持续性,根据不同主体的需求应该采取不同的激励方式。针对社区自组织,在提供资金、场地等支持的基础上，不断提高社区参与积极分子的水平。同时，在街道或社区年度表彰大会上，对热心社区事务、对社区治理做出重要贡献的个人和组织进行公开表彰。针对社区外部组织，除了购买专业组织的服务项目，建立互惠互利的合作机制外，要通过宣传、号召等方式激发和培育社会组织的主体责任感和公益精神。

4.议事代表是协商共治的关键因素

社区协商治理的成效直接取决于社区协商议事成员的能力、素质和参与意识。这就要求社区党组织深入挖掘并发动各个领域的社区领袖。通常社区领袖参与社区建设的意愿更加强烈，能力也更加突出，他们将成为社区治理项目中的领头羊。

（二）以社区议事会为依托，培育社会资本，发挥价值

社区议事会是多元主体参与社区治理的平台和空间。社区议事会的主要成员分为政治精英和社会精英两类，政治精英包括街道和社区党组织中的基层人大代表、党代表、政协委员等，社会精英包括居委会成员、社区积极分子、企事业单位负责人等。社会精英是协商议事实践中最基本、最有活力的力量，其中尤以居民代表和积极分子为主体。因此，培育社会资本，关键是吸引居民代表与积极分子的参加。只有社区居民代表和积极分子参与社区治理，议事协商才能够真正地运转并保持活力。因此，社区社会组织挖掘和培育社区社会资本，需要把重点放在热心社区建设工作并有一定的空闲时间、善于听取和反映居民群众的要求和建议、有议事协商能力的居民积极分子这一群体上。一方面，动员这些居民积极分子参与议事协商，通过他们"二次动员"其他居民参与进来，真正发挥社会资本的价值；另一方面，作为居民心声的反映者，通过议事协商这一平台真正做到了与政治精英对话和互动，使群众的真实诉求得到反映，促进社区问题的解决。

参考文献

方亚琴、夏建中:《社区治理中的社会资本培育》,《中国社会科学》2019 年第 7 期。

陈亮、王彩波:《协商治理的运行逻辑与优化路径:一个基于"话语、公共主题与协商过程"的分析框架》,《理论与改革》2015 年第 4 期。

马海韵、尤永盛:《国家级新区社会治理创新:空间与路径——以南京江北新区为例》,《哈尔滨工业大学学报》(社会科学版) 2020 年第 6 期。

唐娟、谢靖阳:《城市社区协商政治:发展历程与实践样态素描——以社区议事会为观察对象》,《河南社会科学》2020 年第 8 期。

杨秀勇、高红:《社区类型、社会资本与社区治理绩效研究》,《北京社会科学》2020 年第 3 期。

陈荣卓、刘亚楠:《社区物业治理共同体的形塑与发展——基于 H 街道社区物业治理的观察》,《社会主义研究》2020 年第 6 期。

包婉婉:《枢纽型社会组织参与基层社会治理的有效性分析——以合肥市金葡萄社区为例》,《湖北经济学院学报》(人文社会科学版) 2020 年第 6 期。

王连喜、肖丹:《治理民主:协商民主与良法善治逻辑交互的民主》,《特区实践与理论》2018 年第 6 期。

韩志明:《灵活的适应性机制——基层协商民主的弥散化发展及其效能》,《广西师范大学学报》(哲学社会科学版) 2021 年第 1 期。

付建军:《作为治理创新的基层协商民主:存量、调适与内核》,《社会主义研究》2020 年第 6 期。

廖清成、罗家为:《协商民主是我国基层治理的重要方式》,《理论探索》2020 年第 2 期。

李德虎:《基层协商民主的制度性追求与制度化路径》,《探索》2019 年第 4 期。

〔法〕布迪厄:《资本的形式》,载薛晓源、曹荣湘主编《全球化与文化资本》,社会科学文献出版社,2005。

胡炜、高英策:《非营利中介:社会资本视角下社会组织的一种公共事业参与模式》,《浙江社会科学》2020 年第 12 期。

〔美〕帕特南:《使民主运转起来:现代意大利的公民传统》,王列、赖海榕译,江西人民出版社,2001。

B.20
社区治理能力提升的路径研究

——以北京市朝阳区"社区成长伙伴计划"为例

赵年生*

摘　要： 社区治理能力是加强社区治理的根本保证，提升社区治理能力是一项长期性基础性工程，需要不断创新方法手段。北京市朝阳区针对有的社区不善于用"吹哨报到""接诉即办、未诉先办"等机制开展工作，不善于从源头上解决居民需求，就事抓事，工作简单被动等问题，特别是针对社区存在的问题长期得不到解决，有时即使解决了又出现反弹等，创造性地开展"社区成长伙伴计划"。由理论专家、实践专家、专业社会组织、社区协调员4支力量组成专家团队，帮助社区发现问题，帮助社区将难题变课题、将痛点变亮点，探索出一条社区治理能力提升的有效路径。

关键词： 社区治理能力　提升路径　社区成长伙伴计划

党的十九大以来，特别是《中共中央关于坚持和完善中国特色社会主义制度 推进国家治理体系和治理能力现代化若干重大问题的决定》出台后，构建基层社会治理新格局要求进一步明晰。本研究围绕社区治理能力提升路径问题，以北京市朝阳区"社区成长伙伴计划"为例，通过座谈交流、实

---

* 赵年生，北京市朝阳区委社会工委书记、区民政局局长。

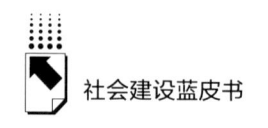

地走访、文献查阅等多种形式,深入研究影响社区治理能力提升的因素、朝阳区采取的方法措施,认真总结经验做法,并提出加强和改进的意见建议等。

一 社区治理能力提升的必要性和重要性

社区是社会治理的基本单元和基层治理的"神经末梢",社区治理能力直接影响社会治理总体水平,因此提升社区治理能力具有重要的现实意义。

(一)社区治理能力提升是加强党的领导的需要

党的十九大提出,坚持党对一切工作的领导。党政军民学,东西南北中,党是领导一切的。加强党对社区治理工作的领导,将党的建设融入社区治理之中,是中国共产党治国理政的重要优势。社区党组织是离群众最近的一级党组织,是贯彻落实党中央决策部署的"最后一公里",是巩固党的执政基础的重要基石。习近平总书记反复强调,"做好基层基础工作十分重要,只要每个基层党组织和每个共产党员都有强烈的宗旨意识和责任意识,都能发挥战斗堡垒作用、先锋模范作用,我们党就会很有力量,我们国家就会很有力量,我们人民就会很有力量,党的执政基础就能坚如磐石。"[1] 这些要求,为提升党的执政能力和加强社区治理指明了方向,也为社区治理能力建设提供了遵循。

(二)社区治理能力提升是提升基层治理水平的需要

社区是提升基层治理能力的基础和依托。正如习近平总书记所说:"社区服务和管理能力强了,社会治理的基础就实了。"加强基层治理水平建设,需要从提升社区治理能力入手,在加强社区党的组织建设基础上,强化对社区内各类资源要素的统筹和领导,不断完善基层组织体系,使各类主体

---

[1] 共产党员网,https://news.12371.cn/2018/07/04/ARTI1530657673950302.shtml。

在社区治理中各有其位、各司其职。社区治理能力的提升，有助于在基层社区进一步完善民主选举、民主决策、民主管理、民主监督等方面的制度，推动党政群共商共治、居民议事等机制运行。通过深化"朝阳群众"品牌建设，推动完善共建共治工作体系，强化社区居民自我教育、自我服务、自我管理、自我监督。

（三）社区治理能力提升是打牢基层基础的需要

社区是社会治理的基本单元，社会治理是国家治理的重要方面。党的十九届四中全会提出，健全党组织领导的自治、法治、德治相结合的城乡基层治理体系，健全社区管理和服务机制，推行网格化管理和服务，发挥群团组织、社会组织作用，发挥行业协会商会自律功能，实现政府治理和社会调节、居民自治良性互动，夯实基层社会治理基础，加快推进市域社会治理现代化。推动社会治理和服务重心向基层下移，把更多资源下沉到基层，更好地提供精准化、精细化服务。实现这一目标的前提，在于社区治理能力的提升，特别是作为社区治理中坚力量的社区工作者改革创新能力、依法办事能力、化解矛盾能力、带领群众能力等的提升，从而确保基层基础建设扎实牢固，为加强社区治理提供重要保证。

（四）社区治理能力提升是破解基层难题的需要

2018年，北京在全市开始推进"街乡吹哨、部门报到"改革，围绕赋权、下沉、增效，破解了一批制约基层发展的重点难点问题，特别是在明确基层责任、完善体制机制、增强服务能力、推进"疏整促"等方面取得积极成效。在此基础上，继续创新推进"接诉即办"和"七有""五性"监测评价，不断深化群众诉求响应机制，解决群众身边事、操心事、烦心事。朝阳区将街乡、社区村作为解决诉求、服务群众的一线，坚持接诉即办、未诉先办、一办到底。在实践中我们发现，对于居民反映集中的物业管理、小区环境、民生服务等问题，依托基层发现和处理问题，积极运用"吹哨报到"机制解决问题，对于加强城市治理精细化、服务精准

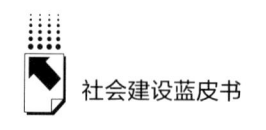

化有着积极效果，社区治理能力的提升，可以成为解决居民诉求的有效方式。

（五）社区治理能力提升是完成应急任务的需要

社区作为基层治理单元，既是最后一道防线，也是最前沿阵地，这就要求社区必须具备较强的组织协调能力、宣传教育能力、社会动员能力、整合资源能力、群众工作能力等。在2020年初以来的新冠肺炎疫情防控中，全国400多万名城乡社区工作者在65万个城乡社区织密防控网，筑起坚不可摧的人民防线，朝阳区近500个社区积极开展划格防控，广泛动员区域社会力量，确保了疫情防控工作责任落实，成为人民群众的坚强依靠。2020年2月10日，习近平总书记在北京调研指导新冠肺炎疫情防控工作时，到朝阳区安贞街道安华里社区了解基层一线疫情联防联控情况。他强调，社区是疫情联防联控的第一线，也是外防输入、内防扩散最有效的防线。从社区疫情防控成果可以看出，社区治理能力在面对重点任务、重大事件时所发挥的重要作用。

二 当前社区治理能力提升面临的几个问题

近年来，社区治理能力提升受到普遍重视，许多地区进行了大量探索实践，取得了一定的成效。但当前社区治理能力提升进程中，仍然存在一些弱项短板，主要可以概括为"五多五少"。

（一）社区治理能力提升资源多整合少

1. 专家学者力量整合不够

专家学者是推进社区治理的智库，在社区治理政策解读、社区治理问题研究、社区治理人员培训等领域有着独特优势，可以为社区治理能力建设提供丰富的智力资源。但在实际工作中，基层对专家学者力量更多的是零散的现学现用，而不是系统整合使用，专家学者的资源优势并未充分转化为社区治理能力提升的理论优势。

2. 实践工作力量整合不够

近年来，北京市不断加强社区治理建设，涌现出一批具备丰富社区治理经验的社区工作者，如探索"十必清十必访"工作模式的呼家楼街道呼北社区党委书记殷金凤、创造"走动式工作法"的奥运村街道南沙滩社区党委书记张鹜制、创新楼宇社区"四合工作机制"的八里庄街道华贸社区党委书记兼居委会主任刘东风等典型人物。但是基层探索形成的经验面临推广不够、学习借鉴不充分问题，拥有大量实践的专家资源得不到最大限度开发利用。

3. 社会组织力量整合不够

社会组织是现代社会治理的重要组成部分，也是提升社区治理专业化水平的重要力量，经过北京市相关部门和各区的大力扶持，全市社会组织得到了蓬勃发展。从朝阳区来看，各类注册社会组织1000余家，备案社区社会组织4000余家，均位居北京市第一，这些社会组织在参与社区治理中发挥了积极作用，特别是在社区治理创新方面成为一支重要力量。但是基层对社会组织的力量整合主要处于单个项目的组织推进方面，社区治理工作合力尚未形成，"三社联动"机制没有得到最大限度发挥。

4. 政府部门力量整合不够

政府部门特别是街乡对社区都有指导责任，相当一部分政府部门中涉及需要社区配合的下沉工作，这些政府部门力量直接和间接影响着社区治理能力的提升。在实践中，部分街乡不善于整合部门力量，未形成社区治理能力提升的工作合力，降低了政府资源的使用效率，也影响了自身治理能力的提升。

（二）社区治理能力提升创新多转化少

1. 创新能力不强

创新是破解难题的金钥匙，但部分社区缺乏创新意识和创新能力，有的面对服务管理难题束手无策，有的不善于运用现代理念和方法开展工作。究

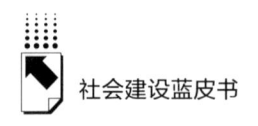

其原因,一方面是缺乏必要的知识储备,对现代治理理念和方法掌握不够,不能很好地将社会治理的基本原理转化为破解难题的方法举措;另一方面是对如何有效、高效开展工作缺乏研究,不善于透过表面现象看本质。从100个社区的调研情况看,超过一半的社区工作者认为平时工作按照街道和社区要求进行,没有自己的创新实践。

2. 创新经验不足

由于待遇较低,前几年社区工作者流动性较大,这一问题在社工待遇得到规范后有所好转。调查显示,社区工作者近两年入职的占49%,由于大部分社区工作者缺乏社会工作经历和实际工作经验,创新能力成为其重要短板。经过区、街乡和社区的强化训练,全区社区工作者整体素质明显提升,但是朝阳区城乡结合部多、老旧小区多、流动人口多、商务楼宇多、涉外机构多,不同群体诉求差异较大、社区服务管理难度大,社区工作要求持续保持高位,按部就班干工作,凭经验、凭感觉做事难以满足多元主体需求,需要相关理论指导、实践经验传授。

3. 创新传承不够

社区治理创新需要传承,但是从调研情况看,部分社区做得还不够好,有的社区一味追求新,刚完成一项,就想着下一项,结果哪项也没有做实,影响实际工作效果。有的对社区治理老品牌缺乏持续打造,不注重赋予其新内容、完善新机制、运用新手段,使社区治理品牌效应得不到很好的发挥。

(三)社区治理能力提升项目多参与少

1. 存在过程跟踪不足的问题

在社区治理中,需要对部分项目开展政府购买社会组织服务,这是减政放权和社区减负的需要。但有的街乡或社区在安排政购项目方面参与较少,更关注项目经费使用是否合理、项目过程是否有资料、项目结果是否完成,却不注重研究项目设计的合理性、项目带动社区治理的方法和途径。特别是对项目的社区治理能力提升效益等关注不够,需要加以改进。

2. 存在参与沟通不够的问题

在政购项目推进过程中，部分项目主体认为项目应当由社会组织完全负责，社区没有必要过多参与，也存在只盯结果，对项目实施情况缺乏跟踪问效的问题。如把政购项目当成任务来完成，重视审计和评估，缺乏社区服务管理的整体设计，或在项目实施中，社区工作者很少参与。当甩手掌柜带来的弊端使社区对项目的实施效果只能间接了解，对项目中培养和发现的骨干缺乏感性认知，也失去了在参与中提升专业能力的机会。

3. 存在作用发挥不强的问题

在社区工作实践中，出现重视落实工作较多、注重队伍成长相对少的现象。在发动居民参与上，仍然存在骨干一人多用、其他居民袖手旁观的问题。一方面认识到居民骨干队伍人少，缺乏新面孔；另一方面不注意利用社区治理项目培养新人，迟滞了社区治理能力的提升。

（四）社区治理能力提升治标多治本少

1. 重形式轻效果

部分单位在社区治理能力提升方面存在重形式轻效果的问题。主要表现是对社区工作者能力素质提升有计划、有培训、有活动，但有的培训内容没有广泛征求社区工作者的意见建议，有的只为完成上级部署的任务，缺乏针对性，实际效果平淡，需要进一步调整提升。

2. 重理论轻实务

有的单位在加强社区工作者培训中重视理论学习忽视实务培训。社区工作者确实需要加强理论学习，特别是一些新理念、新政策、新法规、新方法等内容，需要请专家进行讲解。但不能仅停留在理论层面，需要对社区工作者实务进行辅导，使大家更多地掌握工作技巧，交流经验，切实增强培训的针对性和实效性。

3. 重共性轻个性

在社区工作者能力提升中，部分单位对个性问题重视不够。由于每个人的成长经历、学历专业、自身知识面等不同，需要弥补的知识点有所差异，

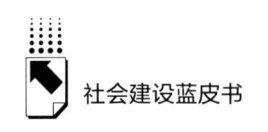

但是由于忽视对个性问题的考虑，培训难以满足所有社区工作者能力提升的需要。

（五）社区治理能力提升突击多常态少

1. 缺乏系统规划

部分单位对社区治理能力提升随意性较大，缺乏统筹规划和系统安排，往往是上级要求就动一动，领导强调就紧一紧，无法形成整体效果。发现社区治理哪里出了问题，才开展相应教育活动。

2. 缺乏持续强化

社区治理能力提升需要长期培养、久久为功，当前社区工作者普遍年轻，需要进行长期培训，持续提升解决问题能力。但在实际工作中，存在将社区治理能力提升作为一蹴而就的突击任务情况，以临时性、突击性、阶段性的培训代替常态化养成。

3. 缺乏虚实结合

社区治理能力服务于社区治理，其具有极强的实践性、应用性，但在社区治理能力提升过程中还存在理论实际结合不紧问题，学用"两层皮"问题比较突出。部分社区书记工作室没有充分发挥作用，在培养年轻社区工作者和研发社区治理项目等方面不主动，不能与社区日常服务管理工作紧密结合。

三 朝阳区"社区成长伙伴计划"的基本做法

目前，朝阳区共有483个社区，随着"吹哨报到""基层建设年"等专项工作的大力推进，社区治理能力总体上得到提升，在服务居民、加强社会治理、维护社会和谐稳定等工作中发挥了重要作用。但由于城乡之间、区域之间发展不平衡，部分社区基础较差，特别是物业管理水平较低，带来了一系列矛盾问题。有的社区不善于用"吹哨报到""接诉即办"等机制开展工作，就事抓事，工作简单化；有的社区不善于发动群众，不能从源头上解决居民的需求，居民拨打 12345 投诉电话较多，工作被动；有的社区存在的问题长期得不到解决，解决了又出现反弹。

分析这些社区存在问题的原因，主要是缺乏系统、专业的指导，社会治理资源没有得到充分开发利用，社区凭经验干工作，难以适应现代社会治理要求，不能更好地满足人民群众美好生活需要。为此，朝阳区结合落实全市《关于加强新时代街道工作的意见》、《北京市街道办事处条例》、全区"基层建设年"等工作，一体推进，在全区创新开展"社区成长伙伴计划"，即通过组建理论专家、社区治理实践专家、专业社会组织、社区协调员（社区专员）等 4 支力量，以团队形式为社区提供系统化、专业化指导，帮助社区诊断存在的问题，指导社区用现代治理理念和方法破解小区服务管理难题，提升社区治理能力。

目前，"社区成长伙伴计划"已经在全区 100 个城乡社区推进，初步探索出一条加强社区治理体系和治理能力现代化建设的有效路径。

（一）系统谋划，构建社区治理能力提升"责任链"

把"社区成长伙伴计划"作为落实"基层建设年"任务的重大举措，作为构建基层治理责任链的关键一环，扎实推进社区治理共同体建设。

1. 制定计划方案

认真贯彻落实深化"街乡吹哨、部门报到"要求，结合"基层建设年"工作，组织专门力量研究制定《朝阳区"社区成长伙伴计划"三年行动方案（2019 年 – 2021 年）》，从总体要求、实施办法、时间安排和保障措施 4 个方面，对"社区成长伙伴计划"进行安排部署，推动各项任务落细落小落实，夯实社区治理共同体基础。

2. 建立组织机构

发起成立"朝阳区社区成长创新中心"，以应用研究、治理诊断、决策支持、工具研发、能力建设、品牌培育为主要服务内容，负责"社区成长伙伴计划"及各工作组整体统筹协调，提供运行保障服务。建立 6 个专家工作组，每组配备 1~3 名理论专家、3 名实践专家、1~2 家社会组织、若

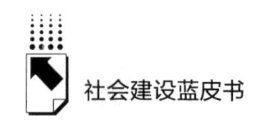

干名社区协调指导员（每个社区1名），为社区提供支持服务，形成"1+6+N"工作格局。

3. 选择样本社区

针对不同类型小区出现的物业管理问题、环境卫生问题、居民参与问题等，按照商品房小区、老旧小区、保障房小区和潜力社区提升社区"三类两级"标准。2019年摸排出50个样本小区进行"社区成长伙伴计划"试点，邀请伙伴团队针对不同社区存在的问题进行把脉开方，挖病灶，去顽症，切实解决社区治理塌陷问题，不断提升社区治理能力和治理水平。

4. 明确各方职责

各街乡社区党委和居委会，主要负责本社区中样本小区实施伙伴计划的统筹领导和工作落实；街乡科级及以上干部组成"社区协调指导员（社区专员）团队"，主要负责相关事务协调；由高校、研究机构人员组成"理论专家团队"，主要负责理论指导；由优秀社区书记、主任组成"实践专家团队"，主要负责实际经验传授；由专业社会组织组成"社会专业团队"，主要参与社区项目设计实施。通过明确各方责任，对社区开展"一对一""多对一"的难题会诊，为社区治理出谋划策，带动社区共同研究制定解决问题的综合方案。

（二）无缝对接，构建社区治理能力提升"机制链"

建立会商、指导、交流、评估闭环运行机制，切实发挥伙伴团队主体作用，为样本社区提供专业支撑。

1. 建立会商诊断制度

由社区党委和居委会根据工作需要，组织伙伴团队到样本社区进行"综合会诊"，针对社区重点难点问题，共同寻找短板、找准病因，研究制定工作方案。如东湖街道通过"社区成长伙伴计划"为社区引入专业伙伴团队新华党建中心，以座谈走访、头脑风暴、集中研讨等方式，对重点难点问题开展数轮"一对一""多对一"会诊，进行优势分析和问题查找，梳理出3个样本社区各自的优势、劣势，明确将打造社区治理共同体作为社区发展目标，并提出了"议事协商""文化促融""动员治理"的发展路径，实现抓重点、破难点、疏痛点、树亮点目标，社区发生了巨大变化。

2. 建立联合指导制度

针对社区存在的综合性、系统性难题，组织伙伴团队进行联合指导。如望京南湖西里社区存在小区环境差、物业费收缴率低等问题，伙伴团队分析社区现状及优劣势后，提出"党建引领、共商共议、多元共治"的方法路径，推动打底气、消怨气、聚人气、通血气、顺心气"五气联通"，实现了小区旧貌换新颜，居民满意度大幅提升。为解决潘家园街道松榆西里社区等3个老旧小区在社区治理中存在的痛点难点，伙伴团队组织多方联席会进行联合指导，推进以居民需求为立足点，激发居民自治主动力；以居民能力为提升点，增强居民自治管理力；以社区难题为切入点，解决社区自治微阻力的工作方式，取得良好效果。

3. 建立培训交流制度

分别组织召开老旧小区、商品房小区和保障房小区工作推进会，掌握各样本社区工作推进情况、存在的困难以及努力的方向。东湖街道在"社区成长伙伴计划"工作开展中充分运用专题性培训、启发式研讨等方式，全方位提升社工专业能力。潘家园街道邀请了大量高校的理论专家和社区的实务专家为社区自治带头人开设"结构化研讨""领导力提升小组"等针对性课程，实现了为居民骨干增能，推进区域老旧小区社区治理。

4. 建立监测评估制度

由社区成长创新中心对各样本社区调查研究、方案制定、工作推进等情况进行全程跟踪，利用工作推进会、培训交流等时机进行通报。目前，100个社区普遍邀请专家、社会组织开展了调研和会诊，并制定了相应工作方案。如常营福第社区结合伙伴计划推进居民走访、入户调研、问卷调查、社区座谈等，对居民需求进行摸底调查，通过与居民建立沟通交流宣传微信群，成立了云协商议事平台，引导居民利用平台实现持续参与社区建设。

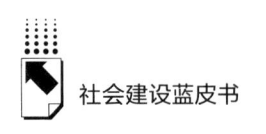

（三）陪伴指导，构建社区治理能力提升"服务链"

围绕推进社区治理体系和治理能力现代化，为社区提供陪伴式支持指导，形成了集把脉诊断、方案设计、过程指导、总结提炼于一体的"服务链"。

1. 把脉诊断

组织伙伴团队到社区开展调研，解剖分析问题，查找原因，实现资源和解难"两个对接"。在资源对接方面，全面调研梳理社区资源优势、目标定位、亮点和痛点、居民需求等基本情况，实现社区需求与团队专家资源优势的有效对接；在解难对接方面，围绕工作理念、工作方法、工作机制、工作路径、工作成果等要素，目前伙伴团队共为100个社区提供568条专业指导意见，实现社区难题和解题路径内容的对接。如八里庄街道红庙北里社区作为典型的老旧小区，多年来处于产权失管状态，小区设施陈旧，邻里矛盾较多，小区在伙伴团队指导下组织召开由居委会、居民代表、理论专家、实践专家、专业社会组织等参加的专题研讨会，并进行实地走访调研，形成引进大物业对社区进行专业管理，探索老旧小区物业化管理新模式的工作思路。

2. 方案设计

2019年，由50名社区协调指导员、19名实践专家、14名理论专家和7家专业社会组织组成的社区成长伙伴团队，在50个样本社区开展了调查研究和问题诊断，在汇总各方面意见建议的基础上，分别形成工作方案，为解决样本社区难点痛点问题明确方法路径，提出办法对策。如利一社区"六化六提升"、望京西园社区"一改二建三整合"、望湖社区"七抓七促七突破"3年实施方案等，指导社区实践。

3. 过程指导

伙伴团队在为样本社区提供全过程指导和陪伴式服务的同时，还采取经验交流、教育培训、主题研讨、实务训练等方式，为样本社区的社区工作者提供实战性咨询指导，帮助社工作者在解决社区实际问题中提升能力。2019年，共为50个社区提供了300余次指导服务。如奥运村街道南沙滩社区党委书记张鹭制对接联系望京街道南湖西里小区，以自身社区工作经历

"传帮带"，教授工作方法和经验体会，为该社区破解难题、创新服务提供实践指导。

4. 总结提炼

充分发挥伙伴团队在总结归纳、理论提升等方面的优势，为样本社区总结出"五气联通""同心社区""六化六提升""七抓七促七突破""一改二建三整合"等经验做法，通过在潘家园街道的实践探索，初步总结了"专业团队建机制、精准调研定问题、多方研判拟方案、助人自助解难题"的"工作四步法"，为进一步扩大"社区成长伙伴计划"影响力奠定了基础。

四 朝阳区"社区成长伙伴计划"的主要成效

（一）找到了社区治理能力提升的有效路径

1. 掌握了党建引领方法

近年来，党建引领社区治理任务要求不断提高，基层迫切需要了解相应理念方法。为此，"社区成长伙伴计划"组织理论专家、实践专家和专业社会组织研制网课，教育党建引领的关键是思想引领、政治引领、组织引领、能力引领、机制引领，而不是包办行政工作，要通过党组织统一领导，将党的宗旨、服务理念、工作原则等运用到行政工作之中，统筹好辖区各方面力量和资源，最终实现各项政策更好地服务人民群众。科学有效的指导，使各社区明确了工作方向，在重大服务保障、社区疫情防控、物业管理、垃圾分类等工作中发挥了积极作用。

2. 摸清了社区治理问题短板

"社区成长伙伴计划"通过专家团队会诊，帮助社区摸清了服务管理中存在的薄弱环节，并找准病根。如望京街道南湖西里社区，始建于1985年，1988年开始入住，共有23栋楼房，1500余户。2008年开始，尽管街道先后投入资金对小区进行环境升级改造，社区也一度成为绿化等先进单位，但

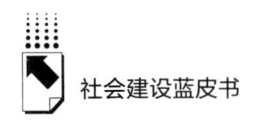

治理乱象仍然出现，商业街经营乱、楼院管理乱、楼道管理乱、主干道及公共区域乱、清理难度大，即"四乱一难"问题困扰社区。经过"社区成长伙伴计划"专家团队号脉会诊，帮助社区找到了小区党组织作用发挥不到位、缺乏居民自治根基、居民家园意识不强、物业管理缺失4个方面问题根源，找准了病症和病因之后，在伙伴团队指导下，社区党委逐个解决问题，小区管理已经焕然一新，居民的满意度持续提升。依托伙伴团队找出影响社区治理的短板，有针对性地推进社区党组织建设、发展社区社会组织、提升社会动员能力等，成为提升社区治理能力的有效路径。

3. 营造了社区成长环境

"社区成长伙伴计划"的实施，形成了社区治理能力提升氛围，各社区围绕治理难题广泛开展研究实践。如亚运村街道工委以立项课题的形式，组织13个社区党委针对服务管理中遇到的问题，由社区党委书记带领社区进行专题研究，在伙伴团队指导下加以完善，为破解社区治理难题提供理论支持。各街乡结合社区治理实际，持续推进"社区创享计划"、全要素小区、全景楼院、社区协商示范点、小区楼门治理示范点等建设，将社会治理力量源源不断地引入社区。目前，在朝阳区各社区中，遇到社区治理难题有人指导，遇到困惑有人点拨，难题变课题、痛点变亮点成为全区社区发展趋势。

4. 激发了社区内生动力

社区成长关键是要自我求变，由要求社区提升治理能力转向社区自我追求成长。从2019年50个样本社区情况看其成效显著。如八里庄街道红庙社区机二委小区是原北京机械公司所属院，由于地处朝阳路，周边没有停车位，小区车辆停放和出行矛盾突出，而单位物业管理只管生活设施维修，小区管理矛盾也十分突出，在理论专家和社会组织指导下，社区党委发动居民自治，成立小区物管会，引入专业物业解决小区环境维护和停车管理等问题，并与物业公司协商实行先尝后买，通过提升物业服务质量帮助居民转变态度，目前小区居民的分项服务费收缴率达到了95%，社区治理活力明显提升。

(二)整合了社区治理能力提升的各类资源

1. 专家学者下沉社区

在"社区成长伙伴计划"中,朝阳区邀请基层党建、社区服务、社会动员、城市管理等领域专家学者深入城乡社区进行调研指导,针对社区成长中存在的共性问题系统提出改进意见,针对个性问题现场指导解决。同时,对街乡领导班子、机关干部、社区书记主任、社区工作者、居民骨干等进行分类培训,及时解读社会治理最新政策,推广各地经验,分享优秀工作案例,使社区获得了优秀的专家资源,推动"社区成长伙伴计划"实施。

2. 实践专家现场支招

发动朝阳区30余名在社区治理实践中取得成功经验的社区党委书记或居委会主任组成实践专家队伍,为社区工作者指点方法、答疑解惑。面对社区在推进重点工作、响应群众诉求、处理纠纷争议、解决遗留问题等工作中遇到的困惑,主动传经送宝,帮助其他社区打开工作思路,把优秀工作方法、典型实践经验带到社区工作者身边。

3. 社会组织陪伴指导

实施"社区成长伙伴计划"以来,一批专业社会组织为各样本社区进行专业陪伴指导。如大屯街道欧陆经典社区万兴苑小区自2000年入住以来,出于历史原因,小区消防设施老化,始终未能得到彻底解决。在推进解决问题过程中,街道依托"吹哨报到"机制和"社区成长伙伴计划",引入3家专业社会组织参与小区安全隐患整治,指导社区党委、居委会借助落实《北京市物业管理条例》,组织产权单位、相关使用主体、物业公司、业委会、居民等进行广泛协商,最终达成了分担费用、合力推进的共识,圆满解决这一历史遗留问题。

4. 政府部门协调解难

同时,43个街乡设立社区协调指导员(社区专员),与实施"社区成长伙伴计划"社区进行点对点联系,及时协调解决推进中遇到的难题。如东湖街道社区治理工作办公室副主任张红作为社区协调员,每周至少走访一

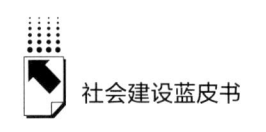

次试点社区，每月调度一次项目推进情况，较好地督促了试点社区落实成长计划各项指标。

（三）促进了各类社区服务管理的难题破解

1. 物业服务管理有新路径

物业服务管理是影响小区居民生活质量的重要因素，部分街道将加强党建引领物业管理作为"社区成长伙伴计划"重点推进的项目。如麦子店街道枣营北里社区结合落实《北京市物业管理条例》，与酒仙桥法庭党支部联合打造"物业纠纷源头治理示范小区"共建项目，法庭党支部指派法官以副书记（席位制）的身份，加入社区物业联盟党支部，提升物业联盟党组织专业化、法治化工作水平，发挥教育引导作用，成功化解小区物业管理矛盾12件，帮助物业服务企业完善制度3项，物业费收缴率上升到93%。双井街道建立社区物业联盟，开展党建引领先锋、议事协商融合、垃圾分类促进、物业问题治理、环境秩序优化、安全隐患消除、服务质量提升、市民诉求直派"八大行动"，成功地解决小区物业管理重点矛盾13项。

2. 老旧小区整治有新探索

老旧小区改造是城市地区的痛点难点，特别是资金压力大、维护管理难等成为普遍问题。如劲松街道劲松北社区建于20世纪70年代，设施老旧。街道工委搭建平台，社区党委充分发挥楼门党小组和党员示范带动作用，召开群众问需会，让居民参与物业服务标准及收费、老楼加装电梯等事项。引入第三方专业机构参与论证社区改造方案，搭建区级职能部门、街道办事处、社区居委会、社会单位、居民"五方联动"平台，形成市场主体参与老旧小区升级改造，同步配套专业化物业服务的"劲松模式"。八里庄街道探索"三先三后两保障"工作机制，做到先整治后物管，为物业企业进驻创造必要条件；先服务后收费，让居民尝到花钱买服务的甜头；先分项后综合，给不同类型小区提供服务清单。加强组织保障，确保管得好、留得住；加强机制保障，确保物业企业持续发展。目前，"社区成长伙伴计划"成为破解小区物业管理难题的一个重要武器。

3. 小区服务质量有新提升

"接诉即办"是检验社区治理水平的重要标志，提升社区治理能力首先要提升群众服务能力，在实施"社区成长伙伴计划"中，各街道指导社区把了解群众诉求、提高"三率"水平作为重点内容。亚运村街道安慧里社区建立"一格两卡三处理"（一个党建网格服务体系，网格员和社区工作者对居民需求及问题收集的两张卡，网格、社区、街道三级处理机制）网格党建工作机制，提升社区党组织单元格自治和服务两大功能，并在社区党员、双报到党员、社会单位党员中建立"三互一提升"行动小组（互学互帮互动，共同提升社区治理能力），实行清单式服务，推动"未诉先办"在社区网格落地，主动解决了居民楼残疾人坡道、电梯间渗水、小区绿化有机肥气味污染等问题。

五 朝阳区"社区成长伙伴计划"的经验启示

"社区成长伙伴计划"的实施，不仅取得了积极成效，还带来深刻的经验启示。

（一）党建引领，共生成长是社区治理能力提升的内生力量

社区是国家治理的基础单元格，社区治理是社会治理之基，党建引领社区治理是新时代社会建设的需要，是实现政府治理和社会调节、居民自治良性互动的要求。朝阳区在实施"社区成长伙伴计划"中，坚持做强社区党组织建设，把党的领导贯穿到计划的始终，不断提升社区党组织的领导能力，加强社区队伍建设，强化干事创业的责任意识，激发社区治理的内生动力，形成争优创优的整体氛围。

（二）多元参与，协同成长是社区治理能力提升的客观要求

积极引导社会各领域力量参与到社区治理，是破除政府、社会、市场、居民各自为政的突破口。"社区成长伙伴计划"实施过程中，成立社区成长

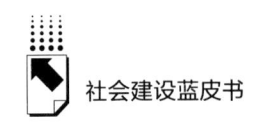

创新中心，统筹社会资源，负责"社区成长伙伴计划"的整体统筹协调。指导组由理论专家、实践专家、专业团队、社区协调指导员组成，整合了社区工作经验丰富的社工队伍、专业社会组织力量、政府力量、群众力量，改变了社区以往各治理主体力量分散现状，社区治理主体聚合力增强，协同治理能力得到提升。

（三）全程跟踪，陪伴成长是社区治理能力提升的外部条件

"社区成长伙伴计划"注重对社区开展全流程的诊治、指导和评估，确保社区准确发现问题、有效解决问题。首先，进行会商诊断。定期对社区遇到的难题进行会诊，结合具体工作进行分析研究，通过会诊寻找规律，制定解决方案。其次，进行联合指导。针对综合性、系统性难题，由社区成长创新中心牵头，组织各专项指导组集中参加，对目标社区进行联合指导，帮助寻找难题破解对策。再次，开展培训交流。组织各试点社区针对共性问题开展集中培训，对各试点社区取得的工作成果进行交流，实现互学互鉴、取长补短、共同提高的目的。最后，进行监测评估。由社区成长创新中心全程跟踪各指导组工作情况，对各组在理论研究、咨询辅导、实践指导、工作成效等方面进行评估，并通过工作例会的形式予以通报，确保治理工作有效果、有收获，探索出了社区陪伴成长的新思路。

（四）分类指导，系统成长是社区治理能力提升的必然要求

朝阳区不仅社区类型多样，还面临着社区居民日趋多元化、个性化的服务需求，因此在开展"社区成长伙伴计划"时，恪守有的放矢、力求精准的原则。首先，通过指导组进行前期摸排。根据社区"三类两级"标准（"三类"即老旧小区、商品房小区、保障房小区，"两级"即潜力社区、提升社区），指导组对社区进行分类，前期挑选50个社区作为样本社区。其次，进行重点指导。选取重点支持社区，根据实际需要做好重点难点攻坚工作，具体开展专项业务指导。最后，培养打造出一批"成长社区"。通过前期对社区的指导工作，形成一批富有成效的样本社区，挖掘具有普遍借鉴意义的机制、

方法。如和平街街道胜古庄社区借助外脑力量，助力小区的发展；朝外街道吉祥里社区推广"三分"社区治理模式，提升小区宜居品质等一系列精品社区和经典工作案例。为其他社区发展提供经验，打造社区发展的创新引擎。

（五）内外联动，自我成长是社区治理能力提升的发展趋势

"社区成长伙伴计划"通过外部赋能、引导内部储能，达到提升社区自治能力的目的。一方面，依托指导小组联合多方力量，围绕社区治理的基础性、前瞻性、创新性问题开展应用研究，为解决社区治理问题提供服务产品和输出满足社区需要的解决方案，通过外部赋能的方式提升社区治理能力。另一方面，围绕社区工作者能力建设的系统性、实用性要求，采取经验交流、教育培训、主题研讨、实务训练等方式，推进社工队伍建设，为建设梯次人才队伍奠定基础，为社区的可持续发展储能。

六　拓宽社区治理能力提升路径的思考

社区治理能力提升是一项长期战略任务，需要长远规划、创新方式、明确标准，结合朝阳区"社区成长伙伴计划"实践成果，可以考虑完善"四个成长"措施，推动社区治理能力提升。

（一）搭建成长平台，创造社区治理能力提升有利条件

1. 统筹创新平台

社区治理能力提升离不开社会治理平台，需要从3个方面加强统筹。一是统筹"吹哨报到""接诉即办"等系列工作，通过赋权、下沉、增效，提升街道统筹能力，倒逼治理重心下移，在服务群众"最后一公里"中提升社区治理能力。二是统筹好区级党政群共商共治、社区居民提案平台。通过社区、街乡、区三级协商，在破解社区服务管理难题中提高社区议事协商能力。三是统筹好区、街乡、社区社会治理平台。充分发挥党建协调委员会作用，将社区治理能力提升作为重点项目提供支撑。

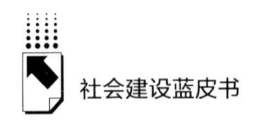

2. 借力任务载体

社会治理重点任务是提升社区治理能力的重要载体和抓手。一是借力法律法规落实任务。如《北京市街道工作条例》《北京市物业管理条例》《北京市生活垃圾管理条例》《北京市文明行为促进条例》是当前全市基层社会治理的重点任务，要充分利用党建引领物业管理、动员社会力量参与垃圾分类、引导居民开展文明实践等工作，促进社区治理能力提升。二是借力重大创新和重点服务保障任务。创建全国卫生城市、全国文明城区是全区的重大创建活动，动员社会力量参与创建活动既是社区的重要任务，也是提升社区治理能力的重要契机，通过建立健全动员机制，加强社区治理能力建设。三是借力应急事件处置。处理应急事件最能检验社会治理能力建设水平，特别是新冠肺炎疫情常态化防控工作，能全面检验和提升社区治理水平，应紧紧抓住疫情防控这一特殊任务提升社区治理能力。

3. 强化科技支撑

充分利用现代科技手段提升社区治理能力是实现"科技支撑"的重要保障。一是充分利用大数据。加强现代信息技术手段运用，将大数据充分运用到社区治理实践之中，如在加强流动人员管理、疫情密接者信息追踪、不文明行为数据分析等方面，需要主动应用，更好地服务社区治理。二是加强社区智能建设。加快小区智能门禁、智能车棚、智能防控系统建设，加密小区监控探头，推广"随手拍"，将智能建设广泛应用于社区服务管理实践。三是用好居民微信群。重视微信群等各类信息交流沟通方式在社会治理中的重要性，建好群、用好群、管好群，使微信成为社情民意的晴雨表，了解小区居民的所想所需所盼，更加精准快捷地做好服务工作，实现"未诉先办"。

（二）整合成长资源，凝聚社区治理能力提升成长合力

1. 整合专家资源

一是组建理论专家团队。按照基层党建、民生服务、社会动员、城市治理等方面，建立健全社区治理专家库，为社区治理能力提升提供理论支撑。二是引导专家参与实践指导。以项目化的形式，由政府部门或街乡等组织相

关理论专家深入社区参与难题会诊，指导社区用现代理念和方法开展工作。三是加强课题研究。建立专家咨询库，组织专家深入社区调研，针对系统性、普遍性问题进行专项研究，帮助社区提升破解治理难题的能力。

2. 整合政府资源

一是加大政府购买服务力度。按照转变政府职能的要求，积极推进政府购买社会组织服务，特别是围绕民生服务、安全管理、心理健康、文化文明等方面，加强项目研发，加大资金投入。二是集成政府各项政策。将涉及社区治理的各项政策进行集成，依托科学合理的政策引导社区治理能力稳步提升。三是推动部门力量下沉。认真总结社区疫情防控经验，研究制定政府部门力量常态化下沉的方法途径，进一步完善机关、企事业单位党组织和党员"双报到"机制，将政府部门的力量下沉到社区，为提升社区治理能力提供帮助。

3. 整合社会资源

一是整合社会组织资源。加强枢纽型社会组织建设，充分发挥其对行业的指导和协调作用。加强专业社会组织、社区社会组织、非公经济组织建设，引导其围绕社区治理能力提升开展工作。二是整合社会单位资源。包括驻辖区企事业单位、非公企业等，特别需要加强物业资源整合，以党建引领物业参与社区治理为抓手，强化物业在履行小区服务管理中的责任，探索新形势下社区五方共治的新路径。三是整合社区居民资源。将小区居民中的各类组织建立起来，充实居民骨干队伍，培养小区居民带头人，系统解决好自治土壤板结、社区治理塌陷等突出问题。

（三）创新成长机制，推动社区治理能力提升常态长效

1. 建立陪伴指导机制

通过理论专家、实践专家、专业社会组织等，为社区开展"一对一""多对一"指导帮助，使社区学会诊断问题、了解群众需求、掌握用专业方法开展工作的技巧，陪伴辅导社区成长。同时，以项目化的形式固化社区陪伴指导机制，促进社区治理能力持续提升。

2. 建立联合攻坚机制

对社区治理遇到的问题分层分类研究解决，特别是对重点难点问题实行联合攻关机制，由各类专家现场会诊，共同摸清问题根源，寻找问题解决对策，指导制定改进方案，推动问题解决，发现内在规律，取得成功经验后向其他社区推广，既确保社区治理难题破解，又在攻坚中提升治理能力。

3. 建立培训帮带机制

分层开展社区工作者培训，区级以社区书记、社区居委会主任、社区服务站站长、新任社区工作者为主要对象，引入优秀资源进行重点培训。街乡结合新政策法规和年度重点工作任务开展专项培训。社区以优秀书记工作室为阵地，结合社区治理难题进行常态化培训，通过优秀社区工作者带教，促进社区工作者队伍的能力整体提升。

4. 建立工具支持机制

研发社区治理工作服务包，对社区工作者平时开展工作可能遇到的问题进行梳理，形成问答式解决方案，为社区治理能力提升提供支持。利用专家资源开展线上互动活动，由社会治理理论专家、实践专家等提供指导。通过视频、抖音等形式开展专业知识和技能培训，使社区治理能力提升始终得到有力支持。

5. 建立分类研究机制

借助专家资源和社会治理专业机构力量，加强社区治理问题研究，针对老旧小区、商品房小区、保障房小区、农转居小区、混合型小区等分类研究治理方法，探索服务管理新路径。同时，将社会治理中遇到的问题作为课题，由机关部门和街乡班子领导牵头进行研究，形成理论和实践结合成果，推动社区治理能力和治理水平的不断提升。

（四）建立成长指标，探索社区治理能力判断标准

1. 明确社区治理能力范畴

从社区党建、居民自治、社会动员、应急管理、社区服务、智慧建设等不同维度，建立社区成长指标，引导社区提升治理能力。一是将党建引领作

为社区治理能力提升重点。落实党建工作责任，推动社区党组织建设，加强对社区各类组织的领导。二是将加强各类骨干队伍建设作为社区治理能力提升重点。加强社区领头雁队伍建设，实现社区党组织书记领导有力，党员骨干发挥作用明显，志愿者队伍强大。三是将完成各项工作任务作为社区治理能力提升重点。具体包括民生服务、小区管理、居民自治、文化活动、文明建设等。

2. 明确社区治理能力标准

建立"五看"标准。一是看社区"两委一站"班子建设情况。重点看班子决策能力、集体领导水平、团结协作等是否坚强。二是看社区工作者队伍建设情况。重点看社区工作者思想作风、服务态度、专业素质、群众工作能力等是否过硬。三是看群众满意度情况。重点看"接诉即办"案件"三率"比例，看主动问需、"未诉先办"等情况。四是看小区环境面貌。重点看物业管理、垃圾分类、环境秩序等工作效果。五是看小区和谐稳定情况。确保小区无矛盾纠纷、无安全生产事故、无不良风气。

3. 明确社区治理能力责任

重点包括 4 个责任。一是明确各级党组织的领导责任。将社区治理能力作为街乡党工委主要责任，纳入履职考核和党建述职范围，强化领导责任落实。二是明确部门的指导责任。政府和街道相关部门要加强对社会治理能力提升的指导，及时协调解决工作中遇到的难题，为社区治理能力提升创造有利条件。三是明确社区党委的主体责任。社区党委作为责任主体，在社区治理能力提升方面负有主要责任，应当加强党委统筹、制定目标任务并推动落实。四是明确个人的履职责任。加强对社区工作者提升能力素质的考核评价，引导他们在实践中提升工作能力和履职质量。

Abstract

This book is the research result of the research group of "Beijing Society-building analysis report" of Beijing University of technology from 2020 to 2021. It is divided into four parts, including general report, special articles, social service, and governance. Based on the statistical data and materials released by the Beijing municipal government and relevant departments and the investigation and observation of the members of the research group, the reports analyzes the main achievements and problems faced by Beijing's society-building in 2020 and the 13th Five Year Plan period, and puts forward policy suggestions for the next step of Beijing's society-building.

During the 13th Five Year Plan period, the Social Work Committee of the Beijing Municipal Party committee and the Beijing Municipal Bureau of civil affairs worked together to straighten out the system and mechanism of society-building, made great achievements in society-building, achieved remarkable results in social governance, and grass-roots communities played a fundamental role in epidemic prevention and control, waste classification, property management, and handling complaints. Basic livelihood security was further strengthened, the basic social service system was further improved, grass-roots social governance was continuously strengthened, and the social mobilization system was more sound.

There are still many challenges in Beijing's society-building. Society-building still needs to be promoted in the following aspects: first, further consolidate the basic livelihood security; Second, improve the basic social service system; Third, continuously strengthen grass-roots social governance; Fourth, promote the development of social organizations; Fifth, strengthen the social mobilization system; Sixth, strengthen the coordination of society-building in Beijing, Tianjin and Hebei.

Keywords: Society-building; Social Governance; Social Service

Contents

I General Report

B.1 Create New Situation of Society Building under the
New Situation
—*Analysis Report on Society Building in Beijing（2020－2021）*
Hu Jianguo / 001

Abstract: Novel coronavirus pneumonia encountered Beijing's society building from 2000 to 2001. Under the guidance of Xi Jinping's socialist ideology with China's characteristics in the new era, the novel coronavirus pneumonia epidemic prevention and control in Beijing is seriously carried out, while society building is being promoted, all key tasks are carried out in an orderly way, and new achievements in Beijing society building are taken. At the same time of epidemic prevention and control, further consolidating the basic livelihood guarantee, continuously improving the basic social service system, constantly strengthening grass-roots social governance and constantly improving the social mobilization system are the key aspects of promoting society building in Beijing.

Keywords: Society Building; Social Governance; the 14th Five Year Plan; Epidemic Prevention and Control

Contents

Ⅱ Special Report

B.2 Adhere to the Standard of the National Capital, Continue to Deepen the Party Construction of CPC and Lead the Governance Innovation of Beijing's Grassroots Communities

Social Work Commission of Beijing Municipal Committee of CPC,
Beijing Municipal Civil Affairs Bureau / 017

Abstract: Since the 18th National Congress of the Communist Party of China, the Party Central Committee with Comrade Xi Jinping at its core has continued to promote the modernization of the national governance system and governance capabilities, and has made a series of new deployments for strengthening urban grassroots party building, urban and rural community governance. Beijing closely follows the city's strategic positioning, adheres to the standard of the national capital, and continues to explore the innovative path of the Party construction to lead grassroots community governance in practice, and has achieved key stage results, such as community epidemic prevention and control. On the basis of combing Beijing's experience and practices in promoting the Party construction to lead community governance, this article analyzes the opportunities and challenges faced by the new situation and new tasks, and then strengthens political construction, improves the organizational system, improves governance capabilities, optimizes methods and methods, and strengthens basic guarantees, which put forward countermeasures and suggestions to further promote Beijing's Party construction to lead the community governance work to a new stage of high-quality development.

Keywords: Beijing; the Party Construction of CPC; Community Governance

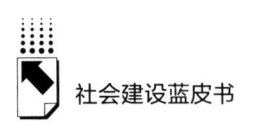

Ⅲ Social Service

B.3 Study on Miyun Model of Rural Community Elderly Care Service *Zhang Zhihua* / 026

Abstract: Guided by the important directive spirit of General Secretary Xi Jinping on promoting the comprehensive, coordinated and sustainable development of undertakings for the aged, this study explores the service mode for the aged in Miyun District in rural areas, and adopts the methods of interview, questionnaire survey and field survey. Refine the miyun district rural happy old age station pension service mode and rural neighborhood mutual assistance pension service mode and other distinctive, effective rural community pension service development mode. Miyun model is based on natural humanities ecology in miyun, innovative rural community endowment service mode, by advancing "travel + pension" service mode, explore the 3 d combined with service system, make household, community, comprehensive endowment service supply system, combining the institution of standard to guide social forces to participate in rural community endowment service, We will explore policies to support rural community elderly care services in accordance with local conditions, and actively promote the construction of rural elderly service teams.

Keywords: Rural Community; Elderly Care Service; Miyun Model

B.4 Research Report on Housing Rental Market of Beijing *Li Junfu, Wang Chunxuan* / 037

Abstract: Housing rental is one of the main channels for major cities to solve the housing problem, and rent and purchase is the basic strategy to solve the housing problem. As one of the megacities, Beijing has a strong demand for housing rental and a huge potential in the housing rental market. Housing rental plays a very important role in solving the problem of housing. This paper analyzes the development of Beijing rental market based on the Population Dynamic Monitoring Data of China Health and Family Planning Commission and Housing Price Net of China. It's found that the Beijing housing rental market is a high housing rent, unbalanced supply and demand, unreasonable supply structure, backward data platform construction and sub-health rental market. At last, we put forward corresponding suggestions.

Keywords: Housing Rental; Rental Market; Tenant

B.5 Promoting the Study of Motivating the Training Enthusiasm of Enterprises Under the Background of High-quality Development in the Capital　　　　　　　　　　*Wang Fei* / 054

Abstract: High-quality development is a core concept of the construction of the new socialist era, but also a key word of China's "14th Five-Year Plan". According to the strategic positioning of the central government to Beijing, Beijing needs to build the "four centers" to optimize the industrial structure and spatial layout, promote industrial iteration and upgrading, and lead the high-quality development of the whole country. The high-quality development of the capital depends on the innovation and upgrading of the production mode of enterprises, and the enterprise training is an effective way to improve the efficiency of human resource allocation and the productivity. In order to further understand the current situation and enthusiasm of enterprises in the city, this article focuses on the training of the improving action of vocational skills in the city, issuing 1000 questionnaires, and recovering 902 valid questionnaires. By analyzing the training situation, willingness and policy satisfaction of the enterprises, this article researches and puts forward the constructive suggestions to motivate the training enthusiasm of local enterprises, including innovating mechanism, building the new mode of skill training, guiding multi-subject participation, integrating and optimize resources, multipling measures to promote the supply-side reform of skill training and promoting the ladder subsidy policy, etc.

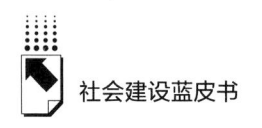

Keywords: High-quality Development; the Training of Enterprises; Enthusiasm

B.6 Investigation and Analysis on Commuting Time of Urban Residents in Beijing　　　　　*Zhao Weihua, Bi Ran* / 071

Abstract: This article uses analyze the commuting condition of urban residents in Beijing based on the sample survery data of "Investigation on the Living conditions of residents in megacities in the new era" in 2019 in Beijing. The research analyzes the commuting situation of urban residents from two aspects of overall situation and group characteristics and t shows that the overall commuting time of urban residents is characterized by "low proportion of short-time commuting, high proportion of long-time commuting, and obvious extreme commuting conditions". Commuter modes such as subway and bus play an important role in residents' life. From the perspective of different groups, residents who are younger and do not have children a higher proportion of long-term commuting and a hihger proportion of commuting by subway; residents of married age who are responsible for raising children have a relatively low proportion of long-term commuting and the proportion of commuting by private cars is higher; compared with those living in self-owned housing, the commuting time of groups living in non-ownership housing have shorter commuting time are more diverse and more diverse commuting modes. In order to alleviate the commuting pressure, improve the accessibility of public transportation and reduce the proportion of long-term commuting, it is necessary to promote from the urban planning and infrastructure construction based on the commuting characteristics of residents.

Keywords: Commuting Time; Commuting Method; Social Characteristics

B.7 Smart Service for Elderly Care: Development and

Challenges in Beijing　　*Zhu He, Zhan Lunyu and Wang Aijia* / 088

Abstract: The aging of population has put forward higher requirements for the innovative development of China's elderly care industry. Actively promoting intelligent elderly care is an important measure to deal with the aging of population. Focusing on the classic cases of the application of smart caring service in Beijing, this paper analyzes the status quo of the application of smart caring service in Beijing, analyzes the development opportunities and prospects of smart caring service in the capital from the aspects of technical support, network basis and application scenarios, and puts forward the following suggestions: To develop "people-oriented" smart service for elderly, promote the cultivation and construction of smart elderly care personnel and create a good environment for the development of smart elderly care services.

Keywords: Beijing; Aging; Smart Elderly Care Service

B.8 Exploring Solutions to Mega Cities From the Perspective of

Promoting Common Prosperity Long Term Mechanism of

Relative Poverty　　*Song Mingtao, Tian Xueqin* / 101

Abstract: Common prosperity requires the common prosperity of all people. Solving the problem of relative poverty is a key difficulty in promoting common prosperity. Since the reform and opening up, the pattern of poverty in Beijing has continued to change, and solving the problem of relative poverty has been put on the agenda. From the strategic height of promoting common prosperity, we should find the path to solve the relative poverty problem, and the focus is to explore the establishment of a sound triple mechanism. The first is the organizational leadership mechanism of "party committee leadership, government leadership, multiple participation, and result evaluation". The second is operational mechanisms of "policy guidance and guarantee, active monitoring and discovery, joint assistance with materials and services, and equal basic public services". The third is endogenous motivational mechanisms of "livelihood development, poverty prevention, intergenerational interruption, social integration".

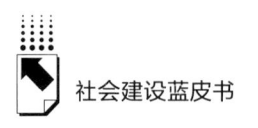

Keywords: Common Prosperity; Relative Poverty; Mega Gty

B.9 Investigation on Employment Intention of College Students in Beijing Under the Background of Craze for Civil Service Examination　　*Zhao Liqin, Song Xinyi and Zhao Yuqing* / 112

Abstract: Since the official establishment of the civil service examination system in China, the civil servant craze has been serious year by year. College students have become the main force to participate in this examination. The phenomenon of craze for civil service examination has become a hot topic in the society, which has aroused widespread social concern. Through questionnaire survey and semi-structured interview, this study investigates the willingness and reasons of college students in Beijing to apply for the civil service examination. The results show that the advantages of the civil service profession and its examination system are the important factors to attract university students, and the students' career values, conformity, family influence and the change of social employment environment are also related to the craze for civil service examination, and this phenomenon may have a series of effects on society. Based on this, this paper attempts to put forward some suggestions from the government, schools, families and individuals to cope with this problem in order to guide college students to choose a diversified employment path rationally.

Keywords: Civil Service Exam; College Students; Employment Willingness

B.10 Comment on the Construction of Beijing's Social

Security System　　　　　　　*Yang Guihong, Yang Hao* / 134

Abstract: 2021 is the first year of the "14th Five-Year Plan" period, and it is also a crucial year to consolidate the achievements of poverty alleviation after the completion of a well-off society in all respects. Social security is a critical area of people's livelihood and poverty alleviation. The realistic level of Beijing's social security system is an important indicator of maintaining social equity and reflecting the civilization of the capital's social system. This article uses data from the 2015 – 2020 national and provincial statistical yearbooks to investigate and evaluate the construction achievement of Beijing's social security system from the aspects of social insurance coverage, actual expenditures on social assistance, and social welfare coverage. The study found that Beijing's social pension insurance has a high coverage rate and relatively good fund operation and sustainability; urban and rural areas have a relatively high level of social assistance, but the system standards need to be further adjusted; social welfare and development coefficients have steadily increased. The integration process of the fragmented social security system reflects the process of gradual pursuit of institutional fairness. In the new era of social security system construction, Beijing needs to increase the construction of the bottom social safety net, balance the relationship between fairness and efficiency, and improve the multi-level social security system.

Keywords: Beijing; Social Security; Social Assistance; Institutional Analysis

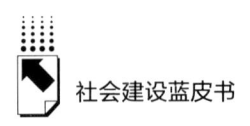

B.11 Leaving the City Without Returning Home: the Motivation and Educational Expectation of Family Education Choice of Migrant Children
—An Empirical Study Based on the Families of Migrant Children
Wei Shuang, Liu Yi / 147

Abstract: with the implementation of policies such as "strictly controlling the population scale of mega cities", the entry threshold for the children of migrant workers has been raised, and it has become a difficult problem to study in other places. Affected by many factors, some migrant workers choose to settle in cities around Beijing, so as to solve the dilemma of college entrance examination in other places. Through the empirical investigation of six families of migrant children, this study found that the motivation of family education choice of migrant children mainly includes six aspects: lack of social capital in hometown, accumulation of urban social capital, difficult to give up parent-child separation, reliance on education resources around Beijing, parental education worship and children's willingness to further study. Among many factors, the children's willingness to further study and the father's social capital are the key factors leading to the expectation of family education.

Keywords: Migrant Children's Families; Educational Choices; Educational Expectation

IV Social Governance

B.12 An Analysis Report on Grass-roots Practice of the Reform of "Public Complaints Have Been Processed Without Delay" in Beijing
Chen Feng, Song Jialin / 169

Abstract: Based on the basic situation of the reform practice of "Public complaints have been processed without delay", through the participation observation, in-depth interview and relevant statistical data collection of several streets and communities, this research report analyzes the positive effects of "Public complaints have been processed without delay" on promoting grass-roots governance transition, including enhancing the enthusiasm and standardization of grass-roots governance, strengthening the ties between cadres and masses, and greatly improving the people's sense of gain and happiness. However, the investigation also found that under the pressure of response rate, resolution rate and satisfaction rate, some new problems occurred in grass-roots governance, such as the squeezing of grass-roots governance space, increasingly blurred governance boundaries, and new formalism reproduction. According to the research, the low cost of residents' demands, the imbalance of powers and responsibilities at the grass-roots level, and the weak ability of conventional active governance are the main reasons for the problems. Then, some countermeasures and suggestions are put forward to deepen the reform of "Public complaints have been processed without delay" led by party building in grass-roots governance.

Keywords: Public Complaints Have Bbeen Processed Without Delay; 12345 Hotline; Community Governance

B.13 Suggestions on Waste Classification Mobilization in Beijing

Guo Shihong, Tie Ming and Lu Jian / 184

Abstract: Waste classification is a key "minor matter" to promote the modernization of capital governance system and governance capacity, as well as an important measure to achieve the goal of "Beautiful China". As Beijing enters the "compulsory era" of garbage classification, the main goal of the "14th Five-year Plan" requires that "waste classification should become a conscious action of residents of the whole city". On the first anniversary of the implementation of compulsory waste classification policy, preliminary effects have been achieved in waste classification, but there are some misunderstandings in the process of mobilizing residents to form a conscious action by the government, including unclear priority goals of waste classification mobilization, excessive administrative intervention and alienation of mobilization means. In order to maintain the effectiveness of waste classification and develop residents' self-conscious action, Beijing should implement the priority of waste disposal and clarify the classification objectives of source reduction and resource recycling; give play to the guiding role of market mechanism and improve the Extended Producer Responsibility system; restrain the public's behavior and change the positive incentive into negative incentive.

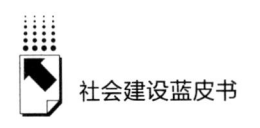

Keywords: Waste Classification; Social Mobilization; Environmental Governance; Resource Circulation; Beautiful China

B.14 Analysis of the Current Situation and Outlook of Social Organizations Development in Beijing by 2020

Xing Yuzhou, Huang Chunmin / 199

Abstract: During the 13th Five-Year Plan period, social organizations in Beijing have gained rapid development, not only the scale of social organizations has grown significantly, but also the institutional environment has been optimized. Especially by strengthening the CCP's construction, and gradually building a modern social organizations management system that fits the capital's economic and social development needs. In 2020 because of the ongoing influence of the COVID-19, social organizations were facing difficulties and challenges in project operation and funding on the one hand. On the other hand, they were playing an active and important role in participating of epidemic prevention and control, poverty alleviation, waste classification and community governance. It has laid a solid foundation for the development of social organizations in Beijing during the 14th Five-Year Plan period, and will also help to promote social organizations in Beijing into a new stage of high-quality development by further improving the social organization management system.

Keywords: Beijing Social Organizations; Institutional Environment; Policy Recommendations

B.15 Research Report on "Discussion and Consultation" of Urban Communities in Beijing
—*Taking Zaojunmiao community, Beixiaguan sub-district, Haidian district as an example* Li Xiaozhuang / 220

(Beijing Academy of Social Sciences, Institute of Sociology, Beijing 100101, China)

Abstract: "Discussion and consultation" is an important means of democratic consultation and an important method to realize the benign interaction between government governance, social mediation and residents' autonomy. Through the investigation, it is found that Zaojunmiao community, Beixiaguan sub-district, Haidian district adheres to exploring the innovation of community governance led by party construction. According to the requirements of "Fengqiao experience" in the new era of "small things do not go out of the community and major events do not go out of the sub-district", it focuses on serving the masses well, explores and forms a work method of doing practical things for the people of "one main line, one platform, one set of mechanism and one team". The method effectively solve the most direct and realistic interests of community residents, enhance the sense of access, happiness and security of community residents, and highlight the dazzling light of "discussion consultation" in the great practice of urban community.

Keywords: Urban Community; Discussion and Consultation; Resident Autonomy; Fengqiao Experience

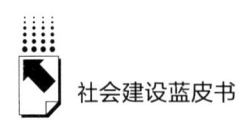

B.16 Investigation on Environmental Concern, Environment-friendly Behaviors and Environmental Risk Perception Under the Background of Carbon Peak and Carbon Neutrality　　　　　　　　　　　　　*Li Yang, Zhang Zhao* / 237

Abstract: Under the background of China's carbon peak in 2030 and carbon neutrality in 2060, Beijing optimizes and adjusts the energy structure, promotes the development of forestry carbon sink, improves the system and mechanism, strengthens publicity and guidance, and advocates a simple, moderate, green and low-carbon lifestyle throughout the city. The green transformation of lifestyle depends on the improvement of environmental concern, the increase of environmental-friendly behaviors and scientific-rational environmental risk perception and response. This paper investigates the overall situation of residents in Beijing through questionnaire survey, and preliminarily analyzes the general level and structural characteristics of environmental concern, as well as the characteristics and trend under the influence of major events and measures in Beijing. The general situation and characteristics of environment-friendly behaviors were presented, and the classification of domestic waste was focused on. This paper outlines the environmental risk perception degree and tendency of residents in Beijing. The study makes a preliminary discussion on the general situation of residents in terms of environment, which lays a foundation for further research and the construction of green lifestyle.

Keywords: Environmental Concern; Environment-friendly Behavior; Environmental Risk Perception

B.17 A Report About the Transformation of Beijing Q Foundation From Operation to Funding　　　　　　　　　　　　　　　　　　　　*Ma Mengke, Ju Chunyan* / 255

Abstract: The transformation of Beijing Q foundation from operation to funding takes place under the interaction of internal and external environment and resources. This paper uses the participation observation method and interview method to observe, analyze and reflect on the specific practice of the transformation of Beijing Q foundation from operation to funding. Though Q foundation has taken some practical measures to adjust the transformation, the transformation of Q foundation has not achieved the expected aim. Though the funded foundation is the direction in the future, the support for the transformation is leak to the macro environment and the transformation ability of the organization. It needs the joint efforts of many parties to complete the expected transformation of the foundation,

Keywords: Foundation; Funding; Transformation

B.18 Research on the Development of Community Social Organizations in Beijing

Yang Zhiwei, Wang Wei and Cui Yingnan / 268

Abstract: Community social organization is an important subject of grassroots social governance. Since the 18th National Congress of the Communist Party of China, the Party and the government have attached great importance to the development of community social organizations, and community social organizations have played an increasingly important role in the capital's grassroots social governance. At the same time, Beijing's community social organizations still face many difficulties, such as inadequate implementation of supporting policies, unbalanced regional development, and lack of fund supervision. This paper conducts in-depth research on Beijing community social organizations, social organization cultivation bases and government departments, analyzes the internal factors and bottlenecks for restricting the development and growth of community social organizations, and then proposes the method and path of development to strengthen the cultivation of community social organizations from the level of government departments and community social organizations.

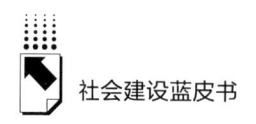

Keywords: Beijing; Community Social Organization; Grassroots Social Governance

B.19 A Study on Community Governance in Beijing from the Perspective of Social Capital Theory
—Take the F and Z community Councils for Example
Cao Feilian, Zhang Yuwei and Zhang Chenyi / 285

Abstract: The community governance structure of pluralist co-governance is the starting point to build the governance pattern of co-construction, co-governance and sharing, and the residents' participation in community public affairs is the key to realize "co-governance". For the predicament of "weak participation" in the current urban community governance, the application of social capital theory will open up a new integrated and inclusive idea. By analyzing the formation path of social capital in community F and Z, it is concluded that the cultivation of social capital is to discover the residents' specific community communication needs and create corresponding structural conditions for them, so that the community becomes a continuous interactive system. Human-oriented community space, well-developed community social organization and perfect community governance structure are the necessary conditions for the transformation of residents' communication needs into actual communication actions. In the process of community social capital formation, the reasonable intervention of state and social forces plays a role of "guiding procedure".

Keywords: Social Capital; Discussion and Consultation; Community Governance

B.20 Research on the Path of Enhancing Community Governance Capacity
—*A Case study of the Community Growth Partnership Program in Chaoyang District, Beijing*　　*Zhao Niansheng* / 301

Abstract: Community governance capacity is the fundamental guarantee to strengthen community governance, improving community governance capacity is a long-term basic project, need to constantly innovate methods. For some communities in Beijing chaoyang district are not good at using the mechanisms such as "whistled report" and so on, not good at solving residents demand from its source, they always grasp things, simple passive work, especially for the problems existing in the community is not solved for a long time, and sometimes even solves the rebound, etc., so they creative the development of the Community Growth Partnership Program. The expert team, composed of theoretical experts, practical experts, professional social organizations and community coordinators, helps communities to find problems, help communities to change difficult issues, pain points into bright spots, and explore an effective path to improve community governance capacity.

Keywords: Community Governance Capacity; Improvement Path; Community Growth Partnership Program

社会科学文献出版社

皮 书
智库成果出版与传播平台

❖ 皮书定义 ❖

皮书是对中国与世界发展状况和热点问题进行年度监测,以专业的角度、专家的视野和实证研究方法,针对某一领域或区域现状与发展态势展开分析和预测,具备前沿性、原创性、实证性、连续性、时效性等特点的公开出版物,由一系列权威研究报告组成。

❖ 皮书作者 ❖

皮书系列报告作者以国内外一流研究机构、知名高校等重点智库的研究人员为主,多为相关领域一流专家学者,他们的观点代表了当下学界对中国与世界的现实和未来最高水平的解读与分析。截至2021年底,皮书研创机构逾千家,报告作者累计超过10万人。

❖ 皮书荣誉 ❖

皮书作为中国社会科学院基础理论研究与应用对策研究融合发展的代表性成果,不仅是哲学社会科学工作者服务中国特色社会主义现代化建设的重要成果,更是助力中国特色新型智库建设、构建中国特色哲学社会科学"三大体系"的重要平台。皮书系列先后被列入"十二五""十三五""十四五"时期国家重点出版物出版专项规划项目;2013~2022年,重点皮书列入中国社会科学院国家哲学社会科学创新工程项目。

权威报告·连续出版·独家资源

皮书数据库
ANNUAL REPORT(YEARBOOK) DATABASE

分析解读当下中国发展变迁的高端智库平台

所获荣誉

- 2020年，入选全国新闻出版深度融合发展创新案例
- 2019年，入选国家新闻出版署数字出版精品遴选推荐计划
- 2016年，入选"十三五"国家重点电子出版物出版规划骨干工程
- 2013年，荣获"中国出版政府奖·网络出版物奖"提名奖
- 连续多年荣获中国数字出版博览会"数字出版·优秀品牌"奖

皮书数据库　　"社科数托邦"微信公众号

成为会员

登录网址www.pishu.com.cn访问皮书数据库网站或下载皮书数据库APP，通过手机号码验证或邮箱验证即可成为皮书数据库会员。

会员福利

- 已注册用户购书后可免费获赠100元皮书数据库充值卡。刮开充值卡涂层获取充值密码，登录并进入"会员中心"—"在线充值"—"充值卡充值"，充值成功即可购买和查看数据库内容。
- 会员福利最终解释权归社会科学文献出版社所有。

数据库服务热线：400-008-6695
数据库服务QQ：2475522410
数据库服务邮箱：database@ssap.cn
图书销售热线：010-59367070/7028
图书服务QQ：1265056568
图书服务邮箱：duzhe@ssap.cn

社会科学文献出版社　皮书系列
卡号：561476316455
密码：

基本子库 SUB DATABASE

中国社会发展数据库（下设12个专题子库）

紧扣人口、政治、外交、法律、教育、医疗卫生、资源环境等12个社会发展领域的前沿和热点，全面整合专业著作、智库报告、学术资讯、调研数据等类型资源，帮助用户追踪中国社会发展动态、研究社会发展战略与政策、了解社会热点问题、分析社会发展趋势。

中国经济发展数据库（下设12专题子库）

内容涵盖宏观经济、产业经济、工业经济、农业经济、财政金融、房地产经济、城市经济、商业贸易等12个重点经济领域，为把握经济运行态势、洞察经济发展规律、研判经济发展趋势、进行经济调控决策提供参考和依据。

中国行业发展数据库（下设17个专题子库）

以中国国民经济行业分类为依据，覆盖金融业、旅游业、交通运输业、能源矿产业、制造业等100多个行业，跟踪分析国民经济相关行业市场运行状况和政策导向，汇集行业发展前沿资讯，为投资、从业及各种经济决策提供理论支撑和实践指导。

中国区域发展数据库（下设4个专题子库）

对中国特定区域内的经济、社会、文化等领域现状与发展情况进行深度分析和预测，涉及省级行政区、城市群、城市、农村等不同维度，研究层级至县及县以下行政区，为学者研究地方经济社会宏观态势、经验模式、发展案例提供支撑，为地方政府决策提供参考。

中国文化传媒数据库（下设18个专题子库）

内容覆盖文化产业、新闻传播、电影娱乐、文学艺术、群众文化、图书情报等18个重点研究领域，聚焦文化传媒领域发展前沿、热点话题、行业实践，服务用户的教学科研、文化投资、企业规划等需要。

世界经济与国际关系数据库（下设6个专题子库）

整合世界经济、国际政治、世界文化与科技、全球性问题、国际组织与国际法、区域研究6大领域研究成果，对世界经济形势、国际形势进行连续性深度分析，对年度热点问题进行专题解读，为研判全球发展趋势提供事实和数据支持。

法律声明

"皮书系列"（含蓝皮书、绿皮书、黄皮书）之品牌由社会科学文献出版社最早使用并持续至今，现已被中国图书行业所熟知。"皮书系列"的相关商标已在国家商标管理部门商标局注册，包括但不限于LOGO（ ）、皮书、Pishu、经济蓝皮书、社会蓝皮书等。"皮书系列"图书的注册商标专用权及封面设计、版式设计的著作权均为社会科学文献出版社所有。未经社会科学文献出版社书面授权许可，任何使用与"皮书系列"图书注册商标、封面设计、版式设计相同或者近似的文字、图形或其组合的行为均系侵权行为。

经作者授权，本书的专有出版权及信息网络传播权等为社会科学文献出版社享有。未经社会科学文献出版社书面授权许可，任何就本书内容的复制、发行或以数字形式进行网络传播的行为均系侵权行为。

社会科学文献出版社将通过法律途径追究上述侵权行为的法律责任，维护自身合法权益。

欢迎社会各界人士对侵犯社会科学文献出版社上述权利的侵权行为进行举报。电话：010-59367121，电子邮箱：fawubu@ssap.cn。

社会科学文献出版社